JN345835

생성형 AI 시대에 생존하라

디지털 트랜스포메이션, 잘 나가는 기업의 프로세스 혁신 기법

생성형 AI 시대에 생존하라

디지털 트랜스포메이션, 잘 나가는 기업의 프로세스 혁신 기법

이정아, 안무정 지음

ITDAM BOOKS

차례

프롤로그 ◐ 기업을 발전시키는 힘, PI 프로세스 혁신 | 이정아 10
기업이 디지털 트랜스포메이션을 해야 하는 이유 | 안무정 15

1 PI, 제대로 알고 시작하라: 이해와 오해
PI를 하면 일이 편해지나? 18
PI, 더 많은 일을 시키려는 것일까? 20
PI는 시스템 구축 프로젝트인가? 23
PI는 사업 성장이 목표다 25

2 성과 중심 PI
성과란 무엇일까? 27
표준화만으로는 성과가 약하다 28
관리 효율화가 목적인 PI는 위험하다 29
우군은 경영진, 미끼는 성과 31
누가 대신할 수는 없다 34

3 PI, 시행착오를 통한 교훈
시작도 끝도 사람 38
인재를 향한 밀당 39
팀 빌딩은 풀타임으로 42

4 PI를 이끄는 동력
PI 조직에는 힘이 실려야 한다 44
PI 구성원의 공감을 유도하는 법 45
부서장 네트워킹 47

5 누가 필요할까?
비싸도 전문가! 49
외부 전문가와 내부 전문가? 52

6 PI 조직을 구성하는 법
팀 빌딩과 조직 운영 58
PM | 프로젝트 관리자 60
PMO | 프로젝트 관리 조직/사무국 61
IM | 통합 이슈 관리자 62
QA | 품질 보증 담당자 63

7 비용은 얼마나 들까?

인건비 66
시스템 운영비 68
식주食住 인심은 넉넉히 69
비상금Contingency Cost 72
비용적 접근 73
기술적 접근 77

8 PI스럽게 PI하기

회의Meeting와 회의Skepticism의 연속 81
회의할 것만 회의하자 82
전원회의는 그만! 83
스마트한 회의로 PI 살리기 84

9 R&R과 그라운드 룰

역할과 책임Role & Responsibility 87
눈높이가 같아야 최상의 파트너 92
시간과의 싸움, 그리고 그라운드 룰 93
게으른 믿음보다는 부지런한 의심 96

10 이슈와 지표의 초점

이슈 탐지견 98
지표 관리 툴 101
폭탄은 터트리고 가자 102

11 소통: 사람과 벽

프로젝트와 함께 생기는 벽Silo 104
소통의 불협화음, 저변 원인을 파악하자 105
사람 관리의 4사분면 106
강한 리더십 vs. 부드러운 리더십 108
소소한 대화의 이점 112
사람 관리는 결과물이 시작이며 끝이다 113

12 PI 추진 단계

컨설팅 단계 117
시스템 구축 단계 123
변화 관리 단계 125

13 PI 이슈에 대해

이슈 접근법 127
이슈의 진실 찾기 128
진짜 필요한 것은 무엇인가 130
옛날엔 중요했지만, 지금은 중요하지 않다 134

14 개선안이 경로 이탈하였습니다

고객은 누구? 성과는 무엇? 137
고객이 모르는 고객의 니즈 139

15 쉬운 개선안과 힘든 개선안

보고서를 시스템으로? 143
100% 무결점 지표? 147
정해진 답을 맹신하지 말자 150
누군가는 입력해야 한다 152

16 오픈 막바지는 전쟁터: 데이터와 테스트

데이터 이관 160
통합 테스트 161
테스트 시나리오는 건너뛸까? 163
시스템 성능과 속도 165
결단의 시간 166

17 교육 D-30

오픈 전 커뮤니케이션 169
교육 계획은 미리미리 169
실습용 교육 서버 171
온라인 학습 자료 173
PI 서포터즈 운영 174

18 사용자를 위한 고객 센터

Q&A 핫 링크 177
콜센터 문 닫습니다 179
챗봇은 기본 180
만능 키, 마스터 화면 180
장애/오류 대응 체계 182

19 변화 관리

사람을 못 믿나? 상황을 못 믿지! 184
지표 관리의 부작용 186

20 PI 해산과 조직 재편

누가 남고, 누가 떠나지? 190
PI 초기부터 잔류 인원을 생각하자 193
PI와 커리어 194

21 성공하는 PI를 위한 제언 8가지

① PI 성과와 성공의 잣대 197
② 표준화 이후 지표 관리를 통한 변화 관리 197
③ PI, 전문가의 혜안과 함께 198
④ 내부 역량 수준에 따른 PI 추진 198
⑤ 프로세스 혁신은 조직/체계와 연동 198
⑥ 고객의 숨겨진 니즈 발굴 199
⑦ 탑-다운형 마인드 전환 199
⑧ PI 저항을 최소화하는 매끄러운 연결성 199

22 PI 실행 도구, 디지털 트랜스포메이션

DX, 기업의 업무 환경을 현대화하라 201
관점은 다르지만 목표는 하나 204
DX 성공 조건 205
지속 가능한 DX 실행 프로세스 206

23 기술은 패션 산업이다

지금은 트렌드 전쟁 중 209
기술은 역사처럼 돌고 돈다 210

24 네버 다이Never die, 메타버스와 생성형 AI

메타버스는 세상을 복제하는 마술사 212
챗GPT는 제2의 아이폰 213

25 빅테크만 가능한 생성형 AI

생성형 AI는 머니 게임의 시작 214

26 | **AI 대중화와 민주화**
생성형 AI 창작을 말하다 216
노 코드, 로우 코드도 불편하다 217

27 | **누구나 AI 디자이너**
콘셉트 디자인은 AI 달리에게 218
AI 디자인, 승강기를 아트워크로 219

28 | **AI 시작은 지옥 주Hell week의 시작**
누구나 AI 개발자가 되고 싶지만 아무나 될 수 없는 AI 개발자 222

29 | **미래를 예측하는 기술 미분, 절대 기억해야 할 벡터**
이제 수학을 다시 시작할 때 224
경사 하강법, 절댓값, 로그함수부터 시작하자 225
AI의 시작 벡터, 벡터를 잊지 말자 227

30 | **자신에게 맞는 AI 역할은?**
AI, 나는 어디로 가야 하나? 228
AI 변화 관리자, 생성형 AI 230
개발 언어를 배우는 고효율 꿀팁 230

31 | **엔터프라이즈 AI와 퍼스널 AI**
AI, 대한민국을 구하라 233
AI의 시작은 사람이다 238
코로나가 만들어낸 가상 인플루언서 239
워킹 라이프 코딩 역량을 확보하라 242

32 | **생성형 AI 문해력, 프롬프트 엔지니어링**
상상하고 프롬프트하면 이루어진다 246
가벼운 지식으로 전문가가 되는 시대 247

33 | **가상 인플루언서 이제 두뇌를 가지다**
프라다 캔디에게 생명을 주다 251

34 | **디지털 트윈은 메타버스 결정체**
메타버스 생존의 길을 찾다 254
시공간을 초월한 인프라를 만들자 256

35 메타버스의 진정한 유저, 알파 세대의 등장
진정한 메타버스 시민, 알파 세대 258
불타지 않은 버닝 맨 260

36 생성형 AI 소유냐? 접속이냐?
나만의 생성형 AI를 선택하라 262
글, 영상 그리고 사운드로 세상을 만들어라 264

37 재해석과 조합의 시대가 열린다
생성형 AI 주체는 사람인가? AI인가? 266
태초부터 새로운 것은 없다, 단지 낯설게 만들 뿐 267
재해석의 시작, 피레네의 성에서 천공의 성 라퓨타까지 268

38 미래 경쟁력의 핵심은 미니 생성형 AI
미니 생성형 AI의 등장 270
하이브리드 생성형 AI 272

39 모두가 혁신할 수 있는 시대
디자인 씽커, 생성형 AI로 무장하라 275
이제 제2의 '제니의 방적기'를 가져야 할 때 276
소울메이트 생성형 AI 277

40 디지털 트랜스포메이션으로 떠나는 여정
DX 역할과 실행 프레임워크를 설계하라 280
DX 기술 모델을 만들어라 283
데이터 기반 고객 서비스를 디자인하라 286
생성형 AI 문화를 만들어라 287
기업 경영의 핵심, 생성형 AI 기반으로 지식 경영을 시작하라 288

에필로그
프로세스 혁신과 사람 | 이정아 290
생성형 AI 시대에서 우리가 대비해야 하는 일들 | 안무정 292

기업을 발전시키는 힘, PI 프로세스 혁신

–

이정아

20년 넘게 LG 그룹에 근무하면서 거쳐 갔던 많은 부서와 다양한 업무들이 있었다. 인터넷 전략 컨설팅, 웹 에이전시, 신사업 인큐베이션, 서비스 모델링, 모바일 기획, 정보 전략 수립ISP, 연구 개발R&D, 전략 기획 등 대부분의 일들이 기존에 없었거나, 경험해 보지 않았던 분야에서 무언가를 새롭게 만들어 나가는 미션이었고 맨바닥에서 시작해야 했다. 새로운 분야였기에 국내외 다양한 사례를 연구하면서 원하는 아웃풋을 만들어 나가야 했다. 여러 가지 사례를 벤치마킹하면서 원하는 모습을 구체화할 수 있었고, 그렇지 않은 것들은 논리적 상상력을 통해 설계해 나가야 했다. 그중에서도 가장 많이 힘들었던 일을 꼽으라면 단연 PIProcess Innovation, 프로세스 혁신이었다. 국내외의 전략 컨설팅이나 시스템 개발과는 같으면서도 달랐고, 다르면서도 유사한 부분들이 많았다. 입맛에 맞게 참조할 수 있는 한국형 PI에 대한 정보들이 없었다. 어떻게 프로세스 혁신을 이룰 것인가라는 문제에 앞서, 사업에 대한 근본적인 질문과 답을 찾아야 했기 때문이다. 업의 본질이 무엇이고, 기존의 사업 모델은 얼마나 업의 본질을 반영하고 있는지, 현재의 사업 방식은 이러한 모델을 적절하게 지원하는지, 이를 위한 회사의 운영 체계와 프로세스는 적절한지 등을 고민해야 했다. 그래서 PI는 단순한 업무 프로세스의 개선이 아닌 사업 목표와 사업 전략, 사업적 기준과 원칙, 조직 운영 체계 등을 사업에 최적화된 방식으로 혁신하고, 획기적인 사업 성과를 만들어 내는 일이다.

개인적으로는 힘들면서도 아쉬움이 많았던 업무였다. PI를 하면서 분주했던 4년간의 세월이 의미 있는 성과로 연결된 부분도 있었지만, 만족스럽지 않은 부분도 있었다. 그래서 기억이 희석되기 전에 PI를 복기해 보자고 생각했다. 만약 PI가 끝난 시점의 내가 PI를 시작하던 시점의 나로 돌아갈 수 있다면 뭐라고 조언해 줄까. 당시 PI에 대한 이해나 경험이 부족했던 나에게 어떤 말을 해줄까. 그래서 과거의 나는 PI를 어떤 방식으로 더 낫게 만들 수 있을까. 그리고 어떻게 보다 잘 대처했을까. 이러한 경험들이 과거의 나처럼 PI가 처음인 분들에게도 도움이 되겠다는 생각이 들었다. 4년이라는 긴 시간을 PI에 매달렸는데 마냥 흘러가기만 했던 시간은 아니었을 것이다. 정신적으로도 체력적으로도 방전될 만큼 힘들었지만 나름대로 의미가 있던 기억을 찾아보고 싶었다. 그리고 기록으로 남아 있지 않으면 먼 훗날의 나는 이 시기를 단지 힘들었던 직장 생활의 한 챕터로만 기억할 것 같았다. 그래서 이 책을 통해 '나는 무엇을 더 잘할 수 있었을까'라는 부분들을 정리해 보았다. 과거의 PI를 돌이켜 보면서 그 당시에 나는 무엇을 놓쳤고, 어떤 점이 미숙했는지, 어떤 점들이 후회되는지, 그리고 진즉에 알았다면 무엇을 더 잘할 수 있었는지를 되짚어 보았다. 특히 PI를 시스템 구축이라는 기술적 측면보다는, PI의 본질인 프로세스 혁신에 주안점을 두고 정리해 보았다. 모든 업무 프로세스는 사업적 성과를 기준점으로 잡아야만 흔들리지 않는다. 그래서 시스템이나 기술 요건보다는 사업 관점의 프로세스 운영 원칙에 집중해야 한다. 물론 기업에서 사용하는 다양한 시스템들도 PI 컨설팅과 더불어 중요한 요소이다. 하지만 회사마다 사업 특성에 따라 업무에 적용되는 시스템들은 다르다. 예를 들어, 재무·제조·유통·공급망·인사 등 운영 전반의 비즈니스 프로세스를 자동화하고 관리하는 전사 시스템은 대부분 ERPEnterprise Resource Planning, 전사 자원 관리라는 기간계 시스템을 사용한다. 그러나 어떤 ERP 솔루션을 쓰는지에 따라서, 또는 ERP의 어떠한 모듈을 업무에 적용하는지에 따라 기술적인 검토 요건들은 달라진다. 또한, 하위 단의 기술적 논의는 상위의 프로세스 방향성에 따라 결정된다. 사업적 관점에서의 프로세스 방향성이 명확하지 않고 흔들린다면 기술 요건도 함께 흔들린다. 따라서 PI 추진에 있어 시스템 구현의 관점보다는 상위 개념의 프로세스를 중심으로 PI의 방향성과 이슈 분석, 그리고 개선안이 어떻게 준비되며, 이것들이 추후 시스템과는 어떻게 연계되는지를 명확히 하는 것이 중요하다. 뚜렷한 방향성 하에서만 프로세스가 매끄럽게 설계

될 수 있고, 톱니바퀴처럼 물리게 될 시스템 역시 완성도 있게 구현될 수 있다. 더불어 이렇게 완성되는 프로세스 혁신은 DXDigital Transformation, 디지털 전환[1] 기술을 통해 성과가 극대화될 수 있다는 점을 강조하고 싶다. PI 자체로는 기술적 측면에서 개선 모델To-be Image을 구현하는 방식에 제약이 있다. 특히 사업 전반의 프로세스를 통해 혈액처럼 흘러가는 데이터 통제에 이슈가 있다. 시스템이 많은 부분을 자동화하고 효율화한다지만, 여전히 누군가는 시스템에 맞추어 인위적인 데이터 입력을 해줘야 한다. 사업을 위한 모든 프로세스는 데이터의 인풋이 있어야만 아웃풋이 있는데, 인풋에 오류가 있다면 아웃풋에 대한 신뢰도는 떨어질 수밖에 없다. 사업 성과를 극대화하기 위한 모든 의사 결정에 데이터 신뢰도는 필수적이다. 만약 데이터에 오류가 있다면, 적재적소에 애자일Agile[2]한 의사 결정을 할 수 없다. 최근의 DX 기술은 사람에 의한 데이터 인풋 오류와 누락 가능성을 최소화해 준다. 데이터의 시작에서 끝까지 일련의 데이터 거버넌스에 대한 통제력을 제공한다. 사람이 시스템에 맞추어 데이터를 입력하던 방식에서 벗어나 IoTInternet of Things, 사물 인터넷 기술이나 인공지능을 활용하기 때문이다. 사람이 본연의 업무를 자연스럽게 수행하면서 언어로, 눈짓으로, 제스처로 필요한 데이터가 자동으로 입력되는 것이다.

---

1 기업이 디지털 기술을 활용하여 기존의 사업 운영 방식이나 서비스 모델을 획기적으로 혁신하는 것.

2 급변하는 시장 환경과 다양한 고객 요구에 대해 기업이 유연하고 민첩하게 대응하기 위해, 단위 조직별로 자율성과 전적인 권한을 가지고 빠른 피드백과 신속한 의사 결정을 지원하는 운영 방식.

사람의 실수로 발생할 오류들이 철저하게 관리되기에 PI를 통해 수집되는 의사 결정에 필요한 데이터 역시 신뢰할 수 있다. 이렇게 인간이 사용하는 자연스러운 언어와 행동만으로 데이터가 처리되고 통제되는 환경은 PI로 인한 혁신과 변화에 따른 저항감을 최소화하기에 PI 관점의 성과가 배가된다. 모쪼록 PI를 처음 추진하는 분들에게 나의 소소한 경험담이 도움이 되었으면 한다.

기업이 디지털 트랜스포메이션을 해야 하는 이유

–

안무정

갑자기 디지털 트랜스포메이션DX의 정의와 왜 기업이 DX를 해야 하는지 질문을 받는다면, 과연 얼마나 명확히 대답할 수 있을까? 왜 기업은 DX를 추진해야 할까? 불확실한 세상을 살아가는 데 DX는 기업뿐만 아니라 정부와 개인이 어떻게 활용할지 고민할 어젠다이다. 이 책의 목적은 기업이, 정부가, 개인이 DX를 성공적으로 실행하기 위한 전략을 제시하는 데 있다. 기업에 있어 DX의 최종 목적은 새로운 고객 경험을 만들고 이를 기반으로 '고객 가치를 실현'하는 데 있다. '고객 가치 창출이라는 말이 너무 진부한 표현이 아닌가?'라고 할 수 있지만, 가치 창출은 기업이 존재하는 한 풀어야 할 영원한 숙제이다. 굳이 스마트폰 시장에 대한 설명을 상세히 할 필요는 없지만, 기술이 평준화된 시점부터 소비자는 하드웨어에서 UI/UX 디자인과 앱 스토어와 같은 소프트웨어에 관심을 갖게 된 것처럼, 고객이 제품과 서비스를 구매하고 이용하는 가치 판단과 니즈를 파악하는 일은 고객의 마음을 읽어야 하는데 결코 쉽지 않다. 그래서, 소셜 미디어에 남겨진 고객의 발자국과 흔적을 빅데이터로 수집해서 분석하고, AI로 예측하는 일에 기업은 사활을 걸고 있다. 사회·문화·경제 트렌드에 따라서, 코로나 19와 같은 팬데믹 위기 상황, 국제적 분쟁과 공급망 붕괴 그리고 환경 위기 등 다양한 요인과 이벤트에서 고객을 감동시키는 서비스를 개발하여 새로운 경험과 가치를 창출하는 일은 기업 생존과 직결된다.

DX는 기업의 경쟁력 확보와 지속 가능한 이윤 창출을 위한 제품과 서비스를 마케팅·기획·개발·판매·공급 프로세스를 포괄적으로 운영·관리하는 경영 활동이다. DX의 전사적 프로세스를 막힘없이 연결하고 통합하기 위해 프로세스 자동화와 지능화 그리고 최적화는 기본이고 핵심이다. 이를 위해서 클라우드, 사물 인터넷, 빅데이터, AI, 디지털 트윈, 블록체인, 웹 3.0Web3, 최근 폭발적으로 확산되고 있는 생성형 AI와 같은 디지털 기술 도입과 활용은 절대적으로 중요하다. 주된 DX 실패 원인이 기술 조직 중심의 추진이라고 하지만, 디지털 기술 활용 없이 DX는 불가능하다. 클라우드가 시장의 버즈 워드Buzzword로 부상할 때 오라클 래리Larry Ellison 회장이 클라우드에 대해 비판하면서 'IT가 패션이냐'는 말로 유행처럼 번지는 클라우드에 대한 경계를 강조한 적이 있었다. 실제 IT 트렌드의 버즈 워드가 사람들의 관심만을 끌다가 유행처럼 사라졌던 기술은 무수히 많다. 2000년에 메타버스가 세컨드 라이프Second life로 뜨거운 관심을 받다 동력을 잃고 사라졌다가, 코로나 19로 다시 화려하게 소환되었다가, 위드 코로나로 또다시 잔잔한 파도로 잦아들고 있는 것처럼 역사가 반복되듯이 기술도 반복된다. DX를 시작하기 전에 디지털 기술의 파고波高를 읽고 기술의 파고를 만들어 내는 상황을 이해하고, DX 효익 관점에서 고객 서비스 실행에 어떤 기술을 우선적으로 도입하고 확장할지 고민해야 한다. 방대하고 고가의 모든 디지털 기술을 DX를 위해 도입할 수 없다. 그래서, 전략적으로 기획하고 전술적으로 실행하라Plan strategically and execute tactically는 말처럼, 이 책은 저 비용 고 효율의 DX를 실행하기 위한 쿡 북Cook book이다. 또한, PI 프로젝트 이후 어떻게 PI 과제를 실행할지 고민하고 있다면 이 책은 그에 대한 해답을 줄 것이다. 최고의 전략이 최고의 성과를 만들지 못한다. 기업의 DX처럼 정부의 DX도 같은 맥락을 가진다. 국민에게 새로운 경험과 가치를 제공하여 국가 서비스를 혁신하는 데 DX는 선택이 아닌 필수이다. 특히, 인구 절벽으로 노동 인구, 국민연금, 교육, 국방, 지방대와 지자체 위기로 대한민국이 소멸될 것이라는 경고등이 켜지고 있다. 그래서, 국가 프로세스와 구조를 DX로 엔지니어링하지 않으면 안 된다. 그리고, 가장 중요한 것은 DX를 실행하는 것은 사람이다. 개인이 DX를 주도할 수 있는 역량 없이 국가, 기업의 DX는 요원하다. 이 책에서 어떤 전략과 전술로 개인의 DX 역량을 확보하고 확장하는지 살펴보기 바란다.

1

PI, 제대로 알고 시작하라: 이해와 오해

PI를 하면 일이 편해지나?

PI프로세스 혁신를 하면 기존의 업무가 더 편해진다고 생각한다. 그러나 그것은 절반만 맞는다고 볼 수 있다. PI는 기존의 업무 프로세스를 표준화하는 것을 1단계 목표로 설정한다. 표준화란 모든 사람이 지켜야 하는 회사의 업무 기준을 만들고 준수하게 하는 것이다. 표준화를 하는 이유는 회사를 구성하는 수많은 조직과 기능, 구성원들을 하나로 관리하기 위해서이다. 따라서 구성원 각자가 나름의 판단에 따라 관행적으로 해오던 업무 방식은 PI에서 만든 새로운 업무 기준에 따라 바뀐다. 그리고 이렇게 변경된 업무 방식은 사람들에게 익숙하지 않기에 처음에는 당연히 불편하다. 물론 업무별로 최고의 전문가들이 고민하여 만들어낸 프로세스이겠지만, 기존의 일하던 방식과 다르기에 낯설게 느낄 수밖에 없다. 그래서 PI를 하면 매우 불편해진다고 느낀다. 하지만 이러한 불편함에도 업무를 더욱 효율적으로 수행하게 되므로 편해진다고도 말할 수 있지 않을까.

그런데 회사는 왜 PI를 할까. 업무 수행의 효율화를 추진하는 이유는 무엇일까. 단지, 일하는 사람의 편리함만을 위해서는 아니다. 회사의 자원인 물적 자산이나 인적 자산을 보다 비용 효과적으로 활용함으로써 회사가 원하는 목표를 얻기 위한 것이다. 효율화로 일하는 방식이 편해지고 업무 시간이 2배로 절감되었다면, 회사는 전에는 생각할 수 없던 일들도 할 수 있는 여유 자원이 생긴다. 때문에 'PI를 하면 일이 편해지나요'라는 질문은 내 업무 영역에서의 개선과 이에 따른 편리함만을 생각하는 데서 나오는 것이다. 편해지는 부분도 있고, 불편해지는 부분도 있지만, PI의 목적은 편리함만을 목적으로 하지 않고, 특정 업무 관점보다는 회사 전체 관점을 본다는 것을 이해할 필요가 있다. 내 일을 알아서 처리해 주는 시스템과, 회사 전체의 사업을 효과적으로 수행하여 성과를 배가시키는 PI는 목표 지점이 다르다.

영업 활동을 수행하면서 고객을 관리하며 계약을 수주하는 직원으로서는 자신의 영업 활동에 대해 시스템이 알아서 정보를 정리하고 결과 보고나 고객 관리를 자동으로 처리해 주는 시스템을 원한다. 당연히 기존에 하던 업무 방식보다 편리해지는 장점도 있겠지만, PI 관점에서는 영업 활동의 편의성뿐만 아니라 사업 수주를 높이고 계약 성사율을 높이는 프로세스 혁신을 함께 고민해야 한다. 그리고 수주율과 계약을 높이기 위해 시장의 정보를 보다 잘 수집할 수 있는 마켓 인텔리전스Market Intelligence와 관련된 프로세스, 새로운 사업 아이템을 발굴하고 제안할 수 있는 신사업 발굴 프로세스까지도 PI의 범위로 새롭게 고려할 수 있다. 이때 관행적으로 업무를 하던 영업 담당자는 기존 업무는 자동화되어 편해질 수 있지만, 신설된 프로세스로 인하여 하지 않던 일을 추가로 할 수도 있다. PI로 인해 일이 줄어들 것으로 생각했는데, 오히려 일이 늘어나는 것이다. 따라서 PI는 편의성 관점의 업무 개선이나 자동화보다는 전략적 관점의 사업 성과를 달성하는 것을 목표로 일한다고 볼 수 있다. 이 때문에 단순히 효율화 관점에서 편리성만을 기준으로 프로세스 혁신을 설명하기는 어렵다.

PI, 더 많은 일을 시키려는 것일까?

남는 것 없는 장사라는 말을 많이 들어 보았다. 대부분 그럴 리가 없다고 생각한다. PI에도 상당한 투자가 수반되는데 무엇이 기업에 남길래 막대한 예산이 PI에 투입되는 것일까. 단순히 일하는 직원들의 업무를 효율적으로 만들기 위해 업무 방식을 정형화하고 표준화하는 것만이 목적일 수는 없다. 회사는 손에 잡히지 않는 모호한 결과를 위해 투자하지 않는다. 업무를 표준화한다는 것은 정의된 업무 방식과 기준에 따라 업무의 시작과 결과가 정량적으로 드러나게 만든다는 것이다. 업무 프로세스가 이렇게 가시적으로 보이게 되면 무엇이 달라질까. 회사는 지속적인 성장을 목표로 움직이는 공동체이다. 따라서 성장을 위해 비용 효과적으로 관리해야 하는 많은 관리 요인이 있다. 계약 성사율, 업무 마감률, 품질 준수율, 안전사고 발생률, 불편 처리율 등 사업을 만들어 내고, 운영·관리하고, 매출과 이익을 달성하기 위해 관리하는 지표들이 있다. PI 이전에는 이러한 지표들에 대해 어떤 상황인지 물어보면, '문제가 별로 없다' 또는 '문제가 좀 있다'는 대답을 듣고는 했다. 이슈가 많거나 적은 편이라고 답변하거나, 성과가 좋거나 낮은 편이라고 답변한다. 그러나 PI 이후에는 이러한 항목들이 100% 기준으로 몇 %인지를 정량적으로 알게 된다. '일을 잘하는 편이다' 또는 '미흡한 편이다'라고 말하던 것들도 표준화가 되다 보니, 상위 10% 이내인지, 하위 10%에 해당하는지를 알 수 있게 된다. 관리 지표를 기준으로 부서별, 직급별, 직무별, 지역별로 순위화된 정보들이 한눈에 보인다. 이렇게 파악된 정보는 우수한 성과를 만들어 내는 상위 그룹과 하위 그룹을 구분 짓게 만든다. 그리고 상위권의 업무 방식을 참조하여 미진한 그룹을 상향 평준화시키는 방법으로도 활용된다. 상위권, 하위권, 평균권을 기준으로 업무 생산성을 높이고, 각종 리스크를 예방 관리하는 경영 관리의 효과적인 수단으로 활용되는 것이다.

더 나아가서는 표준화를 통한 관리가 이루어지면서, 사람이 수행했던 반복적이며 판단이 불필요한 영역들을 자동화시켜 사람의 관여 없이 처리할 수 있는 분야를 파악하는 기본 데이터가

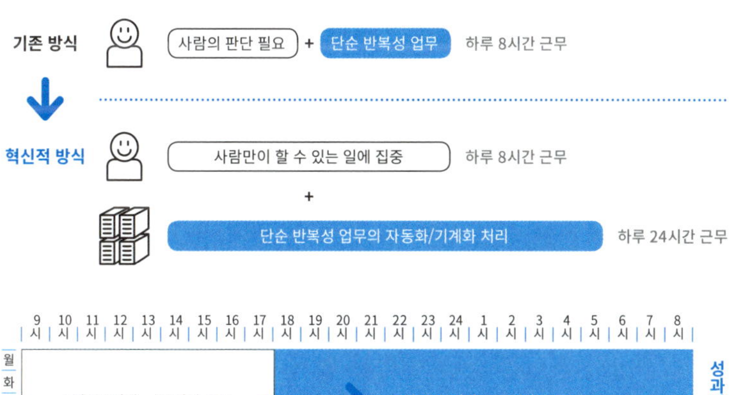

그림-1 프로세스 혁신과 회사 관점의 성과 | 5x8 vs. 7x24

생성된다. 실제 업무량과 소요 자원 등이 표준화된 틀에서 정량적으로 파악되기 때문이다. 이를 통해 사람보다 자동화가 효율적인 분야는 자동화를 적용 확대하고, 자동화로 대응이 어렵고 사람만이 할 수 있는 영역은 사람이 집중적으로 대응하도록 만들 수 있다. 그리고 자동화로 절감된 업무 시간을 사람만이 할 수 있는 업무 영역에 보다 집중시킴으로써, 회사 전체의 관점에서는 사업에 필요한 보다 많은 업무를 수행할 수 있게 된다.

대부분 사람은 전통적으로 일해 왔던 방식이 유지되는 것을 선호한다. 특히나 오랫동안 같은 업무를 반복적으로 수행한 사람이라면 이미 최적화된 업무 방식이 몸에 배어졌을 것이다. 그런데 이 방식을 바꾸라면 누구나 불편할 수밖에 없다. 또한 지금 방식으로도 회사가 충분히 상위권에 있는데 굳이 성장을 위해 PI를 해야만 할까, 현상 유지만 해도 충분하지 않을까라고 생각할 수 있다. 하지만, 회사는 현상 유지만으로는 성장할 수 없고, 성장하지 않는 회사는 시장 경쟁에서 도태될 수밖에 없다. 성장을 이루어야 새로운 매출과 이익이 발생하고, 새로운 인력을 채용할 수 있는 자원과 TO Table of Organization가 생기고, 구성원의 승진과 연봉 인상도 가능하다. 회사가 간신히 현상 유지만 한다면, 반대로 사업 규모는 정체될 것이고 업무량도 정체되거나 줄어들 것이다. 인원도 점차 줄어가야 할 것이고, 새로운 채용이나 TO는 없을 것이며, 진급이나 연봉 등은 변화가 없거나 나빠질 것이다. 따라서 회사를 성장시키되, 구성원의 역할은 보다 사람만이 할 수 있는 영역에 집중되는 구조로 재편함으로써 회사의 자원 활용을 최적화시키는 업무 구조를 만드는 것은 매우 중요한 전략적 시도이다.

회사 관점에서는 자동화로 업무량이 50%가 줄었다면, 새로운 사업이나 업무에 50%를 투자하는 가성비 높은 업무 구조를 만들었다는 것이다. 물론 구성원들은 전통적인 방식으로 일했을 때에 비해 업무 방식이 달라지면서 새로운 프로세스가 이질적으로 느껴지고, 업무 절감을 이유로 새로운 역할이 생겨난다면 환영하지 않을 수 있다. 그래서 PI는 항상 많은 저항에 부딪히며 많은 설득이 필요한 어려운 프로젝트이다.

PI는 시스템 구축 프로젝트인가?

시스템이 가장 눈에 띄는 PI의 산출물인 것은 맞다. 하지만, PI는 회사의 사업 체계가 고객의 지갑을 열 수 있는 수준으로 운영되는지, 고객 만족까지 도달하는 프로세스가 최적화되어 있는지를 복합적으로 검토한다. 직원들의 일하는 방식이 고객의 이익과 더불어 회사의 이익과도 밀접하게 연계되도록 만드는 것이 PI이다. 시스템 구축을 통해 보다 효율적인 방식으로 담당자가 일하게 만드는 것도 PI의 결과물 중 하나이지만, 그 과정과 결과 속에서 궁극적으로 가성비 높은 회사의 업무 체계를 구축하는 것이 PI의 지향점이다. 따라서 PI는 시스템 기반의 업무 효율화도 다루지만, 새로운 기능조직을 만들어 기존에 없던 역할을 부여하기도 하고, 새로운 지표와 관리 프로세스를 만들어 변화된 방식으로 조직이 운영되게 만든다. 단순히 시스템만 구축하면 PI가 완성된다는 것과는 차이가 크다. 변화와 혁신을 위한 수단은 다양하다. 프로세스를 변경하거나, 조직을 재편하고, 운영 기준을 바꾸거나, 역할과 책임을 변경하는 등의 다양한 방식이 있다. 그러나 사람들이 일하면서 가장 많이 접하게 되는 영역이 시스템이다 보니, PI와 시스템 구축을 같은 것으로 생각하는 경우가 많다. 물론 시스템에는 많은 기준과 프로세스의 흐름이 담기기에 PI의 대표 선수라고 할 수 있다. 하지만, 시스템 구축이 PI의 유일한 선수는 아니며, 개선안에 대한 다양한 접근을 통해 이슈들의 복합적인 처방을 다루는 것이 PI이다.

예를 들어 안전 관리 부서의 PI를 수행한다면, 업무 수행 중에 발생할 수 있는 사고를 제로화하고, 다양한 법적 요건을 충족시키는 안전 활동을 수행하여, 법 위반 등 회사의 리스크 요인이 발생하지 않도록 만드는 것이 목표이다. 따라서 안전 활동에 관련된 표준 업무와 업무 기준들을 법규와 회사 규정에 맞추어 재정립하는 것도 PI의 결과물일 수 있다. 회사와 협력 업체를 위한 안전교육 활동, 안전 보건 활동, 위험성 평가 활동, 공사 진행시 필수적으로 감독해야 하는 안전 관리 항목들이 무엇이며, 어떤 방식으로 지켜야 하는지를 명시하는 기준서도 PI의 산출물이 될

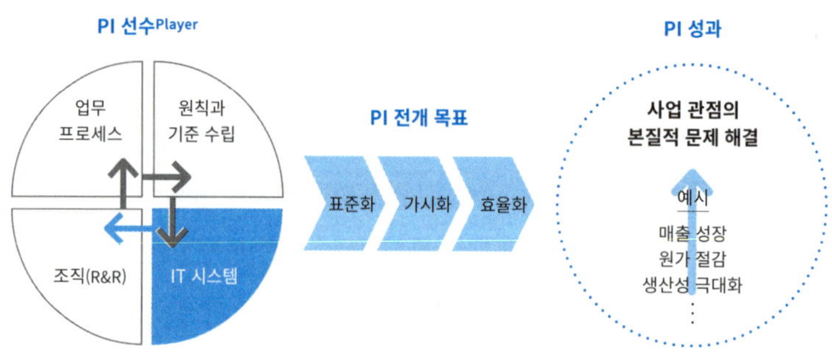

그림-2 **PI와 핵심 성과**

수 있다. 다만, 이 과정에서 온라인으로 흘러가는 안전 관리 업무들은 PI 시스템을 통해서 접근되기에 사용자가 대표적으로 변화를 체감하는 대상이 시스템이라고 생각할 수 있다. 하지만, PI 시스템은 업무 프로세스 중 온라인으로 수행하는 업무를 다루는 하나의 도구일 뿐이며, 오프라인으로 진행되는 안전 관련 업무 기준, 운영 방식, 운영 체계 등 기준과 원칙을 수립하는 것도 PI에서 도출되는 변화의 산출물이기에 PI를 단순히 시스템 구축 프로젝트라고 말하기는 어렵다.

PI는 사업 성장이 목표다

PI 컨설팅을 진행하면서 이것이 전략 방향성을 재정립하는 컨설팅인지, 시스템 구축을 위한 정보전략 컨설팅ISP, Information Strategy Planning인지, 업무 프로세스를 재설계하는 컨설팅BPR, Business Process Reengineering인지 혼란스러웠다. 업무 효율화 활동이나 내부 혁신 활동과 유사한 부분이 많은데 무엇이 다른 것인지 모호했기 때문이다. 하지만 업무 효율화를 위한 시스템 구축이나 프로세스 재설계는 단편적인 기능 개선을 목적으로 하는 반면, PI는 사업 전반의 전방위적인 문제 해결을 염두에 두고 사업 성장을 위한 더욱 본질적인 해결 방안을 검토한다. 업무 효율화를 통해 성과가 100%에서 120%로 향상되는 효과를 기대한다면, PI를 통해서는 사업적 관점에서의 성과가 100%에서 200%로 향상되는 모습을 기대하기 때문이다.

회사에서는 사업과 전략, 실행과 성과에 대해 항상 고민한다.

매 순간 경영진은 업의 본질과 고객의 니즈는 무엇이며, 우리는 현재 어디에 위치해 있고, 무엇을 어떻게 변화시키고 혁신시켜야만 고객에게 환호받는 서비스로 성장시킬 수 있는지를 고민한다. PI는 이러한 고민을 해결하는 방법을 전략적으로 검토하고, 회사 내부의 프로세스가 전략적 방향을 향해 집중력 있게 흘러가도록 재정립하는 작업을 한다. 회사의 경영 활동을 위해 여러 부서에서 다수의 실무자가 나름의 기준과 원칙에 따라 일을 하고 있지만, 이러한 업무 방식이 회사의 전략적 방향에 부합하는지를 짚어보는 것이다. 회사가 제공하는 서비스나 상품이 고객에게 도착하기까지 보이지 않는 고객 여정이 얼마나 최적화되어 있는지를 파악하면서 이슈가 무엇인지를 분석하고, 기존의 업무 방식이 고객에게 충분한 신뢰와 매력을 쌓는 데 유용한 방식인지를 프로세스 관점에서 검토하는 것이다. 이러한 과정을 통해 PI는 사업적 관점에서 미래적이고 이상적이지만, 현실적으로도 실행될 수 있는 최대의 혁신성을 반영한 사업 운영 체계, 즉 고객에게 매력적이며 성장에 최적화된 사업 운영 프로세스를 만들어 내는 것이라고 할 수 있다.

2

성과 중심 PI

성과란 무엇일까?

누군가는 PI를 독배에 비유하기도 한다. 주변에 물어봐도 모든 사람의 전폭적인 지지와 환호를 받았던 PI 프로젝트는 흔치 않았다. PI '덕분에'와 PI '때문에'라는 양분된 의견이 항상 있었고, 성과에 대해서도 갑론을박이 많았다. 아마도 프로세스를 혁신하는 일이 당장의 시스템 구축을 통해 눈에 보이는 업무 자동화나 효율화와 같은 즉각적인 결과로 연결되지 않아서일 것이다. PI는 회사가 사업을 운영하는 밑단인 프로세스를 표준화하는 것으로부터 시작한다. 그런데 사업 운영의 토대가 되는 업무 프로세스를 표준화한다는 것은 어떤 성과라고 말할 수 있는 것일까.

회사의 모든 사람이 표준화된 방식으로 업무를 수행하면, 동일한 기준 아래에서 구성원이 각각의 결과물을 만들게 되고, 결과물에 대한 평가가 객관적으로 이루어진다. 생산성이 낮은 이유와 높은 이유를 분석할 수 있고, 생산성을 높이는 가설을 세우면서 다양한 시도를 할 수 있다. 생산성이 높은 부서의 노하우와 원인을 분석하여 똑같은 조건에서 생산성이 낮은 부서의 생산성을 높이는 방안을 검토할 수 있다. 따라서 PI에서 표준화란 사업의 생산성과 관련된 기초 데이터Raw Data를 가시적Visualization으로 보여주는 업무 체계라고도 할 수 있다. 이렇게 구축된 가시화된 업무 데이터를 바탕으로 생산성을 파악하고, 데이터에 기반한 생산성 고도화의 솔루션이 도출된다면 표준화 역시 PI 나름의 성과라고도 할 수 있을 것이다. 그러나 표준화와 데이터 분석, 생산성 고도화까지의 리드 타임이 상당히 오래 걸리기에, 이것을 PI의 직접적인 성과라고 주장하기에는 애매한 부분이 있다.

표준화만으로는 성과가 약하다

예를 들어, 계약 체결과 관련된 업무가 현장 실무자들이나 계약 부서의 담당자별로 서로 다른 기준과 원칙에 따라 수행되는 경우가 있다고 하자. 1년에 천 건, 만 건 이상의 계약들이 체결되는데, 계약 조건이나 처리 방식을 현장의 실무자들이 잘 모르거나, 관련 부서에서도 파악하지 못하는 예외 조항들이 많아서 개별적인 판단을 통해 처리한다면 잠재적인 계약 리스크가 있다고 할 수 있다. 동료나 관련 부서에 문의하면서 일을 진행하지만, 답변이 실무자마다 다르다면, 이를 다시 확인하는 과정이 필요하고, 진행은 더뎌진다. PI를 추진한다면, 이렇게 불분명한 업무 기준과 계약 유형별 업무 프로세스를 명확히 하고, 회사가 정한 원칙에 따라 계약에 필요한 검토 사항들이 통일된 규정대로 다루어지도록 회사 내부의 계약 업무 표준과 절차를 재정립하는 것부터 진행하게 된다.

이렇게 표준화된 프로세스상에서는 이전과는 달리 일하는 사람들은 계약 처리 기준에 대한 혼란을 줄일 수 있고, 더 빠르고 명확하게 일할 수 있다. 하지만, 이러한 성과가 과연 경영진이나 회사에 어필할 수 있는 성과라고 볼 수 있을까. 모호한 기준에 따라 일하던 직원들이 이전보다 명확하게 일하게 되었다면, 이에 따라 절감된 업무 시간은 얼마이고, 절감된 시간만큼 회사는 무엇을 얻게 되는지가 정량적으로 도출되어야 성과라고 할 수 있다. 절감된 회사의 자원이 회사의 재무적 또는 전략적 성과, 즉 매출 증대 또는 원가 절감으로 연결되지 않는다면 성과라고 주장하는 것이 구차해진다. PI는 여타의 자동화 시스템을 구축하는 이유와 같이 직원들의 업무를 더 편리하게 만드는 목적만 있지는 않기 때문이다. 따라서 명확한 정량적 성과가 예상되지 않는 PI 과제라면 단기성 자동화 또는 효율화 프로젝트로 진행하고, PI 범위에서는 제외하는 것이 차라리 나을 수 있다. 경영진의 관심을 꾸준히 받을 수 없는 성과 과제라면 PI 담당자들 역시 집중력 있게 일할 수 없는 상황으로 몰릴 수 있고, 프로세스 개선이라는 결과물의 품질 또한 저조할 수 있기 때문이다.

관리 효율화가 목적인 PI는 위험하다

예를 들어, 다양한 지역에 위치한 건물별 순찰 업무가 정상적으로 수행되는지를 본사 관리자는 파악하기 어려울 수 있다. 간혹 건물 보안에 문제가 생겨서 이유를 찾다 보면 순찰 업무가 제대로 수행되지 않아서인 경우가 있다. 그렇다고 관리자가 순찰 감독을 위해 실무자를 매번 따라다닐 수는 없고, 실무자의 보고 내용을 믿을 수밖에 없다. 그래서 순찰 업무가 누락 없이 정상 수행 중인지 누구나 알 수 있는 관리 체계에 대한 의견이 나오곤 한다. 대표적인 의견으로는 순찰 지점마다 바코드나 QR 코드를 부착하여 정기 순찰을 진행할 때마다 스마트폰으로 업무 사항을 입력하고, 결과가 실시간으로 공유되는 프로세스와 시스템을 만들자는 의견이다. 하지만 이렇게 변화된 업무 방식은 실제로 어느 정도의 호응을 얻었을까. 연간 보안 사고의 발생 빈도는 매우 낮은 편이라서 스마트폰으로 입력되는 순찰 지점들의 특이 사항은 대부분 '이상 무'로 기록되었다. 또 기존에는 순찰 개시 전과 순찰 완료 후에 데스크에 비치된 기록지에 간단히 이상 정보만 기재하면 되었기에, 순찰 지점마다 진행하는 스마트폰 입력이 번거롭게 느껴지기도 했다. 이렇게 '이상 무'로 기재되는 대부분의 정상적인 상황을 관리하기 위해 굳이 프로세스와 시스템을 만든 것이냐는 의견도 있었다. 이슈를 관리 누수 예방이라는 방향으로만 바라보았기 때문에 관리 감독이라는 목적은 달성했지만, 사건 사고가 거의 없는 상황에서 초반에 기대했던 만큼의 큰 호응은 없이 점점 관심 밖의 프로세스가 되어 버리는 경우이다.

PI 과제라면 단순히 이슈를 해결하는 것 이상의 성과 연결성을 고려해야 한다. 만약에 있을 사고들의 예방 효과는 사업 운영 관점에서 얼마나 큰 것인지, 예방 프로세스를 운영하는 비용이 높은지, 사고 후 신속한 사후 조치에 드는 비용이 높은지도 비교해야 한다. 회사에 미치는 리스크를 최소화하면서도 비용이 적게 드는 방향의 해법을 검토해야 하기 때문이다. 또한 보안 순찰이라는 서비스가 회사의 주력 분야로서 재무 비중이 높은 것인지, 보안 사고는 얼마나 빈번하게 발생하는지 등을 파악해야 한다.

회사에서의 보안이라는 서비스가 어떤 위치이며, 고객과 회사에 어떤 의미가 있는가를 살펴보고 개선 방향을 정하기 위해서이다.

실시간으로 순찰 결과가 입력되고 관리되는 체계로 인해 관리자 역할이 축소되어 원가 절감의 효과가 있다면, 이를 정량적으로 예측해 보아야 할 것이다. 한 명의 관리자가 5개의 현장을 관리하던 방식이 10개의 현장을 관리할 수 있는 방식으로 바뀌었다면 확실한 성과라고 말할 수 있다. 이러한 비용 절감에 따른 원가 경쟁력이 시장에서의 영업 승률을 획기적으로 높여줄 수 있기 때문이다. 그러나 사업 관점에서의 정량적인 성과가 모호하고, 보안 사고 예방이나 실시간 관리 체계 구현이라는 업무 효율화만이 결과라면 성과 연결성이 애매하다고 볼 수 있다. 이럴 때는 PI 과제보다는 보안 업무 편의성을 개선하는 단기적 시스템 구축 과제로 진행하는 것이 적절하다. PI 과제는 보안 서비스 업무를 시스템화하는 과제가 아니라, 상위 레벨의 보안 사업 관점에서의 사업 경쟁력과 사업 성과에 기여할 수 있는 경영 이슈 해결 과제로서의 성과가 분명한 것이어야 한다.

우군은 경영진, 미끼는 성과

PI는 기존의 일하는 방식을 바꾸어야 하기에 기존 방식대로 일하던 사람들의 비우호적인 반응을 종종 접하게 된다. 특히 PI 초반에는 변화된 프로세스에 미흡한 부분이 종종 있어서 현장의 불만도 많은 편이다. 그리고 미흡한 부분에 대한 개선이 보완되는 데에도 상당한 시간이 걸린다. 아무래도 제한된 개발 인력과 대비하여 개선 요구 사항이 많아서일 것이다. 그러나 초반의 이러한 애로 사항들은 신속하게 해소될 필요가 있다. 애로 사항이 오랜 기간 축적될수록 현장의 피로감이 높아지고 PI에 대한 저항 역시 관성화되기 때문이다. PI를 지지하는 경영진 또한 이러한 반응에 대해서 편하지만은 않다. 따라서 안정화를 위한 개발 비용 투자에 대한 경영진의 강력한 지지를 통해 적극적인 불편 해소가 이루어져야 새로운 일하는 방식이 안정적으로 정착될 수 있다.

이렇게 장기간 진행되는 PI 프로젝트를 둘러싼 어려운 상황 속에서도 PI가 동력을 잃지 않도록 지지해 주는 의사 결정권자의 역할은 매우 중요하다. 그런데 오너 기업이 아닌 전문 경영인 중심으로 운영되는 대부분의 회사에서는 임원의 임기 연한에 따라 PI 진행 중에 경영진이 교체되는 경우가 생긴다. 보통 3~4년 단위의 임기로 전문 경영인에 대한 임원 인사가 단행되는 경우, 신규 보임된 임원이 전임 임원의 전략 과제에 대해 어떤 생각인지도 불투명하다. 결국 또다시 중요한 것은 성과가 나오는 PI 과제인가이다. PI의 결과로 생산성이 획기적으로 증가하는지, 매출이나 수익률이 높아지는지, 원가 절감이 눈에 띄게 이루어지는지 등의 정량적인 결과가 확실하게 예상되는지가 중요하게 되는 것이다. 경영진의 교체 여부와 관계없이 PI의 성과가 당당하게 나올 수 있다면, 어떤 경영진이라도 PI 스폰서를 거부할 이유가 없다. 이러한 성과는 스폰서인 경영진의 성과이며 그들의 커리어에 유익한 이력이 된다. 최상위 임원을 만나든, 고객을 만나든, 직원을 만나든, 숫자로 말할 수 있는 정량적인 성과가 예상된다면, 누구든 PI에 힘을 실어줄 수밖에 없다.

PI를 하게 되면 성공하든 실패하든 성과가 모호한 경우가 많아서 종종 비난을 받는다. 과제 초반부터 현장의 직원들에게, 상위 임원진에게, 고객에게 인정받을 수 있는 정량적인 성과를 염두에 두어야 하는 이유이다. 누구도 부인할 수 없는 성과만이 방패가 되어주기 때문이다. 이러한 정량적 성과에 대한 대비 없이 사업 기반을 정비하기 위한 표준화된 업무 체계를 수립했다거나, 리스크를 예방할 수 있는 업무 절차를 마련했다는 식의 애매한 성과는 PI의 성과 방어에 큰 도움이 되지 않는다. 장기간의 PI를 둘러싼 여러 가지 이슈 상황 속에서 경영진 역시 PI에 지속적으로 힘을 실어줄 수 없다면, PI 조직은 축소 또는 해체 수순을 밟게 될 것이다. 성과만이 PI를 수행하는 담당자들이 끝까지 생존할 수 있는 유일한 방법이다.

당연한 이야기일 수 있으나 PI를 진행하다 보면, 부서별로 견해가 다르다 보니 회사 전체 관점에서는 소소하다고 생각되는 이슈까지도 우선순위가 높은 PI 과제로 발제되는 경우가 있다. 하지만, 앞서 언급했듯이 당장은 관심이 있는 사안이라도 회사의 재무 지표나 정량적인 성과와 연관성이 낮은 사안들은 금세 경영진의 관심 대상에서 멀어지기 마련이고, 이렇게 관심사에서 멀어진 이슈들은 발제했던 부서들에게조차 나중에는 외면받게 된다. 그리고 발제부서의 관심조차 사라진 과제에 대해 의미 있는 혁신 방안을 고민하기란 쉽지 않고, 결국 결과물도 미흡하게 마무리되는 경우가 많다. 장기간 추진되는 PI 과제 선택에 더욱 신중해야 하는 이유이다.

PI는 최소 5년에서 10년 이상 나를 따라다니는 꼬리표이다.

내가 한 일에 대해 누가 뭐라 해도 내밀 수 있는 성과가 있다면 당당한 시간을 살 수 있다. PI는 많은 사람의 일하는 방식을 바꿔야 해서 물 흐르듯 매끄럽게 설계하고, 완벽하게 구현하는 것이 중요하다. 하지만 수많은 예외 사항까지 완벽하게 고민한 기준과 시스템을 구현하기란 쉽지 않다. 전지전능한 통찰력을 가지고 있어서 모든 상황의 시작과 과정, 끝을 빈틈없이 정리할 수 있는 전문가가 과연 얼마나 있을까. 그리고 이러한 빈틈들은 초반에 많은 비판을 받겠지만 부지런히 보완해 나가면서 완벽을 지향하면 되는 일이다. 다만, 내가 설계한 업무 방식의 대원칙이 회사 경영 방향에 부합한 것인지에 대한 확신은 꼭 있어야만 한다. PI를 수행하는 과정 내내 발생하는 다양한 갑론을박 속에서 변화된 업무 방식이 회사의 정량적인 성과에 확실한 기여를 한다는 자신감은 꼭 필요하기 때문이다. 단순히 기존의 프로세스를 더 편리하게 만들었고, 회사의 내부 규정과 기준을 잘 준수하는 표준화되고 가시적으로 보이는 프로세스를 구현했다는 것만으로는 부족하다. 이를 통해 매출, 이익, 원가 절감 등의 누구도 무시할 수 없는 사업적인 성과가 연결되어야만 스스로도 PI에 대해 당당할 수 있다.

누가 대신할 수는 없다

예를 들어, 어떤 부서에서는 모든 부서를 대상으로 재무 목표 대비 달성 수치를 매주 취합하고, 경영진과 그 결과를 공유하는 업무를 수행해 왔다. 매번 엑셀 양식을 모든 부서에 배포하고, 취합된 내용을 확인 후 재요청하는 작업을 반복했다. 취합하는 부서나 작성하는 부서의 담당자들은 이러한 업무 방식이 비효율적이라고 생각했고 PI를 통해 해결되어야 하는 우선순위 높은 과제라고 생각했다. 문제는 이슈를 해결하기 위해 개선안을 고민할 실무자들이 없다는 것이었다. 취합 작업이 단순해 보였지만, 부서별로 사업별로 예외 사항을 판단하여 엑셀 파일을 취합하고 있었기에 이 업무의 프로세스에 대해 제대로 이해하는 사람의 참여는 필수였다. 그러나 지금도 잦은 야근을 하면서 일을 하는 사람들이라 프로세스 혁신까지 수행할 여유는 없었다. 부서장 역시 당장 매주 진행되는 내부 보고가 더 시급하기에 누군가 대신 고민해 주지 않는다면 기존 내부 인력을 빼는 것이 매우 곤란한 상황인 것을 알고 있었다. 상위 부서장 역시 해당 팀이 힘들고 바쁜 것을 알고 있었기에 해당 업무의 효율화가 필요하다고는 생각하고 있었다. 다만, 몇몇 취합 인원의 업무 개선을 위해서 당장 눈에 띄는 성과로 보이지 않는 일, 즉 회사의 매출이나 원가 절감 또는 이익률과는 연관성이 낮은 프로세스 개선에 대체 인원을 조달하면서까지 해결할 건인지는 고민될 수밖에 없었다. 결국 개선이 필요하다고 판단하여 해당 업무의 담당자가 기존 업무를 병행하면서 PI를 진행하기로 결론은 났다. 그러나 역시 깊이 있는 고민을 하기에는 시간이 항상 부족했고, 프로세스 개선안을 그려내는 데도 집중력 있게 일하기에는 힘든 이슈 사항들이 많았다. 또한 기존의 업무 방식에 비해 얻을 수 있는 성과가 취합 담당자들의 업무 시간 절감이라는 미미한 수치로만 설명되었기에 경영진의 관심은 높지 않았다. 경영진은 어떤 방식으로든 보고를 받으면 되는 것이고, 어떤 방식으로 취합이 되는지에 대해서는 관심이 낮기 때문이다. 시간이 지날수록 발제 부서와 경영진의 관심은 식어 갔고, 관련 프로세스 개선안이 시스템에 반영되었지만, 실제 사용하기에는 기능적인 완성도가 낮고, 보완할 부분이 많아서 결국 사용하지 않는 유명무실한 기능이 되었다.

왜 완성도가 낮았을까를 생각해 보면, 결국 일의 우선순위에서 PI가 현업 업무에 밀렸기 때문이다. 경영진의 관심을 받을 만한 과제가 아니었다. 따라서 PI에서 다루는 과제라면 반복적인 업무를 효율적으로 처리하는 프로세스를 만들어 업무 시간이 절감되었다는 성과만으로는 부족하다. 줄어든 업무 시간이 월등히 많아서 해당 업무를 수행하는 인원이 절감되고, 기존 업무 이외의 다른 업무까지 할 수 있는 시간이 확보되는 결과로까지 연결되어야 의미가 있다. 누가 봐도 거부할 수 없는 정량적 성과가 담보되어야만 과제의 명분이 생기는 것이고, 이를 통해 우선순위에서 밀리지 않는 힘을 지속적으로 받을 수 있다. PI의 과제 범위를 냉철하게 평가하고 선정해야 하는 이유이다.

더불어 현업의 업무를 병행하는 파트타임 인력으로 진행하는 과제는 PI 범위에서 제외하는 것이 낫다. 완성도가 낮아질 확률이 매우 높기 때문이다. 물론 파트타임 인원으로라도 PI를 하는 것이 하지 않는 것보다 나으리라 생각할 수 있다. 외부 전문가도 있으니 내부 담당자는 부분적으로만 관여하면 충분하리라 생각하기도 한다. 하지만 그 정도로 가용 인력이 없이 업무 부하가 과중한 상황이라면, 실제 PI를 수행하면서도 현업을 이유로 PI 일정을 못 맞추거나, 산출물을 낼 수 없는 경우가 많다. 너무 바빠서 외부 전문가와 협의가 필요한 회의에도 참석하지 못하는 경우가 많고, 의사 결정이나 산출물 역시 미뤄지는 경우가 많게 된다. 초반에는 상력한 의시를 가지고 참여하지만, 시간이 지남에 따라 양쪽 일정을 모두 맞추지 못하는 상황이 반복되곤 한다. 그런 상황에서 외부 전문가 혼자 고민한 내용들은 내부 현업의 프로세스를 반영하지 못할 수 있고, 깊이가 부족할 수 있으며, 그렇게 마련된 개선안은 허술할 수밖에 없다. 그리고 엉성한 설계안으로 변경된 프로세스는 오픈 이후에도 지속적으로 문제가 발생하거나, 아예 사용하지 않는 프로세스가 되기 마련이다. 먹고 싶은 요리는 있는데, 요리를 만들 요리사가 너무 바쁜 옆집 요리사이고, 시간 될 때마다 와서 재료를 다듬고, 면을 뽑고, 양념을 만들고를 띄엄띄엄하면서 매번 옆집으로 돌아간다면 맛있는 요리가 나올 수 없다. 먹다 보면 제대로 다듬지 못한 재료가 보이기도 하고, 빠진 재료가 있기도 할 것이다. 결국 미완성된 요리를 만드는 결과와 똑같다. 정말 중요한 PI 과제라면 적어도 전담으로 수행할 인원을 확보할 만큼의 의지는 있어야 혁신 여정이 제대로 마무리될 수 있다.

3

PI, 시행착오를 통한 교훈

시작도 끝도 사람

PI를 추진하면서 가장 중요한 것은 무엇일까? 바로, 핵심 인력이라고 할 수 있는 '전문가의 확보'이다. PI도 여느 프로젝트와 다르지 않다. 첫째도 사람, 둘째도 사람이다. 재료가 좋아야 비빔밥이 맛있다. 아는 만큼 생각할 수 있다. 상상하는 만큼 구현할 수 있다. 프로세스 혁신도 질량 보존의 법칙을 따른다. 따라서 전문가가 보유한 지식의 폭이 프로세스 혁신이 이루어질 수 있는 최대치이다. 역량이 뛰어난 전문가가 담당하는 프로세스의 경우 이슈 탐색, 개선안 도출, 개선 모델 설계와 개발, 이후 실제 사용에 이르기까지 모든 업무가 무리 없이 진행된다. 이슈가 생기긴 해도 대부분 예상했던 범위 내에 있고, 통제 가능한 수준이다. 항상 문제가 발생하는 분야는 전문가가 부족했던 영역이거나 전문가가 자주 바뀌었던 영역이다. 어떤 이유에서든 깊이 있는 고민이 부족했던 영역이다. 이런 업무 영역은 내부 담당자도 소극적으로 PI에 관여하기 마련이고, 외부 전문가도 힘들게 현황 분석과 개선안을 마련하면서 기능 설계와 개발을 꾸역꾸역 마친다. 이렇게 프로젝트상의 최소 산출물은 나오는 것처럼 보이지만, 시스템이 오픈된 후에 장애와 클레임이 끊임없이 생기고, 추가 개발이 몇 년에 걸

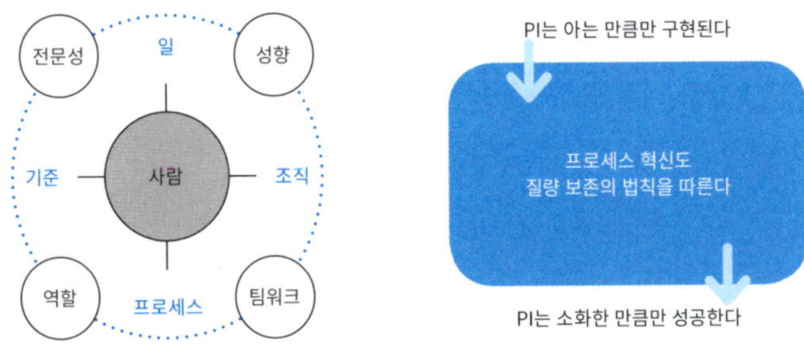

그림-3 PI 핵심 성공 요인과 질량 보존의 법칙

쳐 필요한 상황으로 연결된다. 또한 단순한 기능 개선으로 해결되지 않는 프로세스상의 근본적인 문제들까지 엮여서, 2차 PI를 진행하지 않는 이상 당장 들어낼 수도 없고, 사용할 수도 없는 고질적인 문제 프로세스로 전락하고 만다. 당장의 PI 일정만을 보고 임시로 땜질하듯이 인원을 채워 넣었어도 이후 장애와 재개발 분량을 생각한다면 시작하지 않느니만 못한 결과가 된다. 따라서 프로젝트 초기에 모든 능력을 발휘하여 최고의 전문가를 확보하는 것이 PI의 필수 요건이다. 극단적이지만 이러한 전문가를 확보할 수 없다면, 그 프로세스는 아예 범위에서 제외해야 한다. 전문가가 담보되지 않는 상태에서 무리한 진행으로 만들어진 시스템은 오픈된 후에도 현장의 많은 사람을 힘들게 만드는 골칫덩이가 될 수 있다. PI는 혁신 과정을 제대로 소화한 프로세스만이 성과가 의미 있게 나타나기 때문이다.

인재를 향한 밀당

대부분의 회사에서 진행되는 PI 프로젝트는 한시적인 프로젝트 팀TFT, Task Force Team 조직이고, 언젠가는 사라지는 부서이기에 자발적으로 PI 프로젝트 팀에 참여를 희망하는 프로젝트 구성원을 찾기란 쉽지 않다. 물론 자발적인 신청자가 있고, 또 신청자의 전문성이나 역량이 적합하다면 최상의 조건이겠지만, 대부분은 회사나 소속 부서에서 지시받아 수동적으로 PI에 참여하게 되는 것이 일반적이다. 이러한 과정에서 PI가 회사의 중요한 전략 과제인 것은 다들 공감하지만, 이에 대한 부서별 인원 차출을 지원받는 것은 쉽지 않다. 경험과 연륜이 있는 재원들은 조직 내 리더를 수행 중이거나, 그렇지 않은 경우에는 많은 업무를 멀티태스킹으로 수행하는 경우가 다반사이다. 일을 잘하는 사람에게 일이 몰리는 모습은 주변에서 종종 볼 수 있다. 따라서 그런 사람을 차출한다는 것은 그만큼의 대체 인력을 어디선가 충원해야 한다는 것이다. 또 그 사람이 있어야만 연간 조직 목표를 달성할 수 있는 부서라면, 해당 부서원을 PI 프로젝트 팀에 내어주는 데 주저할 수밖에 없다. 조직 간에도 치열한 성과 경쟁이 있기에 자기 부서가 주도하는 과제가 아닌 PI 과제에 인원 차출을 선뜻 수락하기란 쉽지 않다. 그리고 이런 상황에서는 개별 부서의 입장도 이해되지만, 회사 전체 관점에서 경영진의 의사 결정을 통해 인력 지원을 도움받을 수밖에 없다. PI 관점에서는 프로세스의 핵심인 유능한 재원은 필수적으로 확보해야만 제대로 된 혁신이 가능하기 때문이다. 당장은 각 부서가 훌륭한 인력들을 빼앗기는 것으로 느낄 수 있다. 하지만 장기적으로는 해당 부서의 이슈와 문제들을 본질적으로 해소하는 프로세스로 재정립하는 문제가 달린 사안이다. 핵심 인력의 조직 편제에 대한 갈등이 있다면 회사 업무의 우선순위를 더 폭넓고 장기적으로 바라보는 경영진들의 시각에서 의사 결정과 중재를 요청할 필요가 있다.

물론 이러한 탑-다운Top-Down 방식의 교통정리를 통해 부서별로 차출될 인원이 확정된 이후에도 해당 인력에 대한 원래 부서와 PI 부서 간의 세부적인 협의는 계속된다. 설득하는 과정에서 요청 인력을 파트타임으로 지원하겠다는 부서도 있고, 실제 요청 인력을 풀타임으로 지원하겠다는 부서도 있다. 이때 중요한 것은 해당 부서장이 PI를 위한 인력 차출에 진정성을 가지도록 설득하는 것이다. 왜냐하면 여러 가지 상황에 따라 차출되는 부서원들은 여전히 원래 부서장의 니즈를 1순위로 신경을 쓸 수밖에 없다. 부서장이 어떤 심정으로 자신을 PI에 보낸 것인지도 잘 알고 있다. 직속 상관이 어쩔 수 없이 PI에 인원을 보내긴 했지만, 그로 인해 PI 과제에 대한 불편한 감정이 있고, 그 일을 수행하는 담당자마저도 불편하게 대한다면, PI에 몰입하기란 쉽지 않을 것이다. PI에 대한 소속 부서장의 태도에 따라, PI에서 일하는 실무자의 업무 수행은 형식적인 것이 될 수도 있고, 열정적인 것이 될 수도 있다. 간혹, PI의 일정이 지연되거나, 단계별 산출물의 품질이 낮은 업무 영역이 있을 때, 차출된 담당자가 생각보다 전문가가 아닌 경우도 있지만, 원래 부서장의 니즈에 맞추어 원 부서의 업무를 자발적으로 병행하면서 PI에 집중하지 못하는 경우일 수도 있다. 따라서 PI를 수행할 핵심 인력을 확보하되, 최대한 풀타임 인력으로 확보하고, 가능한 관련 부서장의 진정성 있는 PI 협조를 구하기 위해 최선을 다하는 것이 중요하다. 다만, 이러한 설득이 원만히 이루어지지 않을 때는 무리해서 해당 인력을 차출받는 것보다는 관련 프로세스는 업무 범위에서 제외하는 것이 오히려 나을 수 있다. PI에 집중하지 못하는 인원은 끈질긴 고민이 필요한 프로세스 혁신이라는 과제가 가능한 회피하고 싶은 과제라고 생각할 것이고, 이로 인해 혁신의 결과물 역시 미흡할 수 있기 때문이다.

팀 빌딩은 풀타임으로

간혹 인사상의 조직 발령 없이 파견이나 파트타임의 인력 지원 방식을 희망하는 부서도 있다. 하지만, PI 조직에서 파견 방식으로 업무를 수행하는 불안한 포지션은 일에 대한 동기 부여에 도움이 되지 않고, 최상의 몰입도를 기대할 수 없게 만든다. 최소 1년 이상을 PI라는 임시 조직에서 프로젝트를 하는데, 인사상의 조직 발령이 없다면, 시간이 지날수록 해당 구성원에 대한 프로젝트 바인딩은 약해질 수밖에 없다. 파트타임 인력도 인사 평가 항목을 조정하면 풀타임과 동일한 효과를 얻을 수 있다고 생각할 수 있다. 하지만, 인사 평가 항목은 정량적 평가 지표 외에도 정성적인 항목을 항상 포함한다. 그리고 정성적 평가에서의 미세한 차이는 고과 순위를 결정하는 중요한 요소가 된다. 대부분의 정량적 목표는 너무 명확하고 대다수가 달성되는 수치이기 때문이다. PI 역시 이러한 정량적인 항목으로 평가 영향력을 일부 높일 수는 있다. 하지만, 원 조직장이 정성적 평가 항목으로 미세한 조정을 한다면, 결국 기존 조직장 산하의 구성원 중에서 0.1점이라도 더 높게 평가받은 사람이 고과를 잘 받을 것이다. 또한 원 조직장의 입장에서도 외부 프로젝트에 투입되어 얼굴도 못 보고, 타 부서에서 일부 평가권을 가지고 있는 구성원보다는 팀 내에서 자주 업무를 지시하고, 얼굴을 보는 팀원에게 더 높은 고과를 주고 싶을 것이다. 이러한 생리를 잘 아는 직원들은 외부 프로젝트 수행 시에도 원 조직장과 그간 쌓아놓은 교감이 깨질까 걱정할 수도 있다. 물론 평상시 조직장과 친밀도가 높지 않은 구성원이라면 PI가 좋은 핑계가 될 수도 있다. 하지만, 각 부서에서 핵심 인력이라고 평가받는 사람들이 모인 조직이 PI인 만큼, 나름 기존 부서에서 인정받아 왔던 부서장과의 좋은 관계를 잘 유지하고 싶은 것이 사람 마음이다.

그런데 1년 넘는 프로젝트 기간 동안 회사에서는 다양한 사건 사고가 생기고 PI 부서를 포함한 많은 부서에게는 중요하게 처리해야 할 새로운 이슈들이 종종 나타난다. 이럴 때 인사적인 지휘체계에 바인딩되지 않는 구성원은 언제든지 원래 조직의 직속 상사 지시를 PI 리더보다 우선하여 따르게 된다. 구성원이 다른 여지없이 PI에 오롯이 집중하려면, 본인의 조직은 PI이고 자신의 인사 평가자는 PI 리더임을 인사 제도적으로 확실히 해야 한다. 내가 최선을 다해 PI를 수행하고 있다는 것을 평가하는 상사가 누구인지를 명확히 알려줘야 PI 몰입도를 높일 수 있다. 그렇지 않은 애매한 형태의 인력 지원은 언제든지 상황에 따라 흐지부지될 수 있고, 해당 구성원을 PI에 집중할 수 없게 만든다.

4
PI를 이끄는 동력

PI 조직에는 힘이 실려야 한다

부서 간의 역할과 책임에 대한 조정, 다양한 업무 기준의 주관 부서와 협업 부서 간의 업무 조율을 수행하려면 적절한 밀당을 할 수 있는 권한이 필요하다. PI 조직에서 추진하는 혁신 활동은 기존 부서의 업무 프로세스를 변화시키는 것이다. 어느 정도의 갈등이나 충돌이 생길 수 있고, 내부적으로 해결되는 때도 있지만, 갈등상태가 지속되는 일도 있다. 그렇기 때문에 각 부서들이 일부 불편한 상황 속에서도 PI를 추진하게 만드는 분위기도 필요하다. PI가 프로세스 최상위 보고자의 직속 조직으로 편제되는 이유이기도 하다. PI 추진은 단순한 업무 개선 활동이 아닌, 사업 경영의 방향성이나 전략과 밀접한 연관성을 가진다. 이러한 사업 방향성은 대부분 최상위 보고자를 비롯한 경영진에 의해 결정된다. 사업 기획이나 사업 전략과 관계된 부서는 이러한 눈높이가 경영진과 많이 맞춰져 있지만, 그 외의 부서들은 상대적으로 눈높이가 다를 수 있다. 부서의 기능에 따라 사업 방향이나 전략에 대한 견해가 다를 수 있기 때문이다. 이런 이유로 부서 간 중재가 어려울 때 PI에 대한 강력한 지원을 위해 조직도상의 직속 편제를 결정하는 경우가 많다. PI의 추진은 대부분 탑-다운 방식으로 하류 전개된다. 상부 조직에서 강력하게 추진하는 핵심 전략과 관심의 방향이 어느 쪽인지 구성원에게 인식되어야 갈등이 있어도 어느 정도 중재가 가능하고, PI 동력이 하부 조직까지 전달될 수 있다. 이러한 강력한 지원 없이는 PI가 중요한 전략 과제임을 피상적으로 인식은 하지만 실질적으로 필요한 협조를 얻기란 쉽지 않다. 회사의 일이지만, 결국 남의 일이기 때문이다. 그리고 이러한 인식하에서는 프로세스 혁신의 완성도는 떨어지고, 이를 보완하기 위한 시간은 길어지게 된다. 이러한 시간을 만회하기 위한 비용이 추가되기에 회사로서는 큰 부담이 된다. 한시적인 조직이지만 PI를 힘을 받을 수 있는 조직으로 운영하는 이유이다.

PI 구성원의 공감을 유도하는 법

앞서 언급했듯이, 인사적으로 소속 조직의 변경과 더불어 평가권을 명확히 하는 것은 동기 부여에 중요한 부분이다. 연간 평가에 따라 다음 연도 연봉과 성과급, 그리고 진급에 대한 영향을 주기 때문이다. 그런데 이마저도 잘 안 먹히는 경우가 있다. PI 종료 뒤 원래 부서로 복귀했을 때 받아줄 부서장과의 유대 관계를 중요하게 생각하는 사람도 있고, 또 이를 끊임없이 상기시키며 영향력을 발휘하려는 부서장들도 있다. 하지만, 이는 회사 생활에 대한 단기적인 안목으로 생기는 모습이다. 회사는 연간 단위로 조직이 매번 바뀐다. 전략 방향에 따라 소소하게 부서 명칭만 바뀌는 일도 있지만, 역할이나 기능이 추가되거나 변경되기도 한다. 없던 부서가 생겨나기도 하고, 있었던 부서가 사라지기도 한다. 직원들도 조직 개편안에 따라 기존 부서에 남기도 하지만, 타 부서로 재배치되기도 한다. 또 부서장들도 여러 가지 상황에 따라 타 부서로 발령될 수도 있고 보임이 해제되기도 한다. 또 새로운 직원이 매년 들어오고 나가면서, 차기 리더를 꿈꾸는 후보 직원들 간에도 리더 후보로서의 순번이 출렁이기도 한다. 이러한 여러 가지 변수들로 인해 1년 뒤, 2년 뒤, 5년 뒤의 내 포지션은 생각했던 방향으로만 흘러가지 않는다.

그래서 매 순간 자신에게 내밀어지는 새로운 기회들을 적극적으로 받아들이는 태도가 필요하다. 돌이켜 보면 예상 가능하고 안정적인 업무들을 선호해 왔기에 이러한 새로운 기회들은 가능한 회피하려 했던 것이 후회된다. 인생은 생각보다 길고, 다양한 경험을 쌓을 기회가 왔을 때 적극적으로 다이빙한다고 해서 회사에서의 나의 미래가 크게 위험해질 일은 거의 없다. PI 역시 회사의 중요한 전략 과제를 수행해 볼 수 있는 기회이고, PI를 완료함으로써 회사뿐 아니라 시장에서도 해당 업무에 대한 깊이와 전문성을 인정받을 수 있는 이력을 쌓을 수 있다. PI를 했다는 것은 회사 전체의 업무 프로세스를 조망할 수 있는 시각을 보유한 사람으로서 조직의 운영 체계와 IT 시스템 등 다방면의 혁신 활동에 대한 경험을 가진 사람으로 평가되기 때문이다. PI를 추진했기에 사업 전반의 업무 프로세스를 종합적으로 경험하고, 세부 프로세스 단까지 볼 수 있는 실무 능력까지 육성되었다고 평가받는 프로필이 되는 것이다. 이러한 사람들에게 회사가 맡길 일들은 많다. 특정 프로세스의 부서장이 될 수도 있고, 보다 상위 단의 부서장이 될 수도 있다. 또는 혁신의 경험을 바탕으로 전혀 새로운 과제를 추진해 볼 수도 있다.

또한 PI를 통해 변화의 선두에 서서 회사의 일하는 방식을 전파하고 교육하는 역할을 수행하면서 다양한 임원들과 부서장들을 대상으로 개인의 브랜드를 각인시킬 기회가 많아진다. 물론 특정 부서 안에 있었다면, 아무래도 부서장과의 돈독한 관계와 특정 분야의 업무 역량을 발판으로 더 빠르게 리더 후보의 반열에 오를 수도 있겠지만, 빨리 가는 것이 능사는 아니다. 오히려 당면하는 다양한 경험의 기회들을 하나씩 경험해 보면서 좀 더 느긋하게 마음의 여유를 가지고 일을 하다 보면, 어느 순간 나에게도 기회는 찾아오기 마련이다. 특히 성실함과 전문성이 겸비된 사람들은 늦을지라도 꼭 자기만의 빛을 발할 수 있는 차례가 온다. 따라서 조바심을 내는 구성원들에게는 이러한 장기적인 안목을 키워주고, 보다 여유 있는 마음으로 PI를 진정성 있게 수행할 수 있도록 마인드 코칭을 하는 것이 도움이 된다.

부서장 네트워킹

차출된 인원들이 PI에 집중하려면 원 소속의 부서장이 PI의 아군이 되도록 관계를 만들어 나가는 것이 좋다. 비공식적으로 시간을 내어 부서장들과 식사도 하고, 차도 마시며 담소도 나누고, 간식도 해당 팀에 보내주면서, 평소의 관계를 부드럽게 만드는 것이다. 물론 이렇게 나름 친해졌다고 생각해도, 부서별 이해관계에 충돌이 생기는 순간도 어쩔 수 없이 있다. 하지만, 그간의 공들인 관계의 깊이에 따라 의외로 부딪히는 문제들이 쉽게 조율될 수도 있다. 특히, 차출 인원의 심리적인 안정감을 위해서라는 목적 외에도 PI는 시작뿐 아니라 종료 이후에도 관련 프로세스 담당 부서들의 역할이 매우 중요하다. 변화된 업무 방식을 주도적으로 사용하면서, 개선할 부분들을 지속적으로 의견 개진하는 기능 부서들이기 때문이다. 따라서 가능한 이들 부서장과는 인포멀한 소통을 통해 지속적으로 원만한 관계를 이어가는 노력을 할 필요가 있다.

5

누가 필요할까?

비싸도 전문가!

최고의 선택지는 PI를 수행해 본 경험자일 것이다. 업무 전문성을 바탕으로 연관 프로세스에 대해 이미 업종 경험이 있고, 이것을 바탕으로 개선이 필요한 요인들을 앞서서 짚어주는 사람이라면 더할 나위 없이 좋을 것이다. 그러나 이러한 업무 전문가를 찾기란 쉽지 않다. 특히 업계 최초로 진행하는 PI의 경우, 업종 전문성을 가진 전문가는 희소할 것이고, 설령 있다 하더라도 매우 비쌀 것이다.

어떤 사람들을 업무 전문가라고 부를까? 부서의 팀원으로 들어와 업무 프로세스 전반을 관리하는 팀장이 되기까지의 과정,

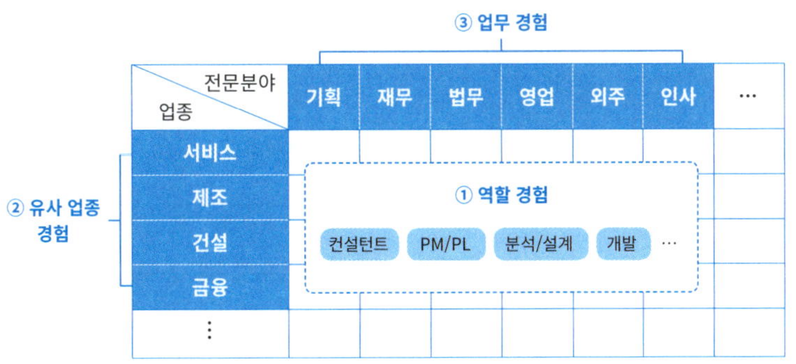

그림-4 PI 인력의 선발 요건

즉 전문가가 되는 데 걸리는 시간을 생각해 보면 알 수 있다. 보통은 한 부서에서 경험을 3~5년 이상은 쌓아야 부서의 업무뿐 아니라 전후방으로 연결된 업무 프로세스를 경험한 전문가라고 할 수 있다. 대부분 기업이 과장 직급을 가장 선호하는 이유이다. 과장 연차는 자신의 업무 내용을 잘 알고, 무엇이 문제이며, 어떤 방식의 혁신이 필요한지도 열정적으로 고민해 보는 시기이다. 이렇게 전문가로 육성되는 기간 동안 의미 있는 업무 역량이 쌓아졌는가는 주변 평판으로도 쉽게 알 수 있다. 회사 내부의 업무 전문가가 누구인지는 금방 확인되기 때문이다.

내부 전문가가 아닌 외부 전문가의 경우, 프로젝트를 중심으로 이력을 쌓기 때문에 부서 이력보다는 어떤 업종의 회사에서, 어떤 기능 중심의 프로세스를, 얼마나 빈번하게 수행했었는지가 전문가의 기준이 될 것이다. 특히 고객의 업종과 유사한 영역에서 PI를 수행했던 이력이 있다면 꼭 영입해야 할 인재이다. 또한 분석력, 구조화된 사고력, 업무에 대한 책임감, 팀워크나 협업 태도 등과 같은 개인의 역량에 기반한 시장 평판이 중요하다. 경력 기술서상의 많은 이력이 있겠지만, 기재된 프로젝트에 어느 정도의 비중으로 관여했으며, 얼마나 완성도 있게, 얼마나 성실하고 책임감 있게 업무를 수행했는지는 알 수 없기 때문이다. 그래서 PI는 지인의 소개로 인력 구성이 되는 경우가 많다.

커뮤니케이션 역량도 중요하다. PI는 다양한 부서 간의 이해관계를 바탕으로 전방위적인 소통을 능숙하게 해야 하고, 일하는 방식을 혁신적으로 변화시키면서 부딪히는 여러 상황에 대해 왜 그래야 하는지, 어떻게 변화될 것인지, 무엇이 혁신의 성과인지를 끊임없이 커뮤니케이션해야 한다. 개선 방안이나 장애물에 대해 계속해서 차선책을 찾아내고, 해결안에 대해 다양한 업무 담당자들과 조율과 협상을 해야 하기에 이러한 소통을 부담스러워하지 않고 즐기는 성향이라면 더욱 좋을 것이다. 또한 원하는 분야에서 업종 경험이나 업무 경험이 부족하더라도 책임감과 끈기, 의지가 강하다면 차선책으로 생각해도 좋다. 다양한 이슈들이 복합적으로 발생하는 상황이 빈번한 만큼 집중력을 가지고 이슈별로 제기되는 문제들을 끈기 있게 해결해 나가지 않으면, 어느 순간 방치 혹은 누락되는 PI의 병목 지점이 되어 버린다. 발제된 이슈는 어떻게든 결론을 내겠다는 의지와 책임감이 강한 사람이 필요한 이유이다. 실력이 고급은 아니더라도 책임감이 있다면, 리더의 코칭이나 가이드가 필요할 수는 있지만 PI를 수행할 수 있다고 볼 수 있다.

가끔 머리도 좋고 실력도 좋은데, 태도나 소통 방식 등의 이유로 선택이 어려운 사람들을 보게 된다. 이런 사람들과는 함께 일하는 것이 옳은 것인지 항상 고민이 된다. 결정의 기준은 그러한 불편함에도 불구하고, 자기 일은 확실히 마무리하겠다는 의지가 있는 사람인가에 있다. 주변 사람들이 불편하게 느끼는 이유는 이해력의 속도 차에서 비롯된 것일 수도 있다. 자존감이 높거나 또는 낮아서일 수도 있고, 아니면 그냥 무례한 사람이라 그런 것일 수도 있다. 하지만, 여러 가지 이유에도 불구하고 일만큼은 완성도 있게 처리하는 것으로 주변에서 확인된다면, 차선책으로써 고려해 볼 수 있다.

문제는 시장에서의 평판도 좋고, 역량도 우수한 사람은 항상 단가가 고급이거나 특급인 고가의 인력이라는 것이다. 유능한 인력 1명을 영입할 것인지, 평균적인 단가의 인력 2명을 영입할 것인지 고민이 되는 부분이다. 개인적으로는 2명분의 업무를 우수한 특급 1명에게 맡기는 방식을 선호한다. 특히 파트장PL, Part Leader 급이라면 고급 인력일수록 파트 자체의 품질이 높아지기에, 단가가 높더라도 우수한 인력으로 확보하는 것이 낫다. 결국 PI는 개인이 만들어낼 수 있는 역량만큼이 혁신의 성과 범위이므로, 비싸더라도 우수한 인재일수록 아웃풋은 좋을 수밖에 없고, 회사가 가져갈 PI의 성과 역시 우수할 수밖에 없다.

외부 전문가와 내부 전문가?

● **외부 전문가** | PI 컨설팅 초반에는 외부 전문가가 고객사 구성원과 인터뷰하면서 프로세스 현황과 이슈를 파악하게 된다. 대부분 회사는 기획, 재무, 인사, 법무, 영업, 마케팅, 구매, 운영, 고객관리, 연구 개발 등의 메가 프로세스Mega Process를 중심으로 일하고 있다. 그리고 하위의 서브 프로세스Sub Process는 회사별로 대동소이한 부분도 있지만 그렇지 않은 부분들도 있다. 회사의 규모, 업종, 전략 방향, 사업 모델, 목표 고객 등에 따라 법적 요건이나 제도적 규제, 내부 운영 정책 등이 다르게 흘러가기 때문이다. 대부분의 외부 전문가를 구인할 때는 메가 프로세스별 유사한 수행 경험을 가진 사람들을 중심으로 찾게 된다. 더불어 고객사와 유사한 산업이나 동종 업종에서 해당 프로세스를 다루었던 사람들을 선호하게 된다.

외부 전문가는 유사 업종의 업무 경험자라 해도 회사 내부의 프로세스 특이점에 대해서는 정보가 없어서 내부 실무 담당자와 파트너가 되어 PI를 수행하게 된다. 업종 경험을 바탕으로 산업 관점에서의 개선 방향에 대한 의견을 나누면서, 고객사에 특화된 사정을 신속하게 이해하려면 내부 전문가와의 협업이 필수적이기 때문이다. 단, 내부 실무자의 의견을 보고서로 정리해 주거나, 고객사의 의견을 그대로 시스템 화면에 옮겨주는 것을 외부 전문가의 역할로 생각해서는 안 된다. '컨설턴트'라는 타이틀의 외부 전문가는 내부 고객의 의견을 더욱 복합적으로, 다면적으로, 본질적으로 살펴보면서 고민하는 역할이다. 실무자의 의견이 본질을 놓친 것은 아닌지, 표면적인 문제만을 다룬 것은 아닌지, 더 근원적인 문제 원인은 무엇인지 등을 고민해야 한다. 그래서 다양한 컨설팅 기법을 통해 문제의 근본 원인을 찾아내고, 놓친 이슈가 없는지를 구조화시켜 정리하는 역할을 수행한다.

아무래도 컨설턴트라는 단어가 주는 만능적인 느낌 때문에 많은 문제가 외부 전문가의 손에서 손쉽게 해결될 것이라고 기대하곤 한다. 하지만, 이들은 고민과 질문을 몇 단계 앞서서 해본 경험이 있고, 고객의 정보를 바탕으로 고객이 간과할 수 있는 분야들까지도 놓치지 않고 체계적으로 정리하는 것이 주요 능력이다. 마치 비빔밥이 함께 비벼지는 각종 재료에 따라 결정되는 맛도 있지만, 전체의 맛을 아우르는 고추장이나 참기름에 따라 결정되는 맛과 같다. 분명 비빔 재료들의 역할도 중요하지만, 각 재료의 특성을 살려 원하는 방향의 맛과 기능을 살려내는 것이 외부 전문가의 역할이다. 하지만 이들조차 본연의 비빔 재료가 아에 없다면, 고추장과 참기름만으로 구현할 수 있는 맛은 한계가 있다. 내부 프로세스에 대한 전문 지식을 가진, 문제의식을 가지고 해결하려는 의지가 있는 내부 전문가의 조력이 필수적인 이유이다. 내부 실무자로부터 프로세스에 대한 정보와 이슈가 나와야 외부 컨설턴트도 다양한 각도에서 더욱 깊이 있는 분석과 개선안 도출이 가능하다.

때로는 외부 전문가가 왔으니, 회사 내부의 프로세스는 자료만 넘기면 알아서 개선안을 만들 것으로 생각하는 경우도 있다. 그러나 경력 사원이 회사에 적응하는 상황을 가정해 보자. 외부에서 유사한 업종의 경험이 있다고 해서, 업무 매뉴얼만 전달하면 곧바로 업무를 시작할 수 있을까. 물론 컨설턴트는 보다 신속하게 업무 프로세스를 파악할 수 있고 학습 시간이 짧을 수 있다. 하지만 회사 내부 프로세스와 업무상의 특징들을 보다 상세히 전달받을 수 있다면 업무 이해도가 빠른 속도로 좋아질 테고,

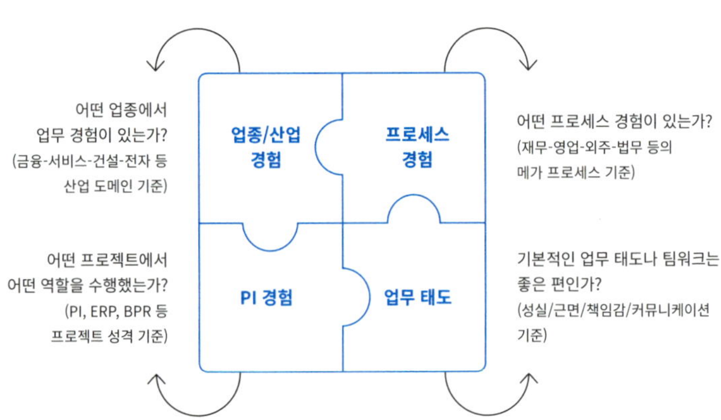

그림-5 외부 전문가의 요건

전문가로서의 역량도 더욱 신속하게 발휘될 수 있을 것이다. 내부 전문가 확보가 어렵거나 고객사가 비협조적인 프로세스일수록 개선 방향은 외부 전문가의 경험만을 바탕으로 만들어지고, 고객사 특유의 프로세스와는 동떨어지게 구현되는 경우가 많다.

외부 전문가 역시 내부 실무자들이 제공하는 정보를 가능한 효율적으로 습득하고, 신속하게 정리해 나가야 한다. 관련 자료를 받고, 설명을 들은 뒤에는 한 단계 개선된 구체적인 개선안을 만들어야 한다. 똑같은 내용을 반복적으로 묻는 일은 가능한 자제해야 한다. 내부 실무자와 외부 전문가가 얼마나 협업을 잘하느냐에 따라서 해당 프로세스의 PI 결과는 천차만별이다. 최악의 경우, 바쁜 현업의 일정으로 인해 회의 자체를 못 하는 일도 있고, 여러 가지 이유로 인원 교체가 잦은 프로세스도 있다. 협의를 하고 싶어도 논의할 기회나 논의할 대상이 없는 것이다. 또한 외부 전문가로서는 가장 어려운 것이 내부 전문가의 말이 계속 바뀌는 경우이다. 업무 프로세스 전반에 대해 초반에 전달했던 내용이 전부인 줄 알았는데, 회의할 때마다 변경·추가되거나, 지속적으로 예외 상황들이 발생하는 경우가 그렇다. 이럴 때 외부 전문가의 역량이 중요하다. 단편적이고, 즉흥적일 수 있는 내부 담당자의 의견에 대해, 프로세스를 둘러싼 업무 범위를 구조화시켜 발생 가능한 케이스를 분류해 보고, 놓치는 케이스가 없도록 논리적 구성을 해야 한다. 메가 프로세스상의 연관 경험이 많은 전문가일수록 고객의 프로세스에 대한 이해가 빠르고, 고민의 깊이는 깊고, 개선안을 도출하는 시간은 매우 짧아진다. 또 고객의 페인 포인트Pain Point[3]에 대해 유사 업종에서의 경험치가 있으니, 고객사가 놓친 부분들도 선제적으로 알려줄 수 있다. 따라서 가능한 모든 채널을 통해 우수한 외부 전문가를 확보하는 것이 프로젝트 성공의 첫 단추이다.

● **내부 전문가** | 외부 전문가의 역량도 중요하지만, 내부 전문가의 역량도 중요하다. 다루어야 하는 프로세스 혁신이 광범위한 반면, PI의 주도권을 내부에서 지휘할 사람이 없이 외부 전문가에게만 전폭적으로 맡긴다면, PI는 외부인의 눈높이에서 만들어질 수밖에 없다. 물론 외부 컨설턴트가 최선을 다해 개선안을 도출하겠지만, 내부 직원들이 PI의 주체로서 역량과 의지가 없다면 외부 컨설턴트는 명확한 가이드나 재료 없이 자기가 아는 요리만을 하게 된다. 이 회사가 기대하는 맛이 어떤 것이고, 어떤 방식의 요리가 고객사에게 적절한 것인지를 함께 논의할 내부 전문가가 없기에 컨설팅을 하면서도 불안할 수밖에 없다. 그리고 현재의 일하는 방식과 문제들을 깊이 있게 검토하지 않고, 일반적인 동종 업종에서의 사례와 전형적인 메가 프로세스에서의 절차만을 참고하여 개선안을 만든다면 결과물은 책에 나오는 이론적인 내용에 그칠 수 있다. 따라서 고객사는 PI의 오너십을 가지고 프로세스에 대해 주도적인 소통을 하는 내부 인력을 꼭 확보해야 한다. 배가 고프다고 외부에 돈만 주고 알아서 상차림을 해오라고 주문할 수는 있다. 하지만 아무리 많은 상을 차려도, 알레르기가

3 제품이나 서비스에 대해 고객이 경험하는 불편함이나 어려움에 따른 불만 요인.

있는 음식은 먹을 수 없고, 가풍에 어울리지 않는 장식이나 식성에 어울리지 않는 메뉴는 먹을 수 없다. 고객사의 특성에 맞는 음식과 소화 가능한 양, 적절한 분위기가 어떤 것인지를 알려줄 수 있는 내부 담당자가 필요한 이유이다.

물론 회사 내부에 이러한 컨설팅의 조력자 역할을 수행할 여유 인력은 항상 부족하다. 컨설팅은 단순히 머리로 알고 있는 것 이상으로, 이해된 내용을 구조화하거나 체계화하여 문서를 통해 전달하는 능력이다. 그런 인력이 회사 내부에 있다면 기획, 전략 등의 업무나 또는 리더급의 업무를 수행 중일 테고, PI 과제로의 차출은 어려울 것이다. 게다가 회사 내부에 IT 관점에서 프로세스를 이해하는 인력이 거의 없거나, IT 영역은 철저하게 아웃소싱으로만 운영된다면, PI에 필요한 IT 시스템을 구축할 때도 PI의 주도권을 가지고 일하기는 어렵다. 그냥 남에게 맡겨두는 상태로 PI를 하는 것과 같다.

하지만, PI는 맡겨두기보다는 적극적인 관여와 참여가 필요한 프로젝트이다. 내부의 체질과 특성을 제대로 이해하고, 외부 전문가와 함께 같은 눈높이에서 내부 전문가들이 협업할 때 가장 좋은 성과가 나올 수 있다. 그렇지 않다면 프로세스 혁신으로 나온 결과물이 현실에서 일하는 프로세스와 맞지 않아 제대로 정착되지 못할 수 있고, 최악의 경우에는 현장에서 외면당하고 버려지는 투자 낭비로 귀결될 수 있다.

6

PI 조직을 구성하는 법

팀 빌딩과 조직 운영

PI 컨설팅 단계에서는 프로세스별로 업무 담당자 1명과 외부 전문가 1명으로 파트너를 구성한다. 가능한 많은 프로세스를 커버하는 사람들이 모일수록 구성 인원도 최소화된다. 이는 인건비뿐만 아니라 업무 수행 시에도 소통의 접점을 최소화할 수 있어서 좋다. 따라서 업무 담당자는 가능한 넓은 범위의 업무 프로세스를 다루되, 세부적인 실무 내용까지도 꿰뚫는 사람이어야 한다. 실무적인 이슈와 개선안에 대한 고민이 가능하면서도, 보다 상위의 메가 프로세스 관점에서의 이슈도 조망할 줄 알아야 한다. 앞뒤 연관된 프로세스 간의 통합과 분절, 또는 축소와 제거를 실행해야 하기 때문이다. 시야가 좁거나 업무 영역이 작은 경우, 타 업무와의 연관성이 적은 만큼 다른 파트에 대한 이해가 부족하고, 타 프로세스와의 접점 분야에서 많은 커뮤니케이션의 노력을 들이게 된다. 물론 이때에도 외부 전문가가 주도적으로 프로세스 간 접점 연계를 위한 고민을 하겠지만, 항상 강조하듯이 일하는 사람의 역량 범주가 PI가 만들어낼 수 있는 성과의 총합이다. 가능한 많은 분야를 포괄적으로 다룰 수 있는 내부의 전문가가 있다면 외부 전문가와 함께 시너지를 낼 수 있는 분야가 많아질 테고, 더욱 혁신적인 결과물이 나올 수 있다.

또한 이후 PI 시스템을 설계하고 구축하는 단계에서는 PI 컨설팅을 수행했던 컨설턴트의 산출물을 바탕으로 프로세스별로 시스템 구축에 필요한 분석/설계 전문가와 개발자가 투입된다. 기존의 컨설턴트는 철수하면서 업무 담당자가 분석/설계 담당자와 함께 개선안에 대해 협업하고, 개발자는 분석/설계 담당자와 소통하면서 프로그램을 개발한다. 따라서 시스템 구축은 프로세스별로 업무 담당자, 설계자, 개발자로 구성되어 진행된다. 이때도 가능한 많은 프로세스를 커버할 수 있는 설계자와 개발자가 있다면 프로세스 기능 조율에 필요한 에너지를 줄일 수 있다.

기능과 역량을 중심으로 내부와 외부 구성원을 선정한 이후에는 서로에 대해 알아가고 이해하는 장이 필요하다. 프로젝트 초반에 워크숍을 진행하는 이유이다. PI의 목표나 추진 방향에

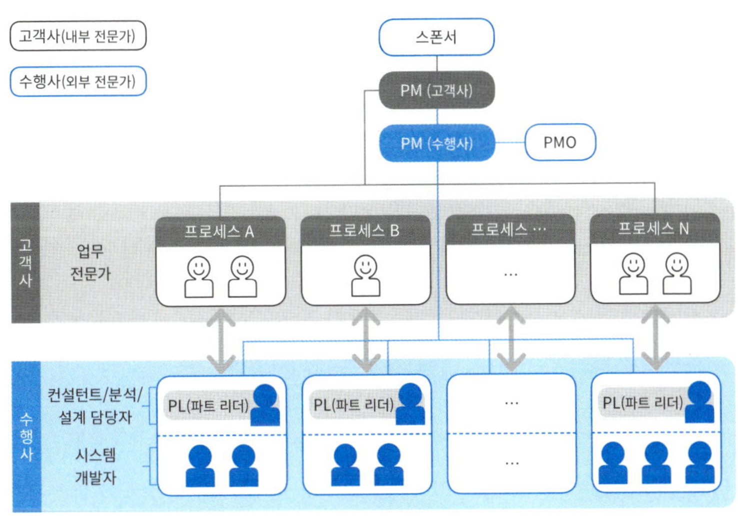

그림-6 PI 조직 구성

대해 공유도 해야 하지만, MBTI나 에니어그램 등의 성격 유형 검사를 통해 서로의 성향이 어떻게 다른지도 알아보고 서로가 어떤 경험치를 가졌는지도 공유하면서 서로를 이해하고, 더 편하게 다가갈 수 있는 분위기를 만드는 것이다. 그래서 사람과 사람이 서로에게 녹아드는 자리, 멜트인Melt-In 워크숍이라고도 한다. 프로세스를 혁신하려면, 어떤 프로젝트들보다도 많은 소통과 협업이 필요하므로, 가급적 구성원 모두가 빨리 친해질 수 있는 환경을 만들어 주는 것이 좋다. 이러한 인포멀한 연대를 통해 구성원들이 프로젝트를 잘 해내고 싶다는 마음을 스스로 품게 만드는 것이 프로젝트 성공의 큰 힘이 되기 때문이다.

① PMProject Manager | 프로젝트 관리자

PM은 프로젝트 관리자로서 프로젝트를 총괄하는 사람이다. 프로젝트 관리자는 고객뿐 아니라 프로젝트 구성원과 끊임없이 소통하면서 PI를 성공시키기 위한 자원이나 정보를 이끌어 내고, PI가 목표 지점까지 잘 도착하도록 프로젝트라는 차량을 운전한다. PMPProject Management Professional라는 프로젝트 관리 전문가 국제 자격증 과정에서도 다루어지는 내용이지만, 프로젝트 관리자는 프로젝트의 시작에서 종료까지의 기간 동안 비용, 일정, 범위 등 다양한 영역을 관리하며 프로젝트의 완성을 책임진다. 따라서 프로젝트 관리자 역시 PI 경험을 비롯하여 유사한 업종에서의 프로젝트 수행 경험이나 IT 이력, 평판 등을 신중하게 검토해야 한다. 또한 프로젝트 관리자 후보가 어떤 성격의 사람이며,

어떤 강점이 있는지도 파악해야 한다. 프로젝트 관리자는 프로젝트의 분위기를 좌우하는 사람으로, 프로젝트 관리자의 성격에 따라 구성원들의 분위기가 경직될 수도, 편안해질 수도 있으며, 개인주의적이 될 수도, 자유분방해질 수도 있다. 가급적 고객사의 조직 문화와 맞는 성격이 서로에게 편할 것이다. 또한 사람마다 가진 강점이 다르기에, 어느 한 프로젝트 관리자는 고객과 소통을 잘하고, 어떤 관리자는 일정과 사람 관리에 능숙하고, 다른 관리자는 결단력과 협상력이 뛰어나고, 또 다른 관리자는 기술 전문성을 바탕으로 품질 관리가 노련할 수 있다. 프로젝트의 범위가 넓고, 규모가 큰 대형 프로젝트일수록 모든 분야를 아우르는 사람이면 좋겠지만 그렇지 못한 경우를 대비하여 강점의 우선순위를 정할 필요가 있다. 프로젝트 관리자의 강점을 살리고, 약점을 보완하기 위한 프로젝트 관리 조직PMO(PM Office)을 구성하여 프로젝트 관리자가 제 역량을 충분히 발휘할 수 있도록 조직 구성을 할 수 있기 때문이다.

② PMOProject Management Office | 프로젝트 관리 조직/사무국

프로젝트의 규모가 크다면, 프로젝트 관리자 혼자서 프로젝트를 관리할 수 없으므로 프로젝트 관리 조직 또는 프로젝트 관리 사무국이라고 부르는 PMO를 구성하게 된다. 인원이 비용인 만큼 최소한의 인력으로 운영되는데, 프로젝트의 예산 규모에 따라 다르다. 50명 안팎의 인원 규모라면 한두 명의 인원으로 운영되는 편이다. 프로젝트 관리 조직은 프로젝트 일정에 따라 단계별 활동 목록과 체크 리스트를 준비하고, 일정의 지연이나 누락이 없도록 프로젝트의 산출물을 모니터링하고, 프로젝트 내의 이슈와 리스크에 대해 관리자에게 리포팅하고, 프로젝트 관리자의 전달 사항에 대해 프로젝트 구성원에게 공유하는 역할을 수행한다. 프로젝트 규모가 작다면 이 모든 일을 프로젝트 관리자가 직접 수행해야 하지만, 그렇지 않은 경우 프로젝트 관리 조직을 통해 프로젝트 관리 활동을 지원받을 수 있다. 따라서 프로젝트 관리자의 손발로써 합이 잘 맞는 프로젝트 관리 조직을 구성할 때, 관리자는 보다 PI 성과 창출에 집중할 수 있고 우수한 결과물을 낼 수 있다.

③ IM Integration Manager | 통합 이슈 관리자

통합 이슈 관리자는 프로젝트 관리 조직 구성원 중 하나로서, 프로세스 간 연결 지점들을 파악하고 통일된 기준에 따라 중복된 내용이나, 이질적인 내용이 없도록 프로세스 간의 교통정리를 하는 역할이다. 프로세스를 연결하거나 통합하는 과정에서 프로세스 담당자들이 다르다 보니, 동일한 내용들이 모든 프로세스에 중복적으로 담기기도 하고, 동일한 기준으로 수행되어야 할 업무들이 프로세스별로 달라지는 경우도 생긴다. 물론 프로세스별 담당자 간에 필요한 협의가 진행되었음에도 누락되는 사항도 생기고, 협의를 진행했지만 동일한 기준을 가지고 표기하지 않아서 비슷한 내용인데 다르게 보이는 경우도 생긴다. 따라서 통합 이슈 관리자는 모든 회의에 참석하면서, 전체 프로세스 관점에서 파트별 개선안들이 협의된 기준에 따라 일관성 있는 결과물로 만들어지도록 조율하는 역할을 수행한다. 표준화된 템플릿이나 샘플 자료를 프로세스 담당자에게 배포하고 누락된 부분의 보완을 요청하면서 전체 관점에서 프로세스 간의 연결과 통합을 매끄럽게 만드는 것이다. 매우 중요한 역할이지만, 모든 프로세스의 진행 상황과 파트별 논의 내용에 대한 이해가 부족하다면 오히려 더 많은 혼란을 가중하는 역할이기도 하다. 프로세스에 맞지 않는 템플릿을 배포한다거나, 이미 작성된 내용인데도 유사한 템플릿의 재작성을 요청할 수 있기 때문이다. 따라서 파트별 논의 사항에 대한 높은 이해와 PI에 대한 노련한 경험치가 담보되지 않은 통합 이슈 관리자라면, 인력 운영 차원에서 오히려 일반적인 프로젝트 지원 인력을 한 명 더 충원하고, 통합 이슈 관리자의 역할은 파트장급에서 겸임하는 것도 방법일 수 있다.

④ QA Quality Assurance | 품질 보증 담당자

뉴스를 통해 접하는 다양한 사건 사고들의 원인은 대부분 비슷하다. 규정대로 일하지 않아서, 관리 감독의 역할이 제대로 수행되지 않아서, 또는 관리 기준이 없어서 발생하는 것들이다. 그리고 진작 관리를 해야 했는데 사고 전에는 관리의 필요성이 강조되지 않는 환경이었다고 한다. 이렇게 평상시에는 주목받지 못하고 투자의 필요성도 못 느끼지만, 사고가 났을 때 가장 많이 주목받는 것이 품질 관리이다. 그래서 품질 관리는 밑져야 본전인 장사라고도 한다. 문제없이 일상이 유지되는 것이 최상의 결과지만 칭찬받을 만한 일은 아닌 당연한 결과이기 때문이다. 그러나 만에 하나, 문제가 생길 때에는 눈에 띄지 않던 평가가 바닥을 치면서 많은 비난의 대상이 되곤 한다.

PI 역시 품질 관리를 위해 업무 단계별로 작성되어야 하는 필수 산출물이 있다. 왜 필수일까. 프로젝트가 성공적으로 끝나고, 아무런 이슈가 없을 때는 이런 산출물들이 형식적인 문서이고, 업무 시간을 많이 소비시키는 문서 작업이라고 생각할 수도 있다. 그러나 일정이 지연되거나, 장애가 터졌을 때, 또 그로 인해 고객이 손해를 보게 된다면, 제일 먼저 들여다보는 것이 이러한 산출물들이다. 품질 관리 체계에 따라 고객과 약속한 업무 범위가 정상적으로 수행되었는지를 확인하기 위해서이다. 장애가 있는 시스템의 설계와 개발이 왜 정상적으로 이루어졌다고 생각했는지를 파악하기 위함이다. 화면 설계서, 테스트 계획서, 테스트 결과서, 설계자나 개발자가 변경됨에 따른 인수인계서, 프로그램 개발 목록과 개발 기준서 등의 다양한 문서들이 품질 관리가 제대로 이행되었는지를 확인하는 대상이 된다.

프로젝트를 진행하는 촉박한 일정 속에서 품질과 관련된 문서 작업들은 종종 우선순위에서 밀리곤 한다. 아무도 보지 않는 형식적인 문서라고 생각하고, 대충 작성하고 싶은 유혹이 생긴다. 자신이 만든 문서가 아니라도, 누군가 설명해 줄 사람이 있을 테고, 굳이 개발 문서가 없어도 '개발 코드를 살펴보면 이해하겠지'라는 생각으로 합리화한다. 공동의 작업 규칙을 따르지 않고, 나만의 스타일로 프로그램을 개발해도 당장은 프로그램이 돌아가니 문제가 없다고 생각한다. 그러나 프로젝트에는 다양한 업무 경험과 다양한 개발 성향을 가진 사람들이 들어오고 나간다. 따라서 설계와 개발 역시 정해진 규칙에 따라 만들어야만 시스템 기반의 서비스 품질을 연속성 있게 관리할 수 있다. 따라서 품질 관리를 담당하는 QA 담당자는 단계별 활동들과 산출물들이 약속된 수준으로 나오고 있는지를 점검하고, 미흡한 부분은 합의된 눈높이의 산출물이 나오도록 관리하면서 프로젝트의 모든 단계에 걸친 산출물 수준을 관리한다. 주목받는 역할은 아니지만, QA가 부지런한 프로젝트일수록 프로젝트 이후의 이슈가 최소화될 가능성이 높다. 다만, 촉박한 프로젝트의 일정상 문서 작업이 본업을 해칠 정도로 과한 것은 문제가 될 수 있다. QA는 품질 관리의 목적에 부합하는 필수 문서들을 최소화시켜 선별하고, 문서 작성이 용이하고 효율적인 방법을 지속적으로 고민해야 한다. 최근에 다양한 협업 툴이 시중에 많은 만큼, 프로젝트의 성격에 적합한 툴을 활용하는 것도 하나의 방법이 될 것이다.

7

비용은 얼마나 들까?

인건비

PI의 투자비 대부분은 인건비이다. 인건비를 파악하려면 먼저 어떤 일을 어디까지 할 것인지를 정해야 한다. 그래야 어떤 사람이 몇 명이나 필요한지 알 수 있고, 이에 따라 비용이 얼마나 드는지를 파악할 수 있다. 결국 PI 예산을 산정하려면 대략의 프로젝트 범위가 파악되는 프로세스 청사진이 나와야 한다. 이를 위해서는 PI 컨설팅 진행이 필요하다.

때로는 PI 컨설팅을 진행하기 전에 'Pre-PI'라는 형태로 약식 PI 컨설팅을 회사 내부적으로 진행하기도 한다. 최소의 내부 인력과 1~2명의 외부 컨설팅 인력을 통해 2~3개월간의 짧은 기간

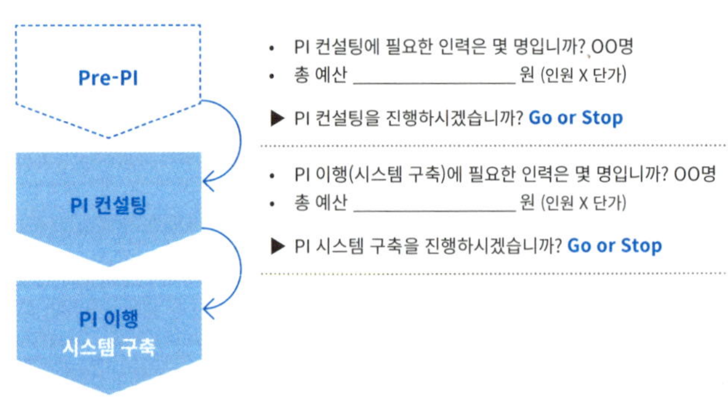

그림-7 PI 예산 수립 단계

동안 변화가 필요한 주요 프로세스와 프로세스별 주목할 만한 이슈들을 개괄적으로 파악하는 것이다. 또한 이러한 이슈들이 사업 운영의 향방에 치명적인 요소인지, 혁신을 통해 괄목할 만한 변화를 불러올 성격인지를 대략적으로나마 파악한다. 더불어 이러한 이슈를 해결하기 위한 개선안과 고민의 수준이 어느 정도일지 등도 가늠한다. 이렇게 Pre-PI에서 검토된 내용이 PI 컨설팅의 필요 인력을 결정하는 업무 범위의 기초 자료가 되고, 이를 기반으로 컨설팅에 필요한 인건비 단가를 반영한 것이 PI 컨설팅의 예산 초안으로 수립된다. 물론 Pre-PI 없이 PI 컨설팅을 곧바로 진행하기도 한다. 개선해야 하는 메가 프로세스와 서브 프로세스가 회사 내부적으로 어느 정도 결정되어 있고, 사업 추진에 장애가 되는 이슈와 해결 방향이 일정 부분 논의된 상태라면 굳이 Pre-PI를 할 필요는 없다. 곧바로 PI 컨설팅을 통해 내부에서 협의된 내용을 바탕으로 이슈 분석, 개선안 설계, 이행안 수립 등의 작업을 단계적으로 진행하면 된다.

최종적으로 만들어지는 PI 컨설팅의 이행 계획에는 프로세스별 혁신의 모습이 사업의 방향을 재정립하는 것인지, 특정 업무 프로세스를 제거 혹은 변경하거나, 신규로 만드는 것인지, 또는 새로운 업무 시스템을 IT적으로 구현하는 것인지 등의 다양한 제안이 포함된다. 특히 비용의 상당 부분을 차지하는 시스템 구축에 대한 범위도 나온다. 이를 토대로 PI의 개선안을 이행하기 위해 어떤 사람들이 얼마나 필요한지를 뽑아낼 수 있다. 시스템 구축과 관련해서 투입되어야 하는 설계자와 개발자의 숫자를 산정하고, 필요 인원의 숫자와 시장에서의 단가를 기준으로 대략적인 견적 금액을 책정한다. PI의 예산은 이렇게 산정된 인건비와 PI 시스템 구축에 필요한 소프트웨어SW, 하드웨어HW의 구입 비용이나 사용료 등으로 대부분 구성된다.

예산과 인력 단가를 고려하다 보면 경험치나 역량이 조금 미흡해도 초급이나 중급 인력을 많이 검토하게 되는데, 가능한 고급 이상의 전문가를 다수 확보하는 것이 좋다. PI는 기존 업무를 사업 방향이나 경영 전략 등의 다각적인 관점에서 해결안을 만들어 내는 일이다. 일련의 가이드를 따라서 움직이는 인원들도 필요하지만, 이러한 가이드를 주도적으로 제시하면서 다양한 프로세스를 아우르는 통합적인 관점에서 업무를 리딩할 사람이 많아야 프로세스 간 업무 연결성이 원활해진다. 단가가 비싸더라도 일에 대한 이해도가 높고, 일머리를 능숙하게 잡는 사람들을 확보하는 것에 인색해서는 안 된다. 오히려 이러한 사람들을 확보하기 위한 예산 증액을 설득하는 것이 PI 성공에 도움이 된다. 더불어 투자 비용에는 외부 전문가 확보에 투자되는 비용뿐만 아니라, 내부 전문가를 차출하는 데 따른 기회비용도 반영해야 한다. 내부 전문가에게는 별도로 발생되는 비용은 없겠지만, 기존 업무를 할 수 없으니, 그만큼의 내부적 업무 손실이 있다고 볼 수 있다. 예산을 편성하고 보고할 때도 이런 관점에서 프로젝트 예산 규모와 무게를 가감 없이 전달할 필요가 있다.

시스템 운영비

최근에는 기업 내부에 서버를 설치하고 운영하는 온프레미스On-

Premise 방식보다는 외부의 컴퓨팅 자원을 활용하는 클라우드 방식의 시스템을 대다수 사용하고 있다. 각종 서버, 스토리지, 소프트웨어를 사용사의 숫자 또는 사용량 기반으로 요금을 지불하면서 이용한다. 클라우드 방식에서는 시스템 구축에 따른 초기 투자비의 부담이 없고, 사용자 규모가 증가하거나 감소하더라도 서버 용량이 과하거나 부족한지, 증량이 필요할 것인지에 대해 고민할 필요가 없다. 또한 계약 방식에 따라 다르겠지만 업그레이드가 있을 때도 별도의 라이선스 구매나 설치 때문에 기존 시스템과의 호환이나 마이그레이션[4] 등의 이슈를 신경 쓸 필요가 없다. 이 때문에 IT 전략 차원에서도 클라우드로 전환하는 것을 전향적으로 검토할 필요가 있다. PI 관점에서도 회사의 규모가 크고, 사용자가 많을수록 IT 구축 이후의 유지보수 비용 측면에서 많은 부담이 발생한다. 사업 모델에 따라 다를 수는 있지만, 사업이 잘되고, 사용자가 많을 때는 운영 비용도 함께 증가하고, 매출이 감소하거나 사용량이 감소할 때는 운영 비용도 함께 감소하는 클라우드 비용 체계가 좀 더 합리적일 수 있다.

식주食住 인심은 넉넉히

1년 이상 다수의 인원이 같은 공간에 상주하면서 프로젝트를 진행하기에 근무 공간은 위생적이고, 쾌적해야 하며, 냉난방에 이

4 새로운 IT 시스템을 구축하면서 기존 시스템에 있던 데이터 또는 프로그램을 새로운 IT 시스템으로 이관Migration하는 작업.

슈가 없어야 한다. 화장실의 미화 상태, 사무실의 청결 상태, 정수기를 비롯한 탕비 용품의 적절한 비치 여부를 확인해야 하는 이유이다. 건물 대부분에서 일반적으로 관리되는 사항들이지만, 일부 노후화된 건물이나 관리 인력이 최소로 운영되는 건물은 그렇지 않을 수도 있다. 또한 주말에는 출근하는 사람들이 거의 없기에 냉난방을 가동하지 않는 건물들이 많다. 사람마다 온도에 대한 요구 사항은 조금씩 다르지만, 춥거나 덥다고 느끼는 부분은 건물관리센터에 가장 많이 접수되는 민원이다. 공조 시설이 잘 작동되는지와 더불어 주말에 냉난방 가동이 가능한지도 사전에 조사해야 한다. 물론 주말 근무를 하는 경우가 많아서는 안 되겠지만, 프로젝트 종료가 임박해지면 일정 지연이 심각한 파트는 어쩔 수 없이 주말 근무를 하는 경우가 생긴다. 언젠가 습도가 매우 높은 장마 기간에 주말 출근을 해야 했는데 냉방이 꺼져 있어서 땀범벅인 상태로 힘들게 일했던 적이 있다. 건물 냉방을 위해 공조기를 특정 입주 층에만 돌리지 못하고, 전 층 대상으로 가동되는 구조라서 주말 전 층 가동 시에는 하루 150만 원 정도가 들었다. 결국 비가 오는 날인데도 창문을 열어 놓고 일했었지만, 상주하는 공간 자체가 일하는 사람들에게 스트레스가 되지 않도록 신경 쓸 필요가 있다. 쾌적한 사무 공간은 일하는 사람들의 능률과도 관계가 높은 만큼 온습도 조절을 위한 개별 냉난방기의 구비나, 주말에도 개별 층의 냉난방이 가능한지를 사전에 확인하고 가동 비용을 예산에 반영해야 한다.

또한 일하는 사람들 간에 협업이 잘 이루어지는 분위기와 소통의 장을 마련할 필요가 있다. 그래서 중식이나 간식 등의 비용도 여유 있게 준비하는 것이 좋다. 프로젝트 초반의 어색한 분위기를 해소하기 위해서는 함께 먹고 얘기를 나누는 식사 자리나 다과 자리가 제일 편하다. 서로에 대해 빨리 익숙해지고, 친해져야 일하기가 쉬워진다. 또 일을 하다 보면 지치기 마련이고, 머릿속에 수많은 업무 로직으로 부하가 걸릴 때, 리프레시를 위한 커피나 다과가 주변에 준비되어 있다면 소소한 활력소가 될 수 있다. 저녁은 사람마다 호불호가 있으니 최소화하고, 어차피 먹어야 하는 점심시간을 이용한 식사 자리나 음료, 간식 등을 제공하면서 인포멀한 단합의 자리가 마련되도록 먹는 예산은 넉넉하게 수립하자.

그리고 불가피하게 야근하거나 주말 근무를 하는 상황을 고려하여 석식이나 야근 수당 등의 비용도 예산에 반영해야 한다. 과거와는 달리 IT업계에도 주 52시간제가 도입되면서 과한 야근이나 주말 근무를 강요하는 문화가 사라지고 있다. 불가피한 근무 상황일 경우에는 정해진 수당이나 식사비가 제공되어야 일을 할 수 있다. 그래서 프로젝트를 수행하는 다수의 파트너사와 계약을 할 때, 야근이나 주말 근무에 대한 보상 방식은 가능한 동일한 조건으로 계약할 필요가 있다. 프로젝트 구성원마다 소속 회사나 계약 조건은 다를 수 있지만, 모두가 함께 주말이나 밤늦게까지 야근하는 상황에서 사람마다 보상 조건이 차이가 난다면 상대적인 박탈감을 느낄 수 있고, 일을 시키기가 어려워질 수 있다. 따라서 프로젝트 예산은 구성원 모두가 안정적으로 근무할 수 있는 환경을 마련하고, 어려운 시간을 다 함께 헤쳐 나가야 하는 분위기에 애로 사항이 없도록 인색하지 않게 수립해야 한다.

비상금Contingency Cost

프로젝트 종료가 임박해지면 예상치 못했던 일정들이 주변에서 한꺼번에 터지는 경향이 있다. 경조사가 그중의 하나인데, 가까운 사람들의 갑작스러운 장례식, 결혼식, 자녀 출산 등이 있다. 또는 본인이나 부모님, 가까운 사람들이 갑자기 아프거나 다쳐서 병원에 다녀야 하는 일도 있다. 자녀들과 동행해야 하는 중요한 행사나 가족, 친척들과 함께 움직여야 하는 긴급한 선약들도 생긴다. 또는 일을 잘하는 사람이 프로젝트 중간에 이직하거나 퇴사하는 경우도 있다. 개인의 관점에서 모두 중요한 일들이지만 프로젝트 관점에서는 이러한 상황들은 미리 예상하고 대비해야 하는 관리의 영역이다. 프로젝트 기간 중 갑작스러운 구성원의 부재는 해당 업무를 대행할 수 있는 추가 인력을 긴급 충원하거나, 기존 인력 중 누군가가 해당 업무를 병행해야 하기 때문이다. 그렇지 않은 경우, 촘촘하게 일 단위로 관리되는 프로젝트의 일정은 지연될 수밖에 없다. PI 프로젝트가 1년 이상 진행되기에 초반에 일정 계획을 수립할 때부터 이러한 공백이 발생할 가능성이 있는 부분들을 구성원에게 확인하고, 이를 어느 정도 감안한 일정 계획을 수립할 필요가 있다. 권장 휴가, 대체 휴일, 창립 기념일 등 공휴일이나 병가, 장기 휴가 등의 계획도 사전에 확인할 필요가 있다. 그러나 예상치 못한 일정 공백을 메우는 방법은 결국 추가 인력의 투입이다. 그렇지 않고는 일정대로 프로젝트를 마칠 수 없기 때문이다. 그리고 이런 상황을 대비하여 추가 예산을 항상 선택지로 가지고 있어야만 한다.

또한 PI가 오픈 일자에 가까워질수록 갑작스럽게 추가되는 업무 프로세스들이 생기기 마련이다. 사업 환경의 변화가 생기거나, 회사에 리스크가 될 수 있는 사건 사고가 생겨서일 수도 있다. 그리고 이러한 이슈들에 대한 프로세스적인 조치를 취하라는 지시가 프로젝트의 범위로 전달될 수 있다. 아무래도 PI가 전사적으로 진행 중일 때에는 회사 내부에 이슈가 생길 때마다 문제 해결에 대한 주문이 PI로 이관되는 경우가 많다. '기-승-전-PI'라는 우스갯소리가 있을 정도로 프로세스를 다루는 PI가 모든 문제의 만능 해결사라고 생각하는 경향이 있다. 이렇게 추가되는 이슈들을 PI 범위에 포함할 것인지는 의사 결정이 필요하겠지만, 이렇게 범위가 추가되는 경우, 현재 일정을 맞추면서 결과물을 내려면 추가 인력 투입이 가능하도록 예산상의 여유 자금이 있어야 한다. 비상금(상비금)이라 할 수 있는 'Contingency Cost'는 이러한 상황을 대비하는 예산으로 일반적인 프로젝트 전체 비용의 2~3% 수준을 책정하기도 하지만, 변동성이 큰 프로젝트라면 5% 이상은 준비하는 것이 안정적이다. 특히 기업 규모가 크고 결재 단계가 많은 경우, 한번 품의를 올린 금액을 증액하는 것이 매우 어렵기 때문에 최초 보고할 때 충분한 예산을 프로젝트 비용으로 반영할 필요가 있다. 프로젝트가 막바지에 다가갈수록 추가 개발과 추가 인력이 투입되어야 하는 비상 상황은 꼭 발생하기 때문이다.

비용적 접근 | 빅뱅 방식 vs. 단계별 추진 방식

혁신적이며 급진적인 변화라는 PI 특성 때문에, PI 대부분은 빅뱅 방식으로 진행된다. 회사의 목표나 사업 방향과 관련된 모든 프로세스를 단번에 혁신하는 것이 일반적인 PI의 추진 방식이기 때문이다. 예산을 고려할 때도 빅뱅 방식을 염두에 두기에 어떤 범위를 대상으로 예산을 설정할지를 고민한다. 그러나 회사가 '원하는' 혁신의 범위가 어디까지인가를 기준으로 예산을 생각하기보다는 회사가 얼마나 PI를 '소화할 수 있는가'를 먼저 고민해야 한다. PI라는 전방위적 혁신을 위한 대수술을 견딜 수 있는 체력이 PI 성공에 중요한 요소이기 때문이다. PI는 감당할 수 있는 만큼만 범위로 잡아야 더 집중력 있게 수술이 집도될 수 있고, 원하는 결과가 나올 수 있다. 프로세스 혁신이라는 수술이 진행되는 동안 회사 내의 중요한 장기와 기관이라 할 수 있는 주요 기능들의 실무자들은 PI 전문가로 차출될 것이고, 이들이 수행하던 기존 업무는 일부 지연되거나 한시적으로 중단되는 상황이 발생할 수 있다. 물론 주변 사람들이 기존 업무에 수혈되어 최소의 기능은 돌아가겠지만, 이러한 한시적인 수혈 상태를 장시간 유지하다가는 모든 기능에 부하가 걸려 수술을 마치기도 전에 죽을 수도 있다. 따라서 이번 기회가 아니면 해결하기 어려운 이슈라는 이유로만 범위를 선정하기보다는 이 혁신을 감당할 체력이 되는지도 함께 고려해야 한다. 머리부터 발끝까지 모든 부분을 수술하고 싶다는 욕심에 대수술을 시작했다가, 수술 중 중간중간 터지는 이슈들을 수습하는 것에 급급해지면서, 대안 없이 마비되는 기존 업무의 혼란으로 PI에 온전히 집중할 수 없는 상황이 만들어질 수 있기 때문이다.

또한 여러 개의 프로세스를 빅뱅 방식으로 다루면 동시다발적으로 논의되는 이슈들 사이에서 우선순위가 밀리는 프로세스들이 생기게 된다. 프로세스별로 논의되는 다양한 현장 고충 사례나 수면 위로 부각되는 이슈들이 줄줄이 논의되면서 회사의 관심도 분산된다. 워낙 많은 이슈가 다루어지고, 필요한 의사 결정 사항들 역시 많아지다 보니, 경영진 입장에서는 우선순위가 높다고 판단되는 프로세스 중심으로 집중하여 논의하게 된다. 결국 초반에는 중요하다고 생각했던 프로세스라도 처음과는 달리 관심을 못 받는 프로세스가 되기도 하고, 일부 주목받는 프로세스에만 관심이 집중되기도 한다. 예산을 투자하여 범위에 포함한 프로세스인데도 관심 밖의 프로세스가 되어 예산이 낭비되는 결과가 되는 것이다.

따라서 PI의 범위와 예산을 고민하기에 앞서, 혁신이 갈급한 프로세스가 무엇인지뿐 아니라, 끝까지 관심을 받을 수 있는 프로세스인지도 검토해야 한다. 더불어 내부적으로도 그 분야의 혁신을 감당할 내적 자원, 즉 PI를 수행할 인력과 그 기간 기존 업무를 수행할 대체 인력이 있는지도 판단해야 한다. 그리고 회사 내부적으로 PI 추진 의지는 강력하지만, 수행할 내부 체력이 부족하다고 판단된다면, 빅뱅 방식보다는 단계별 추진 방식이 합리적일 수 있다. 1단계에서 여력이 되는 규모의 프로세스를 중심으로 PI를 수행하면서 자연스럽게 내부의 PI 인력을 전문가로 육성할 수 있기 때문이다. 이들을 통해 2단계 PI는 더욱 능숙하게 추진할 수 있고, 이전에 제외했던 프로세스들도 범위에 포함하여 추진할 수 있다. 그뿐만 아니라, 1단계를 추진하면서 미흡했던 프로세스도 2단계를 추진하면서 보완할 기회가 생긴다. 따라서 단

	빅뱅 방식 (대수술형)	단계별 추진 방식 (국소수술형)
장점	• 이슈가 되는 모든 프로세스상의 전방위적 혁신을 한 번에 처리 가능 • 여러 프로세스에 얽혀 있는 복합적 이슈의 개선 가능	• 변화 범위가 작아 비용 부담과 저항이 적은 편임 • 점진적인 일하는 방식의 변화로 체질 변화에 무리가 덜한 편임 • 추가되는 신규 이슈는 다음 단계에서 수용 가능함 • IT 트렌드 캐치 업에 시차 발생이 적은 편임
단점	• 다수 인력이 동시에 1년 이상 투입되어 비용 부담이 큰 편임 • 추진 기간 동안 내부 인력 차출에 따른 매출/이익에 영향이 있음 • 업무 프로세스의 변화 요인이 많아 저항이 큰 편임 • IT 트렌드 캐치 업에 시차가 있어 오픈 시점의 기술이 구식일 수 있음	• 우선순위 중심의 부분적 혁신으로 시간이 오래 걸림 • 복잡한 프로세스의 개선보다는 단위 프로세스 개선에 집중하는 경향이 있음

그림-8 PI의 빅뱅 방식과 단계별 추진 방식

계적 수행 방식은 빅뱅 방식보다 속도는 느리지만, PI 실행 역량을 회사 내부에 쌓아가면서, 다음 단계의 PI를 준비하는 체력을 키우고, 변화 관리의 충격을 최소화한다는 점에서 합리적인 선택일 수 있다. 또한 빅뱅 방식에 비해 연간 단위로 투자가 분산되기에 재원을 준비해야 하는 회사로서도 부담이 적은 편이다.

물론 투자 자금이 넉넉하고 여유 인력이 넉넉한 기업이라면 내부 체력은 큰 쟁점이 되지 않을 것이다. 오히려 PI를 통한 혁신의 결과가 확실한지가 예산을 저울질하는 판단 기준일 것이다. 성과만 확실하다면 내부 전문가를 전폭적으로 차출하고, 기존 업무를 대행할 인력을 여유 있게 조달할 수 있기 때문이다. 하지만, 대기업이 아닌 중소형 규모의 회사라면 감당할 만큼의 혁신만을 단계별로 추진하는 방식이 적절할 수 있다. 인력과 예산이 넉넉하지 않은 상황에서 전체 프로세스를 대상으로 혁신을 실행하면서 기존 업무도 병행하고 목표를 달성해야 한다면 체력에 무리가 올 수밖에 없다. 결국 PI 실행에 따른 직원들의 피로감은 높아지고, 기존 업무에 대한 집중력도 떨어져 재무 수치와 PI 결과도 함께 안 좋아지는 이중고를 낳을 가능성이 높기 때문이다.

기술적 접근 | 빅뱅 방식 vs. 단계별 추진 방식

매년 IT 회사와 리서치 회사에서는 다양한 콘퍼런스나 전시회를 통해 새로운 기술 키워드를 발표한다. 이렇게 소개되는 IT 트렌드를 버즈 워드라고 부르기도 하는데, 비슷한 듯 다른 솔루션들이 시장에 소개되면서 어떤 것들은 붐을 일으키는 데 성공하고, 어떤 것들은 일시적인 유행으로 사라지기도 한다. 일례로 메타버스Metaverse 역시 한때 시장의 뜨거운 감자였다가 챗GPTChatGPT가 나오면서 시들해진 모습을 볼 수 있다. 시장에서는 이렇게 다양한 기술들이 끊임없이 뜨고 지는 것을 볼 수 있다. 그런 와중에 어떤 것들은 기술적 이점을 증명하면서 단순한 유행에 그치지 않고 시장에 안착하는 경우가 생기고 어떤 것들은 그렇지 못하고 사라지는 모습을 보게 된다.

PI를 추진할 때 관심을 가져야 할 것은 대기업 중심으로 도입되는 기술들이다. 대기업에 적용된 기술들이라면 나름의 이점들이 증명된 설득력 있는 기술인 것이다. 긍정적인 사례가 만들어진 기술들은 업계에서 벤치마킹되며 시장의 주류 기술로 빠르게 자리 잡힌다. 그리고 이러한 주류 기술들은 사용자들에게도 익숙한 기술로 다가오게 된다. 대표적인 것이 키오스크를 통한 자가 주문 시스템일 것이다. 요즘에는 어디를 가든지 무인 키오스크를 볼 수 있다. 또한 코로나 이후로는 회사 내부의 업무 미팅이나 외부 고객과의 모든 미팅은 줌Zoom을 통해 온라인으로 진행된다. 국내와 해외를 가리지 않고 통역자까지 온라인으로 배석시켜 다자간의 국제 화상회의가 일반화되어 있다. 챗봇 역시 이러한 트렌드 중의 하나이다. 요새는 고객 센터의 상담원 연결이 오래 걸리고, 아예 오프라인 상담 서비스를 제한하는 기업도 많아졌다. 사용자로서는 처음에는 낯설겠지만, 똑똑해진 온라인 챗봇이 신속한 문제 해결 도구가 될 수 있다. 또한 코로나 백신의 접종 여부를 인증받는 방법으로 QR 코드가 많이 이용되면서, QR도 바코드 못지않게 사용자들에게 익숙한 기술이 되어 버렸다. 또한 금융 기관이나 의료 기관 등 서류상의 서명이 필요한 현장에서는 태블릿이나 패드형 단말기를 통해 문서 대신 서명해야 할 정보를 보여주고, 전자 서명을 받는 것이 일상화되었다. 이러한 기술들이 PI에 중요한 이유는 변화된 업무 방식에 대한 사용자의 불편함이나 저항을 최소화하는 도구가 될 수 있기 때문이다.

최근 뜨거운 관심을 받고 있는 챗GPT와 인공지능, 딥러닝, 로봇, 클라우드 등 DX 기술로 언급되는 것들 모두가 다르지 않다. 과거와는 달리 매우 똑똑해졌고, 빨라졌고, 저렴해졌다. 따라서 PI를 통해 불필요한 업무 프로세스를 제거하거나 간소화시키고, 업무적인 오류나 누락을 최소화하는 데 효과적일 수 있다. PI를 추진할 때 중요한 것이 저비용으로 자연스럽고 매끄러운 업무 흐름을 구현하는 것이기 때문이다. PI는 컨설팅에서 구축까지 최소

1~2년 이상 진행된다. 초기 컨설팅 시점에 검토된 기술들과 프로젝트가 종료되는 시점의 기술 간에 약 2년의 시차가 발생한다. 과거 검토했던 기술들이 현재 시점에서는 더 이상 유효하지 않을 수 있다. 또한 많은 업무의 프로세스를 한꺼번에 바꾸면서, 방대한 영역을 다루다 보니, 상대적으로 새로운 IT 기술의 트렌드에 대해 깊이 있게 검토하지 못하는 경우가 생긴다.

예를 들어 몇 년 전만 해도 시스템 개발을 할 때는 PC 화면이 웹 개발의 기준 화면이고, 모바일은 이동과 휴대성이 요구되는 메뉴들에만 보조적으로 개발되는 화면이었다. 그러나 요즘에는 모바일 버전을 기준으로 설계하고, 보조적 수단으로 PC 화면을 설계하고 있다. 사용자의 주요 활용 기기가 노트북이나 데스크톱이 아닌 모바일로 넘어갔기 때문이다. 또한 과거에는 PC 버전과 모바일 버전별로 화면 설계를 별도로 개발하는 경우가 많았고, 이후 수정이나 보완 작업을 할 때도 이중으로 작업해야 하는 경우가 많았다. 또 모바일 버전에서도 단말기 모델별 화면 사이즈에 따라 여러 벌을 만들어야 했다. 개발 공수가 많이 들어가니 개발비와 유지보수 비용이 높을 수밖에 없었다. 그러나 최근에는 한 벌의 화면 개발을 하고, 접속하는 기기의 화면 사이즈에 따라 콘텐츠의 너비가 자동으로 맞추어지는 반응형으로 개발하는 경우가 많다. 기능 구현에 제한이 있을 수는 있지만, 운영과 유지 보수의 품이 적게 든다는 이점이 있기 때문이다. 그러나 이러한 IT 트렌드의 적용에 있어 개선안을 설계하는 시점의 기술 유행을 따르다 보니, 기술적 시류를 놓친 기능 설계가 이루어진 경우가 생긴다. 실제 시스템이 개발되고 사람들이 사용하는 시점에는 오히려 새로운 기술이 대세인 상황일 수 있다. 사용자로서는 대부분의 시중 시스템이 모바일 기반인 데 비해, PC 화면 중심의 서비스를 이용해야 한다면 프로세스 혁신이라는 용어와는 다소 거리가 있는 구식 시스템으로 느낄 수도 있다. 설계 단계와 구축 단계, 사용 단계의 시간차가 무색할 만큼 IT 시장에 등장하는 기술들의 변화 속도는 매우 빠르기 때문이다.

그래서 최신 DX 트렌드의 효과적인 적용을 생각한다면, PI를 추진하는 방식도 빅뱅 방식보다는 점진적인 진행 방식을 검토할 수 있다. 모든 프로세스의 PI를 1~2년에 걸쳐 한 번에 모두 바꾸는 빅뱅 방식과 6개월~1년 미만으로 우선순위 높은 프로세스만을 대상으로 단계별 PI를 여러 번 진행하는 PI 방식 간에는 장단점이 있기 때문이다. 단계별 PI를 진행할 때는 시작에서 종료가 단기간에 진행되기 때문에, 해당 연도의 검증된 IT 기술들과 최신 트렌드를 반영하여 시기적절하게 개선 솔루션으로 활용할 수 있다는 장점이 있다. 최신 IT 기술의 활용으로 기존에 구현할 수 없었던 기능 구현의 선택지가 다양해지는 것이다. 그리고 이러한 기술을 이용해 현장에서의 업무 프로세스가 더욱 매끄럽게 구현된다면 현장의 저항감도 줄어들 것이고, PI 시스템을 개발할 때의 비용뿐만 아니라 유지보수 비용까지도 절감할 여지가 있다면 PI 성과 측면에서도 큰 이점이 될 수 있다. 이렇게 DX는 PI의 성과와 밀접한 관계를 맺기에 전개 방식까지도 어떤 것이 적합할지 신중히 고려해야 한다.

8

PI스럽게 PI하기

회의Meeting와 회의Skepticism의 연속

PI는 개별적인 프로세스가 바뀌고 엮이는 과정에서 업무 흐름은 어떻게 변화되는지, 이에 따른 변수는 무엇인지, 예상치 못했던 이슈들은 없는지를 논의하는 작업이다. 생각한 시나리오가 현실에 적용되었을 때 어떤 모습으로 받아들여지는지, 어떤 반향을 일으킬지 등을 고민해야 한다. 따라서 분야별로 많은 사람의 전문성과 경험치를 바탕으로 시뮬레이션을 돌려봐야 하고, 회의는 많을 수밖에 없다. 굳이 회의하지 않고, 모든 프로세스를 꿰뚫는 전문성과 통찰력이 높은 전문가가 있다면 얼마나 좋을까. 모든 분야의 프로세스를 들은 뒤에 한 번에 교통정리를 해준다면 이런 회의 시간은 불필요할 것이다. 그러나 그런 능력을 갖춘 사람은 거의 없다. 혹시 유사한 천재성을 가지고 있더라도, 그런 사람이 PI 프로젝트에 들어올 가능성이 얼마나 되겠는가. 결국 평범한 사람들이 모여서 상상과 현실 간의 퍼즐 맞추기를 하며 최선의 개선안을 뽑아내는 것이 PI를 진행하는 방식이다. 불가피하게 분야별 담당자들이 모이고 헤쳐지는 방식의 회의가 다수 진행되고, 복잡한 프로세스의 경우는 구성원 전원이 참석하는 회의도 종종 진행된다.

회의할 것만 회의하자

모여서 논의하는 회의 시간에는 개인의 개별 업무는 손댈 수 없게 된다. 따라서 회의가 많아질수록 개별적인 업무 시간은 계속 줄어든다. 더군다나 회의 후에는 논의된 내용을 바탕으로 팔로우업Follow-up하는 후속 작업이 생기기에, 회의란 개인의 입장에서는 부담스러운 시간이다. 따라서 무의미한 회의는 일정 관리에 큰 손실이고, 프로젝트 측면에서도 효율적으로 관리되어야 하는 활동이다. 중요한 것은 회의란 회의에 참여하는 리더의 회의 철학을 따른다는 것이다. 리더가 회의에 임하는 태도가 회의의 효율성을 결정짓는다. 따라서 리더는 회의에 대한 철학과 목적의식을 명확히 가져야 구성원들의 불필요한 시간 낭비를 시키는 일이 없게 된다. 간혹, 마라톤 회의를 하면서 종료 시각이나 퇴근 시간과 상관없이 결론이 날 때까지의 회의를 매일 반복하는 예도 있다. 하지만, 장기전으로 진행되는 PI 프로젝트의 성격상 일상화된 장시간 회의는 업무 피로도를 높일 뿐 아니라 매우 비효율적이다. 결국은 회의 시간이 지날수록 체력이 떨어지는 사람은 말은 적게 하게 되고, 말을 하는 사람들 중심으로만 회의가 이어지게 된다. 리더라면 회의의 취지에 맞는 결과를 낼 수 있도록, 안건을 명확히 하고, 참석자들이 사전에 생각을 정리할 수 있는 시간을 주어야 할 것이다. 회의가 늘어지고 결론이 안 난다면 회의는 종료하고, 핵심 멤버 중심으로 결론을 재논의하는 등 리더로서 효율적인 회의 운영을 몸소 솔선수범하여 보여 주어야 회의가 유의미하게 진행될 수 있다.

전원회의는 그만!

‘전원 참석’이라는 회의 요청을 받을 때마다 회의에 대한 회의懷疑를 느끼곤 한다. 적게는 10여 명에서, 많게는 20여 명이 넘게 모여 앉을 좌석도 부족한 회의를 왜 하는 것일까? 많은 사람이 모인 자리에서는 발언할 시간과 기회가 많지 않고, 말하는 사람만 말하는 경우가 대부분이다. 대부분 이런 회의는 다양한 상황에 대해 많은 사람의 의견을 구하기 위해 소집하는 경우가 많다. 세부 프로세스로 들어갈수록 상위 관리자보다는 현업 실무자의 업무 이해도가 높고, 이들의 눈높이에서 발생하는 다양한 변수들을 파악해야 하는 경우가 있다. 부서장은 의사 결정이 필요한 주요 프로세스 중심으로 업무를 알기에, 세부적인 프로세스는 실무자들로부터 의견을 들어야 하는 경우가 생긴다. 물론 실무자들끼리 모여 논의하고 결론을 낼 수도 있지만, 부서별로 변경되는 역할이나 책임 범위 등의 내용이 있어서 부서장의 참석도 필요해진다. 이렇게 회의 목적에 따라 전원참석이 불가피한 회의는 생길 수 있으나 이렇게 모인 사람들이 누구도 의견을 내지 않는다거나, 업무와 관계없는 주제로 회의 시간을 낭비한다면 큰 손실이다. 특히, 결론이 없이 논의를 마친다거나, 논의 후의 후행 작업이 없다면 이러한 회의는 지양해야 한다. 따라서 리더라면 전원 참석 회의를 소집함에 앞서 효율적인 시간 관리와 결과 도출을 위해 목적을 명확히 하고, 회의 진행에 필요한 원칙을 세워서 회의를 진행할 필요가 있다.

스마트한 회의로 PI 살리기

● **사전 공지** | 참석자들에게 사전 공지를 통해 주제 공감(공유)을 충분히 한다. 회의의 취지, 참석자의 역할, 참여 시간에 대해 사전 안내가 필요하다. 물론 사전 고지를 해도 읽지 않고 오는 참석자도 많다. 또한 그런 사람들이 회의 분위기를 냉소적으로 몰고 가는 경향도 있다. 따라서 사전 고지를 한 이후에도 비협조적일 수 있는 사람들에게는 구두상으로도 별도 설명하여 공감대를 만들어 놓는 것이 좋다.

● **최소 인원** | 미팅은 가능한 꼭 필요한 사람 5~6명 이내로 하자. 전원 참석이 불가피하게 필요하다면 한 달에 최대 2회 미만 등의 룰을 만들거나, 격주 특정 요일을 정하고, 그 날짜에만 진행하도록 하자. 전체 논의가 필요한 이슈들을 모아서 논의하기에 안건 발생 때마다 소집하는 회의를 최소화할 수 있다.

● **후행 관리** | 회의했던 내용과 후행 활동은 공유하고, 다음번 회의 때 후행 과제가 이행되었는지를 확인하자. 열심히 회의하고, 의미 있는 피드백을 하더라도 기록되지 않으면 회의 내용은 휘발되기 마련이다. 특히 프로젝트 관리자가 주도적으로 PDCAPlan-Do-Check-Act를 관리할 때 산하 구성원도 움직인다. 프로젝트 관리자가 주도적으로 회의 내용에 따른 후행 작업을 확인하고, 완료될 때까지 끊임없이 상기시키면서 솔선수범하는 이유이다.

● **작성과 공유** | 회의록 작성을 보고서라는 틀에 갇히지 말고 기

록과 공유라는 관점에서 효율화하자. 누가, 언제까지, 무엇을 하기로 했는지를 구성원들과 공유하고, 논의된 후행 과제의 후속 조치Follow-up를 확인하는 것이 회의록의 목적이다. 시중에 많은 협업 도구가 있는 만큼 이러한 목적에 맞는 툴을 사용하자. 파워포인트에 회의 내용을 정리해서 이메일로 공유하고, 추후 담당자별 진척 현황을 이메일로 취합하여 받고, 중간의 수정 요청이 있는 사항을 재작성해서 공유하는 방식은 비효율적일 수 있다. 클라우드 기반의 노션Notion, 슬랙Slack, 잔디JANDI 등의 협업 툴 대시보드나 단체 채팅방 기능을 이용하는 것도 추천한다.

● **의사 결정** | 가능한 결론을 내리는 회의로 마무리하자. 회의 자리에서 의사 결정이 어렵다면, 소수의 인원이 다시 모여서라도 결론을 내도록 하자. 결론 없이 애매모호한 상태에서 진행되었던 프로세스는 결국 설계에서도 허술한 부분이 되고, 시스템으로 구현할 때도 문제가 된다. 특히 의사 결정권을 가진 프로젝트 관리자는 주변의 의견들을 다양하게 듣되, 최종적인 결론을 내려주어야만 한다. 방향을 정해야만 실무 담당자가 더 세부적인 고민을 진행할 수 있고, 이에 따른 정교한 설계가 가능해지면서 앞으로 나아갈 수 있다. 방향이 계속 흔들리거나, 결정을 미루다 보면, 결국 후행 단계의 설계와 구축 단계에서의 모호함이 이슈로 남는다. 이렇게 미해결된 이슈로 일정 지연이 발생하고, 이에 따라 기능 구현의 완성도는 떨어지게 된다. 그러다 보면, 에러가 발생하고, 현장에서는 클레임이 생겨 이를 수습하는 악순환이 이어지게 된다.

● **종료 시간** | 무엇보다 회의를 효율적으로 운영하겠다는 리더의 의지가 중요하다. 회의는 보통 결론이 날 때 끝나거나, 리더가 끝내자고 할 때 마칠 수 있다. 구성원들이 회의의 결론이 나지 않으니 끝내자고 말하기는 어렵다. 특히나 그런 의견을 냈다가 불편해하는 리더의 피드백을 경험한 사람들이라면 회의 시간을 참고 견딜 수밖에 없다. 그러나 회의할 때마다 리더가 이전 회의 내용을 기억하지 못하고, 같은 발언을 반복하거나, 이전의 의사 결정을 번복하는 갈지자之 회의를 계속한다면 구성원들은 리더의 눈치만 보면서 점점 지칠 수밖에 없다. 또한 회의가 길어질수록 양질의 논쟁이 있으리라 생각하고 끝없는 회의를 방관한다면, 프로젝트의 시간 관리 측면에서는 큰 낭비일 수밖에 없다. 리더라면 시간이라는 귀중한 자원을 효과적으로 사용하기 위해, 회의는 시작과 끝이 있고 필요한 발언과 논의만을 주재하겠다는 인식이 꼭 필요하다.

● **대안 제시** | 회의 내용은 쳇바퀴를 돌고 있고, 오늘도 야근 각이 보이는데, 정작 회의를 주관하는 리더가 회의를 끝낼 생각이 없다면 어떻게 해야 할까? 눈치는 보이지만 용기를 내서 '대안을 가지고' 리더를 설득할 필요가 있다. 모두가 지쳐가는 회의를 끝내고 싶은 마음은 리더나 구성원이나 매한가지다. 다만 리더로서는 결론이 나지 않은 상황에서 회의를 끝낼 수는 없으니, 결론이 나기를 기다리는 것뿐이다. 하지만, 모두가 지쳐가는 상황에서 시간을 끈다고 원하는 회의 결과가 나올까. 이럴 때는 좀 더 고민하여 정리된 결론을 따로 보고 드리는 것은 어떨지를 묻는 방식으로 회의 종료를 건의하는 것도 방법이다.

9

R&R과 그라운드 룰

역할과 책임Role & Responsibility

프로세스 혁신은 기존의 일하던 방식을 보다 본질에 맞으면서도 효율적으로 달성하는 경로를 찾아내는 일이다. 그러다 보니, 내부에서 기존에 일해 오던 실무자와의 협업이 필수적이다. 실무자는 오랜 기간 그 일을 담당해 왔기에, 프로세스에 대해 가장 잘 알고 있고, 개선 방향에 대한 고민도 가장 많은 사람이다. 그래서 회사 내부의 실무자가 직접 PI를 수행하는 것이 제일 좋지만, 내부 인력이 부족하다 보니, 대부분 외부 전문가와 함께 파트너가 되어 PI를 수행하게 된다. 그리고 파트너로서 일을 함께하다 보면 협업이 잘되는 파트가 있고, 그렇지 않은 파트가 있다. 대부분 서로의 역할에 대해 눈높이나 기대치가 비슷할수록 협업이 잘되고, 다를수록 협업이 어렵기 때문에 서로에 대해 코드를 맞추는 노력이 필요하다.

● 내부 담당자 | 전문가가 알아서 다 해주면 좋겠는데

PI는 단순히 외부 솔루션을 회사에 설치하는 시스템 구축과는 성격이 다르다. 이러한 방식의 IT 솔루션 구축을 경험했던 고객이라면, PI에서 요구하는 내부 담당자들의 업무 관여도가 너무 높다고 생각할 수 있다. 초반에 업무 프로세스나 이슈에 대한 의견을 한두 번 전달하면 끝나는 줄 알았는데, 지속적인 협의와 의사 결정이 필요하고 프로젝트 기간 내내 고민해야 하는 일들이 많기 때문이다. 전문가가 오면 알아서 다 해주리라 생각했는데, 마치 모든 것을 다 가르쳐 달라는 것처럼 느껴져서 매우 부담스럽다는 불만이 생기는 이유이다.

PI 프로젝트의 시작과 함께 외부 전문가는 고객사의 실무자에게 많은 정보를 듣게 되고, 이것을 프로세스적으로 정리하면서 궁금한 부분들을 질문하거나 자료를 요청하게 된다. 관련된 자료로 전달받기가 어렵다면 내부 담당자의 설명을 들어야 방향성을 정리할 수 있다. 또 PI를 진행하면서도 외부 전문가는 자신이 정리한 프로세스와 개선 방안이 적절한지 또는 생각하지 못한 예외 사항들이 추가로 있을지를 점검하기 위해 내부 전문가와 지속적으로 소통하게 된다. 특히 해결 방향에 대한 중간중간의 의사 결정을 위해 지속적인 협의는 불가피하다. 하지만, 이러한 협의 과정에서 너무 많은 고객사의 의견이나 의사 결정을 요청한다면, 고객은 외부 전문가의 역할에 대해 의문을 가질 수 있다. 누가 프로젝트를 주도하고 있는 것인지, 누가 PI를 수행하는 것인지가 불분명해지기 때문이다. 프로세스 혁신을 위한 해결안을 도출해야 하는 주체로서 내부 담당자와 외부 전문가가 협업하는 것은 맞지만, 한쪽은 의뢰인이고 한쪽은 해결사로서 일하는 것이기에 각각의 역할은 명확히 할 필요가 있다.

따라서 외부 전문가는 초반에 고객사의 업무 프로세스를 정확하게 파악하기 위해 소통하되, 일정 기간이 지나면 해당 프로세스에 대해 고객보다 우위인 모습을 보여줘야 한다. 프로젝트 중반부부터는 고객사가 외부 전문가의 눈높이를 고객사와 비슷하거나 그 이상으로 바라보기 때문이다. 하지만, 중반부 이후 개선안을 설계하는 과정에서도 고객사의 업무 프로세스에 대한 이해도가 낮거나, 개선안에 대해 주도적인 솔루션 제안 역량이 부족하다면 고객사 입장에서는 전문가의 역량이 부족하다고 느낄 수 있다. 따라서 외부 전문가는 현재(AS-IS) 단계 이후의 개선안(TO-BE) 설계 단계부터는 해결안 제시와 솔루션의 구체화에 있어 주도권을 가져가는 모습으로 고객사와 소통할 필요가 있다.

● 외부 전문가 | 고객이 협조적이면 더 잘할 수 있는데

내부 담당자의 성향이나 PI 관심 정도에 따라 마음고생이 많은 외부 전문가도 있다. 워낙 바쁜 현업의 일정 때문에 고객과 함께 회의하기도, 질문에 대한 답을 듣기도 어렵고, 참조할 수 있는 자료를 제공받지 못하는 일도 있기 때문이다. 힘들게 회의 시간을 잡아도 회의 시간 중에 다른 업무를 수행하면서 회의 자리에는 형식적으로 앉아 있는 고객도 있다. 일은 해야 하는데 진행이 더뎌서 막막하게 된다. 그러나 고객사 직원이기에 강력하게 협조를 요청하기도 부담스럽고, 이러한 상황을 프로젝트 관리자에게 드러내면서까지 곤란한 상황을 만들기도 싫다. 주도적으로 일을 진행하고 싶어도 최소한의 의사 결정이 필요한 사항들이 있고, 고객의 확인 없이 진행하다가 되돌릴 수 없는 상황이 발생할까 염려되기도 한다. 하지만 다소 고객사 담당자와 불편한 관계가 되더라도 프로젝트 관리자에게 도움을 요청하는 것이 차라리 낫다. 간혹, 불편한 관계를 우려하여 이러한 문제를 드러내지 않고 꾸역꾸역 일을 해도 속도는 나지 않고, 결국 프로젝트 일정만 지연되기 때문이다. 협업이 지속적으로 어려워지는 상황이라면 차라리 적극적으로 문제 해결을 하는 것이 계속되는 일정 지연으로 문제가 커지는 상황을 조기에 막을 수 있다.

PI 파트 중 유독 일정이 지연되는 프로세스가 있었다. 매일 회의실에서 미팅하는데 결과물은 나오지 않았고, 매주 일정 지연은 계속되었다. 결과물이 정리가 안 되는 이유가 무엇인지, 어디에 병목 현상이 있는지, 다들 물어봐도 빨리 정리하겠다는 답변뿐이었다. 매번 회의를 열심히 하기에 지연 원인이 오리무중이었다. 과제 범위가 너무 넓어서인지, 필요한 자료를 확보하는 데 시간이 걸리는 것인지 알 수가 없었다. 그래서 일정 지연이 지속되는 원인을 찾기 위해 매번 진행되는 회의실에 들어가 보았다. 그리고 회의 참석 세 시간 만에 원인을 알 수 있었다. 고객사 담당자는 회의실에서 현장 업무를 수행 중이었고, 외부 전문가가 개선안 설계를 위해 필요한 사항을 물어봐도, 형식적인 대답을 할 뿐 다른 업무를 계속하고 있었다. 그리고 비슷한 질문이 계속되자 다른 회의에 참석해야 한다는 이유로 회의실을 떠났다. 아마도 고객사 담당자는 본업과 PI 업무를 병행했기에 우선순위를 본업에 두었던 것 같다. 그리고 해당 PI 프로세스는 일정 대비 3~4주가량 지연되고 있었다.

이런 모습은 앞서 설명되었듯이 인사 제도로 엮이지 않은 다른 부서의 구성원에 대한 PI 바인딩이 생각보다 어렵다는 점을 보여 준다. 또는 PI에 대한 니즈가 높지 않거나, 이해가 높지 않은 기능 부서일수록 산하 구성원의 업무 우선순위는 PI보다는 본업에 두게 된다. 결국 해당 부서의 조직장과 논의하여 PI 업무만을 전담할 수 있는 인원으로 교체하면서, 지연되었던 일정은 조금씩 나아졌다. 하지만, 이미 상당 기간 일정 지연이 발생했기에 해당 파트는 이어지는 후행 작업에서도 일정에 계속 쫓기는 상황이 되었다. 강조하고 싶은 것은 외부 전문가일수록 고객사와의 관계를 불편하게 만드는 상황은 피하고 싶어 한다는 점이다. 이슈 상황을 프로젝트 관리자에게 말하고 문제를 개선하기보다는 일정 지연으로 비난받는 것이 더 낫다고 생각하는 것이다. 이를 내부 담당자들도 이해하고 가능한 최선의 협조를 하는 것이 외부 전문가의 노하우와 기량을 최대한 활용하는 방법이다. 내부의 협조만 제대로 이루어진다면 탁월한 개선안을 마련할 수 있는 전문가인데 내부 협업이 안 되어 이들의 역량이 발휘되지 못한다면, 프로젝트 입장에서는 큰 손실이 아닐 수 없다. 또한 이렇게 지속적으로 일정이 지연되는 파트일수록 이어지는 후행 단계에서도 깊이 있게 고민할 시간적 여유는 항상 부족해진다. 이렇게 시간에 쫓겨 개선안을 마무리하는 프로세스는 오픈 이후에도 미흡한 설계가 많아 지속적으로 문제가 발생하면서 사용자에게 불편을 끼치는 프로세스가 되어 버린다.

눈높이가 같아야 최상의 파트너

가장 중요한 것은 내부 실무자와 외부 전문가가 같은 마음으로 서로의 역량을 최대한 발휘하고자 하는 의지를 가지는 것이다. 그런 파트는 이슈 분석에서부터 시작하여 개선안 설계와 시스템 구축 이후의 운영 단계까지 별다른 문제가 없다. 그러나 파트너와의 협업에 문제가 있다고 생각되면 문제를 해결하고 넘어가야만 한다. 구성원 개인의 입장에서는 비난만 감수하고 넘어가면 되는 것일 수도 있다. 하지만, 프로젝트 전체의 관점에서는 해당 과제의 성과와 품질이 저조하여 결국 버려지는 프로세스를 만드는 일이다. 따라서 프로젝트 관리자는 구성원들이 한마음으로 일할 수 있도록 프로젝트 초반부터 역할과 책임에 대해 눈높이를 같게 만들고, 함께 일하기 위한 R&R을 명확히 할 필요가 있다. 어떻게 보면 상식적인 역할과 책임일 수도 있지만, 단순히 알고 있는 것과, 공식적인 자리를 통해 명시적으로 전달되는 것은 다르다. 그리고 PI 프로젝트의 시작을 공표하는 킥오프 미팅[5]을 이러한 정보 전달의 기회로 활용하는 것도 좋다. 물론 킥오프 미팅은 간단히 PI의 목표와 대상 범위 등 소개 중심으로만 진행하고, 프로젝트 운영 원칙에 대한 공유 자리는 별도로 가질 수도 있다. 어떤 방식이든 프로젝트 수행 단계별로 고객사와 외부 전문가가 해야 할 역할과 책임에 대해 공유하고, 관련된 업무 원칙들이 구성원들과 공유되어야 한다. 그리고 역할별로 구체적인 작업 방식과 참고할 수 있는 템플릿과 샘플을 제공해야 한다. 이슈 분석 단계

5 프로젝트 시작을 위해 프로젝트 구성원, 고객, 이해 관계자와 진행하는 첫 공식 회의.

에서는 누가, 어떤 활동을 수행하면서, 어떤 내용을 작성해야 하는지를 알려주고, 원인 분석 단계와 개선안 작성 단계에서도 고객사 실무자들과 외부 전문가가 각각 수행할 역할이 무엇이고, 만들어야 하는 산출물이 무엇인지 알려 주어야 한다. 육하원칙까지는 아니더라도 누가Who, 무엇을What, 어떻게How 일해야 하는지에 대해서는 내부 담당자들과 외부 전문가들의 눈높이가 동일하게 맞춰져야 파트별 협업이 이슈 없이 진행될 수 있다.

예를 들어, PI 시스템을 구축한 이후에 시스템의 사용 매뉴얼은 누가 작성해야 하는 것일까? 프로세스와 시스템을 최종 검수하고, 실제로 시스템을 사용하는 고객사에서 매뉴얼을 작성할 수도 있고, 시스템을 개발한 외부 전문가가 작성할 수도 있다. 또는 매뉴얼 초기 버전은 외부 전문가가 작성하고, 매뉴얼의 검수와 보완은 고객사에서 진행할 수도 있다. 하지만 초반에 이러한 활동과 산출물에 대해 양쪽의 역할과 책임이 명확히 정의되어 있지 않으면, 이러한 조율을 하는 과정에서 불필요한 갈등이 발생할 수 있다. 따라서 PI 초반부터 누가, 무슨 일을, 어떻게 담당한다는 원칙을 명확하게 정하는 것이 PI 마무리까지 각자의 역할을 혼란 없이 진행하는 방법이다.

시간과의 싸움, 그리고 그라운드 룰

PI를 시작하면서 제일 염두에 두고 관리해야 하는 것이 시간이다. 모든 이슈는 '시간이 없어서'라는 답으로 귀결되기 때문이다. 그래서 프로젝트의 구성원들과 함께 공유하는 것이 그라운드 룰Ground Rule이다. 회의 자료는 사전에 배포하고, 회의 결과는 공유를 필수로 하고, 단계별 일정 마감을 준수하고, 출퇴근 등 근태 시간을 준수하는 등 상식적이지만, 낭비 없이 시간을 사용하고, 효율적으로 일하기 위한 규칙들이다. 특히 일정 관리에 이슈가 없도록 일 단위나 주 단위로 집계하는 보고 지표, 특히 완료율 지표는 명확한 기준을 세우고 관리해야 한다. 보는 관점에 따라 개발만 완료해도 '완료'라고 생각할 수 있고, 개발 이후 테스트까지 거쳐 검수를 통과해야 '완료'라고 생각할 수 있기 때문이다. 또한 이러한 지표들은 프로젝트의 모든 구성원이 매번 입력하고 취합하는 작업이기에 꼭 필요한 관리 항목만을 지표로 운영해야 한다. 또한 이렇게 공들여 보고하는 지표들을 형식적으로 듣고 넘어가서는 안 된다. 이슈가 탐지되는 지표에 대해서는 추가로 필요한 후행 업무와 완료일을 정해주고, 이전에 보고되었던 문제 지표의 연장선에 있는 것인지 이슈의 심각성을 이중으로 확인해야 한다.

전체 개발 일정 중 완료되는 업무가 일정 대비 절반 수준인 파트임에도 불구하고 계속 100% 완료로 보고되는 파트가 있었다. 설계 담당자는 아직 테스트를 진행하지 못한 상황이고, 고객의 검수도 진행되지 않았는데 왜 100%라고 표기되었는지 의아했다. 이유는 개발자가 완료의 기준을 본인의 프로그램 개발이라는 기준으로 임의 판단했기 때문이었다. 프로젝트 관리자의 입장에서는 개발된 산출물을 설계자가 테스트하고, 이를 고객사가 검수 완료한 상태가 '완료'였지만, 이러한 기준을 공유하지 않았기에 각각의 판단에 따라 보고한 것이었다. 따라서 최종 완료를 어떤 기준으로 판단할 것인지도 초창기부터 구성원들과 명확히 해야 한다. 보통 개발자가 프로그램을 개발한 이후에도 테스트하는 과정에서 다수의 오류를 발견하게 된다. 오류를 수정한 이후에는 고객사에서 검수를 진행하면서 추가로 오류가 발견되거나 신규 요구 사항이 나오면서 작업이 반려되는 경우가 생기곤 한다. 이러한 개발 이후의 일련의 후행 작업을 고려한다면 100% 완료의 기준을 고객의 최종 검수까지로 설정하는 것이 프로젝트 일정 관리에 효과적이다.

또한 이러한 지표에 대한 기준과 그라운드 룰 역시, 만드는 것보다 제대로 지켜지도록 하는 것이 중요하다. 룰이 지켜지지 않았을 때 이에 따른 조치가 프로젝트 관리자 주도하에 실행되지 않는다면 룰은 힘을 발휘할 수 없다. 허공 속의 메아리일 뿐이다. 일정이 지켜지지 않고, 근무 중 집중력이 낮고, 약속된 결과물은 나오지 않는데도, 아무런 조치가 없다면 어떻게 될까. 프로젝트 구성원들은 실제 운영되는 그라운드 룰이 유명무실하다는 것을 금방 눈치챌 것이고, 룰을 무시하는 분위기가 프로젝트 전반에 만연하게 될 것이다. 이러한 분위기는 결코 프로젝트에 도움이 되지 않는다. 따라서 프로젝트 관리자는 공표된 룰이 반드시 지켜져야 하는 업무 기준으로 자리 잡히도록 몸소 솔선수범하고, 구성원들과 약속된 방식으로 관리 지표를 관리함으로써 프로젝트 전반에 원칙 중심의 건강한 업무 문화가 정착되도록 노력해야 한다.

게으른 믿음보다는 부지런한 의심

프로젝트 관리자는 프로젝트 수행 중에 발생할 수 있는 다양한 리스크를 최소화하기 위해 믿고 맡긴다는 철학보다는, 부지런한 의심을 하며 일하는 것이 안전하다. 프로젝트를 하다 보면 대부분은 정해진 원칙과 기준, 상식에 따라 일하지만, 가끔은 기대에 어긋나는 모습들이나 신뢰를 저버리는 예외적인 모습들도 보게 된다. 하지만 이런 모습들은 아무도 규칙에 신경을 쓰지 않고, 지키지 않아도 걸리지 않고, 불이익도 없는 규칙들이기에 나타난다. 누군가 살펴보고 있기에 지키지 않으면 걸릴 것이 분명한 규칙들은 대부분 잘 지켜지는 편이다. 담당한 업무가 완료되지 않았음에도 보고할 때는 일정 지연을 지적받고 싶지 않아서 100% 완료로 보고하는 예도 있다. 대부분 보고서상의 지표 수치만 읽을 뿐 실제 확인은 없을 것이라는 생각으로 그럴 수 있다. 그래서 관리자는 단계별 완료에 따른 후행 업무 역시 일정대로 움직이는지 샘플링을 하고, 보고된 지표와 일치하는지를 확인할 필요가 있다. A라는 단계가 100% 완료인데 B라는 사람은 후행 작업을 시작하지 못하고 있다면, B의 업무에 과부하가 걸린 것일 수도 있고, A로부터 업무를 인계받지 못한 상황일 수 있다. 또한 A의 완료된 업무를 B가 전혀 모르는 상황이라면, A가 업무를 완료하지 않았거나, 완료했음에도 B에게 알리지 않은 경우일 수도 있다. 어떤 경우든 프로젝트 일정은 지연될 수 있기에 프로젝트 관리자의 개입이 필요한 상황이다.

이런 경우들을 예방하기 위해 프로젝트 관리자는 내가 알고 있는 정보가 옳은 것인가를 다양한 방식으로 의심해 볼 필요가 있다. 대형 프로젝트일수록 워낙 다양한 성향의 사람들과 함께 일하다 보니 일하는 모습들이 제각각인 경우가 생길 수밖에 없고, 어떤 모습들은 프로젝트 분위기에 부정적인 영향을 주기도 한다. 가급적이면 일관된 원칙과 그 원칙을 다 같이 준수할 수 있는 분위기를 만들어 동일한 원칙에 따라 일하도록 만드는 것이 안 좋은 변수들을 최소화하는 방법이다. 하지만, 모두가 원칙을 지킬 것이라는 믿음만으로 방목형 관리를 할 경우, 신뢰를 저버리는 행동이 생겨도 이를 조기에 탐지할 수 없다. 그뿐만 아니라 프로젝트 일정에 미치는 영향을 최소화할 기회를 놓칠 수도 있다. 따라서 다소 피곤하더라도 주요 지표에 대한 정보는 크로스 체크하면서 프로젝트의 분위기가 건강한 방향으로 흘러가도록 부지런한 의심과 함께 프로젝트를 관리할 필요가 있다.

10

이슈와 지표의 초점

이슈 탐지견 | 프로젝트 지표

진척도의 수치와 일하는 분위기와 회의에서 오고 가는 대화를 보면 알 수 있는 것들이 있다. 다들 긴장감 있게 일을 하고 있는지, 아니면 프로젝트 초반이라 약간 여유 있게 일을 하는지가 보이기 때문이다. 전체 일정을 보면 빠듯한 업무량임에도 같은 공간에서 근무하는 구성원들의 분위기가 너무 여유롭다면 일정과 마감에 대한 관리를 더 촘촘하게 할 필요가 있다. 사람마다 업무 성향이 달라서 어떤 사람들은 초반에 몰아서 업무를 진행하기도 하지만, 어떤 사람들은 일정표의 마지막 순간에 쫓기듯이 밤을 새워 일하기도 한다. 그러나 이런 방식보다는 일정에 따라 모든 업무가 제때 완성되도록 운영하는 것이 프로젝트를 안정적으로 끌어나가는 방법이다. 일정의 중반부를 지나 돌이킬 수 없는 지점에서 업무를 몰아치다 보면, 예상치 못한 이슈들이 터질 때 이를 처리할 시간이 부족하기 때문이다. 따라서 주 단위 진척도를 점검하는 지표들은 초반부터 속도감 있게 관리할 필요가 있다.

50~60명의 구성원이 함께 일하는 프로젝트를 진행하면서부터는 매일 또는 매주의 정기 보고를 통해 진척도와 이슈를 공유하게 된다. 그런데 3~4주 차가 되는 시기부터 정기 보고의 내용

에 특이점이 없어지고, 같은 내용만 반복되기 시작한다. 이런 시기에는 이전에 언급된 이슈나 문제들이 일정에 맞추어 진행되고 있는지 회의를 통해 점검할 필요가 있다. 또한 프로젝트가 진행되는 단계별로 산출물을 정의하고 이것이 100% 완료되는지 확인하는 관리 지표를 설정한다. 고객사 업무 분석, 개선안 설계, 이행 과제 수립, 시스템 개발의 단계별로 금주 진척률과 누적 진척률, 그리고 차주 계획까지도 지표로 보여야 한다.

앞단인 분석/설계 단계에서는 일정보다는 산출물의 방향성과 완성도가 더 중요하기 때문에 보는 사람의 눈높이와 생각에 따라 산출물의 품질이 만족스러울 수도 있고, 아닐 수도 있다. 이 때문에 방향성이 맞을 때까지 재작업 요청이 많아서 일정 지연이 종종 발생한다. 물론 이후 시스템 개발의 기준 모형이 되기 때문에 완성도가 중요한 것은 맞지만, 이로 인해 지속적으로 일정이 지연된다면, 이후 시스템 개발 기간이 줄어들어 개발 품질의 저하로 이어질 수 있다. 따라서 분석/설계 단계에서도 산출물의 완성도 못지않게 일정의 중요성도 함께 고려하여 관리할 필요가 있다.

후단인 시스템 개발 단계의 경우, 설계된 기능이 정상적으로 작동되는지를 기준으로 삼되, 고객의 검수까지 마친 기능 개발을 완료 기준으로 삼아야 한다. 설계자는 설계만 끝난 것을 완료했다고 생각하고, 개발자는 개발이 끝난 것을 완료라고 생각할 수 있기 때문이다. 또 고객은 본인이 검수해야 완료가 되었다고 생각하기에 종합적인 완료를 지표 기준으로 설정해야 한다. 그리고 역할별 완료 여부도 확인할 수 있는 세부 지표가 촘촘히 만들어져야 병목 현상이 어느 단계에서 발생하는지를 파악하고 관리할

금주

구분	종합 진척율			설계		개발		테스트		고객 검수	
	계획	완료	%	완료	%	완료	%	완료	%	완료	%
영업	10	7	70%	10	100%	9	90%	9	90%	7	70%
재무	13	10	77%	13	100%	12	92%	11	85%	10	77%
⋮	⋮	⋮	⋮	⋮	⋮	⋮	⋮	⋮	⋮	⋮	⋮

고객이 검수를 안 해서 늦어지는군~
빠른 확인을 요청해야겠어!

실적
비교

누적

구분	종합 진척율			설계		개발		테스트		고객 검수	
	계획	완료	%	완료	%	완료	%	완료	%	완료	%
영업	30	24	80%	30	100%	28	93%	25	83%	24	80%
재무	33	25	76%	33	100%	29	88%	26	79%	25	76%
⋮	⋮	⋮	⋮	⋮	⋮	⋮	⋮	⋮	⋮	⋮	⋮

테스트가 늦어지면서 전체 일정이 지연되는군!
담당자의 일정이 지연되는 이유는 뭐지?

그림-9 진척률 관리 지표

수 있다. 설계-개발-테스트-보완-고객 검수 등의 단계로 역할별 업무 구간을 나누어 진척도를 관리함으로써, 프로젝트 일정에 영향을 주는 병목 구간을 더 촘촘하게 관리할 수 있다. 반복적으로 지연되는 이슈가 설계 단계에서 발생하는지, 개발 단계인지, 고객사의 대응 속도가 늦어지는 문제인지를 확인할 수 있기 때문이다.

그러나 이렇게 지표 관리를 역할별로 하다 보면, 파트 공동의 완료 목표를 가지고 유기적으로 일하기보다는 본인의 역할만 완료하면 된다는 식의 다소 분절되고 개인화된 모습들이 보인다. 설계자는 설계 업무에만 집중하고, 개발자 역시 개발에만 집중하면서 설계나 개발이 완료되었음에도 서로 내용을 공유하지 않고 본인 지표만을 100% 완료하는 것에 집중하는 것이다. 시간적 여유가 없다 보니, 정보 공유와 소통이 적극적으로 이루어지지 않는 것이다. 그래서 파트장PL의 역할이 중요하다. 파트장은 분석/설계의 업무를 수행하면서, 선후행적으로 연결되는 개발과 테스트, 검수까지 파트 내의 업무가 매끄럽게 이어지고 있는지, 파트 전체 관점에서 다른 파트와의 연결성에 문제가 없는지를 관리하기 때문이다. 이러한 역할을 제대로 수행하는 파트장이 많을수록 프로젝트 관리 지표는 이슈 없이 달성되기 마련이다. 파트장이 이러한 역할별 지표 관리를 통해 담당 파트 내 산출물이 최종적으로 완성되는 일정을 파트원 대상으로 관리하고, 일정 지연을 해소하기 위한 구체적인 문제 해결 활동을 수행하기 때문이다.

지표 관리 툴

다수의 인원이 협의된 일정을 맞추고 있는지를 정기적으로 파악하는 정보 취합이나 보고 작업은 단순한 일일 수도 있다. 하지만, 보고의 양이 많아질수록 작성자들은 바쁜 일정 때문에 단순한 보고 작업마저 부담스럽게 느낀다. 특히나 비슷한 보고 내용을 목적과 피 보고자에 따라 반복적으로 작성하는 것을 힘들어 한다. 따라서 가능한 보고용 입력은 최소화하고, 취합이나 보고서 작성을 위한 별도의 업무가 발생하지 않도록 목적에 맞는 툴을 사용하는 것도 좋은 방법이다. 프로젝트 관리를 위한 프로젝트 관리 시스템PMS, Project Management System도 좋지만, 많은 기능의 툴보다는 최소한의 일정 관리와 정보 공유가 실시간으로 이루어지는 툴을 사용하는 것도 좋다. 입력자가 최초 1회만 내용 입력을 하면 이후 취합이나 보고를 위한 편집이 정해진 양식으로 자동으로 이루어지고, 구성원들에게 공유되며, 공유된 내용에 대한 피드백도 실시간으로 필요한 사람들에게 전달되도록 하는 것이다. 최근에는 다양한 실시간 협업 툴이 시중에 많다. 보고서용 입력을 간소화하고, 프로젝트 일정에 맞추어 설정된 지표가 지연인지, 완료인지 등을 보여주는 신호등 기능과 완료율이 실시간으로 보이면서, 이슈 사항이 서로에게 공유되는 수준의 기능 지원이 되는 툴을 활용하면 된다. 또는 수행사에 프로젝트 관리용으로 사용 가능한 협업 툴이 있는지를 사전에 확인하는 것도 좋을 것이다.

폭탄은 터트리고 가자

프로젝트 마감일이 다가올수록 일정 지연으로 빨간불이 켜지는 경우가 다수 생긴다. 1~2주는 일정 캐치 업을 독려하면서 개선을 기대하지만, 같은 상황이 3~4주 이상 지속되고, 상위 관리자와 논의해도 대안이 없다면, 더 이상 내부적인 독려나 당부로는 해결이 안 되는 상황일 수 있다. 차라리 쟁점이 되는 영역에 대해 상위 임원급의 지원을 신속하게 요청하는 것이 나을 수 있다. 그러나 프로젝트 수행사의 입장에서는 이슈가 상위 경영진에게 노출되는 것이 부담스럽다고 느낄 수 있다. 그래서 내부적으로 해결될 수 없는 상황임에도 불구하고, 어떻게든 이슈 상황을 안고 가기도 한다. 또한 그들의 상사도 비슷한 입장일 수 있다. 설령 직속 상사에게 관련된 이슈를 보고하고 도움을 요청해도, 상사 역시 상위 임원에게 이슈를 드러내며 지원 요청하는 것을 부담스러워할 수 있다. 그래서 굳이 치부로 보이는 문제들을 드러내기보다는, 내부적으로 원만한 해결을 종용하기도 한다. 문제는 계속 시간만 흘러갈 뿐 지연 이슈가 해결되지 않는다는 것이다.

그러나 고객사 입장에서 중요한 것은 일정 내에 약속된 프로젝트를 완료하는 것이다. 이슈 상황을 보고 체계를 통해 드러내는 것이 부담스럽다면, 고객사 프로젝트 관리자와 현재 상황을 터놓고 얘기해 볼 수도 있다. 오히려 고객사가 이슈를 임원급에게 드러내고, 이슈 해결을 위한 협조를 프로젝트 수행사의 임원에게 요청한다면, 수행사의 경영진은 신속하게 해결안 모색을 지시할 수밖에 없다. 해결될 수 없는 문제를 끌어안고 눈덩이처럼 커지는 폭탄을 만드는 것보다는, 차라리 적극적으로 문제를 드러내고 해결안을 전향적으로 찾아내는 것이 모두가 윈윈하는 방법이다.

11
소통: 사람과 벽

프로젝트와 함께 생기는 벽Silo

프로젝트 초기에 역할과 업무를 배정하고 일을 시작하면서 사람들 사이에는 보이지 않는 벽이 조금씩 생긴다. 내가 담당해야 하는 영역이 명확해졌기에 가능한 다른 업무가 추가로 생기지 않기를 바라는 마음들이 만드는 벽이다. 또 내가 맡은 분야를 완료해도 전체 관점에서는 미완료인 경우도 있다. 나는 골을 넣었는데 팀은 우승하지 못하는 경우와 같다. 그리고 이렇게 앞뒤의 누군가가 매끄럽게 업무 처리를 하지 않은 경우, 업무 분담된 역할을 기준으로 누구의 책임인지가 명확해진다. 책임의 경계선이 되는 업무나 역할을 기준으로 타인과의 벽이 견고해지는 것이다. 이러한 벽으로 인해서 초기에 맡았던 업무 외 추가적인 업무를 회피한다거나, 본인이 관리하는 일정을 지연시키는 파트와는 반목하기도 한다. 비단 프로젝트뿐 아니라, 모든 조직과 사회에서 볼 수 있는 모습이다.

또한 이러한 벽과 더불어 성향과 역할에 따라 보다 편하게 어울리는 사람들과 그렇지 않은 사람들 사이에도 벽이 만들어진다. 일 처리가 빠른 사람과 상대적으로 느린 사람들 사이에도 비슷한 모습이 보인다. 이런 여러 모습 속에 약간의 이기심과 이타심이 함께 섞이면서 프로젝트는 굴러간다. 다만, 마음의 여유가 있을 때는 속도가 안 나는 사람들을 도와주기도 하고, 누구의 영역인지 애매한 부분은 자발적으로 담당하기도 한다. 그런데 시간이 촉박해지고, 마음의 여유가 없어지는 프로젝트 중반부부터는 벽을 중심으로 갈등이 심해지기 시작한다. 서로의 업무 영역이 아니라고 주장하게 되고, 새로운 업무 영역이나, 공통 업무 영역들에 대한 업무 배정을 서로에게 넘기려고 한다. 이러한 문제들은 자발적으로 해결될 수 없기에 관리자의 빠른 조율과 적극적인 중재가 필요하다. 그러나 중재 이후에도 서로의 불편한 마음들이 해소될 수 있도록 인포멀한 대화의 장을 마련하는 것도 중요하다. 기왕이면 함께 일하는 사람들 간에 서로 돕고, 끌어주고 싶어 하는 마음가짐이 프로젝트 분위기를 살리고, 삭막해진 분위기를 제자리로 되돌릴 수 있기 때문이다. 그래서 이러한 대화가 상시로 오고 갈 수 있도록 주변에 편안한 대화 공간이나 다과가 여유 있게 배치되는 환경을 마련할 필요가 있다. 사람들 마음속의 벽을 무너뜨리는 방법은 대화를 통해 지속적으로 마음의 문을 두드리는 것밖에 없다.

소통의 불협화음, 저변 원인을 파악하자

팀 빌딩Team building은 프로젝트 기간 내내 지속적으로 관리되어야 하는데, 일을 하다 보면 협업이 어렵고 불화가 빈번한 구성원들이 보인다. 이때 구성원들이 느끼는 불화의 원인, 즉, 자신들이 왜 상대방을 불편하게 여기는지를 파악해 볼 필요가 있다. 표면적으로는 대부분 대화가 통하지 않고 감정이 상하는 것을 이유로 지목한다. 하지만, 구체적으로 무엇이 불편하고, 걱정하는 것이 무엇인지를 파악해 보면 다양한 성향이나 기질적인 요인에서 비롯되는 경우가 많다. 사람의 성격이 워낙 복잡미묘하기에 상대방으로부터 느껴지는 불편함의 원인도 제각각이다. 대부분의 이혼 사유가 성격 차이인 것처럼, 프로젝트에서도 대부분의 불화 요인을 소통의 문제로 돌린다. 하지만, 실제 원인은 매우 다양한 성격적 양상에서 비롯된다. 따라서 이런 성향에 대한 구성원 간의 이해를 높이기 위해 팀 초반에 MBTI를 공유하기도 한다. 서로 다른 각자의 성향을 조금 더 이해하기 위해서이다. 이러한 성격들을 고려하면서, 불화의 원인이 소통 방식 자체에 있다면, 상대방의 눈높이에 맞춘 대화를 하도록 코칭을 할 수 있다. 자신의 역할에 대해 자신감이 부족하거나, 책임지는 것이 부담스러운 것이라면, 역할이나 범위를 조정할 수도 있다. 또는 주도적으로 일을 하거나, 의견을 내고 싶은데 그렇지 못한 역할이나 상황이 문제라면, 권한의 범위를 넓혀줄 수도 있다. 다만, 소통이 어려운 원인이 업무 이해도나 수행 역량 자체에 있거나, 이로 인해 업무 속도를 도저히 못 맞추는 정도라면, 해당 인원은 교체까지도 생각해 보아야 한다.

사람 관리의 4사분면

입맛에 딱 맞는 사람을 찾는 일은 쉽지 않다. 프로젝트를 운영하는 예산이 제한적이기 때문이다. 단가와 역량과 성격 등 원하는 스펙은 있지만 무언가는 포기해야 하는 경우가 종종 있다. TV나 영화에서 보이는 존경받는 사람들이나, 소설이나 드라마 속의 주인공은 탁월한 기량과 인성, 태도 등 모든 것을 다 가지고 있다. 하지만, 그런 이야기가 열광을 받을 만큼 현실 세계는 주인공 같은 사람들이 거의 존재하지 않는다. 현실 세계에서는 예산이 제한되어 있고, 짜장면 한 그릇을 만들 때 춘장과 함께 볶을 양파가 필요한데 겨울철 물가가 올라서 양파가 비싸다면 차선책으로 양배추를 볶을 수 있다. 해외에서 김치를 담글 때도 한국산 배추를 구하기가 어려워 대안으로 양배추를 사용할 수 있다. 다양한 경험과 통찰력, 판단력을 갖추었는데 겸손하고, 근면하기까지 한 사람들을 만나는 것은 깊은 땅속에 숨겨져 있는 보석을 발견하는 것과 같다. 대부분 사람은 한두 가지 정도의 부족함을 가지고 있다. 그리고 이러한 부족함의 정도가 역량과 인성, 둘 다를 갖추었거나, 둘 다 갖추지 않은 수준이라면 리더로서 해야 하는 의사 결정은 매우 간단하다. 하지만, 둘 중 하나만 없는 경우에는 어떤 의사 결정을 해야 할지 고민이 된다.

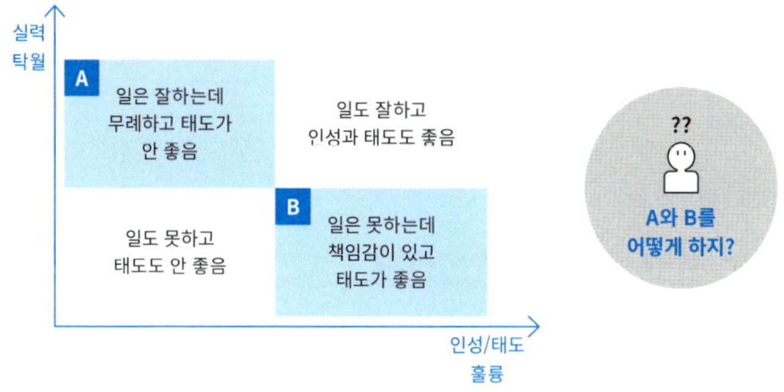

그림-10 능력과 인성 간 딜레마

먼저 성실하고 부지런한 사람이지만, 결과물이 기대 수준에 못 미치는 경우, 가능한 함께 일하는 편이 교체보단 이득이다. 사람을 교체한다는 것은 업무 인수인계나 역량을 또다시 검증하는 시간이 필요하고, 꼭 역량이 우수한 사람으로 교체된다는 보장도 없기 때문이다. 따라서 이런 사람들은 가능한 한 자주 코칭을 하면서, 구체적인 가이드를 제공하여 잘 따라오도록 독려하는 방식으로 끌어갈 필요가 있다.

또한 머리가 비상하고 일은 천재적으로 잘하는데, 성격을 맞추기가 어려운 사람들도 있다. 역량이 출중하다 보니 자신감이 과하게 넘치고, 타인을 대하는 태도가 무례한 예도 있다. 이런 경우, 기질적으로 예민하지 않은 사람들을 그 주변에 배치하는 것도 방법이다. 그러나 그럴 만한 사람들이 주변에 없다면 장기적으로는 교체도 검토하면서 대안이 될 만한 사람을 확보해야 할 것이다. 똑똑하지만 독단적이거나, 배려가 부족한 사람에게 너무 많은 역할과 책임이 부여된다면, 당장의 시급한 이슈들은 해결되겠지만 나중에는 대안이 없이 오히려 프로젝트 전체가 한 사람에게 크게 휘둘리는 상황이 될 수 있기 때문이다. 우수한 자원이라도 관리가 어렵다면 잠재적인 리스크로 판단하고 대안을 준비할 필요가 있다.

강한 리더십 vs. 부드러운 리더십

어떤 리더십이 좋은 것일까. 정해진 답은 없다. 이 세상에는 너무나 다양한 스타일의 리더들이 존재하고, 각자의 기질과 철학에

부드러운 리더십	강한 리더십
• 구성원의 개인주의 성향 → 문제 발생시 대화를 통해 어떤 업무에서, 누구에게 문제가 있는지 설명이 가능하기에 자신만 문제없으면 된다는 태도가 있음	• 구성원 간 단합력 → 문제 발생시 묻지도 따지지도 않는 연대 책임 분위기로 팀 내에 문제가 안 생기도록 서로 챙기려는 모습이 있음
• 합리적 실행력 → 지시 사항에 대한 목적과 취지에 대해 합리적으로 수긍되어야만 진행이 되고, 때로는 반대를 위한 반대가 습관화되는 분위기가 생길 수 있음	• 강력한 실행력 → 지시 사항에 대한 무조건적 실행에 집중하기에, 추진력과 이행력이 우수함
• 과정 지향적 성과 관리 → 최선의 노력을 다했으나 결과가 나오지 않았을 때 이해받을 수 있기에, 한계를 뛰어넘는 노력을 하지 않는 경향이 있음	• 결과 지향적 성과 관리 → 과정보다는 원하는 결과를 가져왔는지에 집중하기에 간혹 무리한 시도로 이슈가 생길 수 있음
• 수평적 소통과 합리적인 의사 결정 → 리더가 너무 만만해져서 리더로서 권위가 사라질 수 있고, 때때로 리더 간 성과 경쟁에서 밀릴 수 있음	• 수직적 소통과 직관적 의사 결정 → 리더 권위가 너무 강해 감히 반대 의견을 낼 수 없고, 때로는 비합리적 업무 지시도 그대로 진행되는 경우도 있으며, 개인별 성향에 따른 스트레스가 높을 수 있음

그림-11 리더십별 특징

따라서 자기만의 리더십 스타일을 가지고 있다. 사람마다 이상적으로 생각하는 리더십이 있겠지만, 기질적으로 맞지 않는 리더십을 가지려고 하기보다는 자신만의 강점을 부각하는 방향으로 리더십을 발휘할 필요가 있다. 카리스마 넘치는 리더가 서번트 유형[6]으로 변화하기 위해 노력하거나, 반대로 부드러운 스타일의 리더가 카리스마 넘치는 리더로 변화하려는 노력은 몸에 맞지 않는 옷을 걸치는 것과 같다.

6 서번트 리더십. 인간 존중을 바탕으로 섬기고 봉사하는 자세로 구성원들을 후원하고 지지함으로써 잠재력을 이끌어 내는 지도력.

사람의 성향은 쉽게 바뀌지 않는다. 리더도 구성원도 자신의 성향에 맞는 리더십 스타일이 있고, 그렇지 않은 스타일이 있다는 것을 인정해야 한다. 리더십마다의 장단점들은 보는 사람의 관점에 따라 장점으로 인정받을 수도 있고, 단점으로 인정받을 수 있기 때문이다. 예를 들어, 카리스마 넘치고 강력한 추진력이 장점이라고 말할 때 어떤 사람들은 강압적이고 독단적이며 자기주장이 강해서 소통이 어렵다는 단점을 말하기도 한다. 또 수평적인 소통과 합리적인 의사 결정을 하는 부드러운 리더십의 장점에 대해 어떤 사람들은 구성원에 대한 통제력이나 장악력이 약하고, 실행력이 부족하다는 단점을 말한다. 어떤 리더십이든 강점과 약점이 동일한 내용인데 이를 바라보는 사람들에 따라 좋게도 나쁘게도 평가되는 것이다. 결국 어떤 스타일의 리더십이 좋은 것인가보다는, 약점을 커버할 수 있을 정도로 강력한 장점이 있는 리더십인가가 중요하다.

또한 리더를 따르는 사람들 모두 선호하는 리더에 대한 이상향이 다르고 호불호가 갈린다. 어떤 사람들은 리더가 다소 독재적이더라도 나를 보호해 줄 수 있는 리더십을 원한다. 리더가 나의 쓸모를 인정하고, 나의 성과를 높이 평가하고, 승진이나 연봉 인상 등 다양한 보상을 챙겨줄 수 있는 사람이라면 충성할 수 있다고 생각한다. 간혹 리더가 남의 성과를 빼앗아 온다거나, 내부의 성과를 과대 포장하는 등의 과한 부분이 있더라도 자기편이라고 여기는 사람들의 성과만은 확실히 챙겨준다면 다른 부분들은 감수할 만하다고 생각하는 경우도 있다.

어떤 사람들은 내가 받을 수 있는 보상이 확실하지 않더라도,

일하는 방식이나 철학 등이 공감되는 리더라면 충분하다고 생각하는 예도 있다. 때로는 부서의 성과를 적극적으로 어필하지 못해 부서 성과를 챙기지 못하더라도 사람을 대하는 방식이나, 업무를 처리하는 방식, 철학 등이 자신과 코드가 맞는 리더를 선호하는 경우이다. 결국 누구나 자신의 기질과 성향에 따라 선호하는 리더십이 다르고, 자신과 잘 맞는 리더, 또는 약간 불편한 리더가 있게 된다. 그리고 일하는 과정에서 자신을 리더에 맞추어 변화시키든, 자신에게 맞는 다른 리더를 찾아가든, 사람은 결국 자신이 감내할 수 있는 스타일의 리더와 일하게 되어 있다.

또한 리더는 스타일과 관계없이 공통으로 업무에 대한 전문성이 있어야 한다. 전문성이 부서원들보다 상대적으로 부족한 상태에서 리더십을 가져가려 할 때, 리더의 부서 장악력이나 리더 본인의 자신감에 문제가 생긴다. 특히, 전문성이 부족한 상태에서 부드러운 리더십은 구성원에게 만만하게 보이기 쉽고, 전문성이 부족하면서 독재적인 리더십은 독단적인 부분이 있어 소통이 두려운 분위기를 만든다. 따라서 프로세스를 혁신하는 일련의 과정에 있어서 리더는 끊임없이 전문성을 높여야만 강점을 살릴 수 있다. 꾸준한 학습을 통해 그 누구보다도 프로세스에 대해 깊이 있는 이해와 전문 지식을 섭렵하고 있어야 하는 이유이다.

물론, 1대 100으로 수십 명의 직원이 실무선에서 논의하는 모든 프로세스를 인지한다는 것은 어려운 일이다. 하지만, 적어도 한번 공유되거나 보고된 내용에 대해 반복적으로 질문을 하거나, 설명을 반복시킨다면 리더의 역량은 의심받을 것이다. 적어도 한번 파악된 프로세스와 이미 논의된 이슈라면 놓치지 않고 기억하려는 노력을 지속해야 한다. 이러한 노력을 통해 업무 전문성뿐만이 아닌 프로세스에 대한 통찰력과 오랜 경험으로부터 나오는 노하우까지 겸비된 리더라면, 어떤 스타일의 리더십이든 직원들에게 인정받을 것이다. 특히 서번트 리더십은 수평적 소통과 공감이 장점인 스타일인데, 보유한 전문 지식이나 이해력까지 압도적인 수준이라면 많은 구성원이 동경하는 리더일 수밖에 없다.

소소한 대화의 이점

PI도 사람이 모인 곳이기에, 항상 서로에 관해 이야기하거나 듣고 싶어 한다. 그래서 프로젝트의 이슈를 논의하는 회의 자리도 있지만, 프로젝트를 둘러싼 일상의 주제들도 들어보는 자리를 가질 필요가 있다. 업무 주변에 흘러가는 사람들의 이야기들이 때로는 소소할 수는 있다. 하지만, 그런 이야기들 속에 업무와 사람에 관한 작은 불편함이나 불만들을 눈치챌 수도 있다. 그리고 어떤 이야기들은 감내하고 넘어갈 만한 사안이 아닌 프로젝트의 분위기에 영향을 주는 내용일 수도 있다. 지속적으로 일정이 지연되는 상황에서도 옆 동료가 쇼핑 등의 개인 업무를 매번 하고 있다면 불편한 마음이 생기게 된다. 주변의 동료들을 상당히 무례하게 대하는 구성원이 있다면 역시 불편한 마음이 생긴다. 이런 내용들은 리더에게까지 공유되지 않는다. 이런 사실을 보고한다는 것이 치사하고 미성숙한 것으로 보일 수 있기 때문이다. 그냥 눈감고 지나가면 되는 일이고, 얻을 수 있는 이득도 없다. 하지만, 프로젝트 전체로 보았을 때 이렇게 소소하게 보이는 문제들이 프로젝트 전반의 분위기와 일정에 영향을 미칠 수도 있다. 그래서 회의를 마친 뒤엔 삼삼오오 차를 마시거나, 업무 외적으로도 개인들의 고민을 소소하게 들어보는 가벼운 티타임을 하는 것이 좋다. 인포멀한 대화를 통해 공식적인 자리에서 말할 수 없었던 애로 사항들도 들을 수 있고, 리더로서 의외로 쉽게 해결할 수 있는 가벼운 이슈들을 들을 수도 있다. 또한 구성원들과 조금이라도 더 친해질 수 있는 기회인 것도 중요하다. 친해진다는 것은 공식적으로 요청하거나 지시함으로써 얻는 것 이상의 긍정적인 힘을 가지고 있다. 특히 구성원들과의 친밀한 관계는 프로젝트의 가장 힘든 시간을 지날 때 큰 힘과 위로가 된다. 단, 업무 시간을 과하게 소모하지 않는 선에서 해야 하며, 리더의 핫라인으로 오해하지 않도록 특정 구성원들과만 어울리는 모습은 지양할 필요가 있다.

사람 관리는 결과물이 시작이며 끝이다

PI의 모든 산출물은 결국 사람이 만든다. 따라서 만드는 사람의 관심과 역량에 따라 산출물의 품질이 결정된다. 프로세스를 혁신할 때도 어떤 사람이 고민하고 설계한 시스템인가에 따라 품질은 천차만별이다. 따라서 프로젝트를 진행하는 과정에서 구성원이 최고의 역량을 발휘하도록 관리하는 것이 사람 관리의 시작과 끝이다. 다양한 사람들이 어울리게 되면 일하는 방식도 매우 다른 것을 보게 된다. 성격상 일정에 묶여 일하거나, 고정된 좌석에 앉아서 일하는 것을 답답해하는 사람들도 있다. 커피나 흡연 등을 위해 사무실 밖으로 자주 나가야 머리 회전이 잘된다고 하는 사람도 있다. 중간중간 게임과 쇼핑, 주식, SNS 등을 통해 업무에서의 압박감을 이완시켜 줘야 업무 효율이 높다는 사람도 있다. 낮에는 집중력이 좋지 않아서 밤에 일하는 것이 효과적이라고 야근을 선호하는 사람도 있다. 또한 야근은 업무량이 많아 늦게까지 일한다는 인상도 리더에게 줄 수 있고, 간혹 출근이 늦어질 때나 집에 늦게 들어가고 싶을 때 적당한 사유가 될 수 있기에 야근이 종종 습관화된 사람들도 있다. 불러도 못 들을 만큼 이어폰을 꽂고 음악이나 라디오 방송을 들으면서 일해야 능률이 오른다는 사람도 있다. 수시로 사람들과 수다 타임을 자주 가져야 업무에서의 활력이 솟는다는 사람들도 있다. 보는 관점에 따라서 이해가 어려울 수도 있지만, 워낙 많은 사람이 함께 일하는 곳이 프로젝트 현장이기에 각양각색의 다채로운 업무 스타일들을 접할 수밖에 없다.

다만, 이러한 분위기가 프로젝트의 전체적인 분위기가 되는 것은 곤란하다. 일정이 지속적으로 지연되고 있음에도 수시로 자리를 비우는 것이 허용되는 분위기라면, 그 프로젝트가 정상적으로 일정과 산출물을 맞추리라 생각하기 어렵다. 일정과 인원이 한정된 상황에서 다 같이 일하는 시간에 일을 함께 시작하고 일을 함께 마쳐야만 전체 프로젝트의 에너지가 집중력 있게 흘러갈 수 있다. 더군다나 근무 시간 내에 업무를 마치는 사람들 대비 야근을 하는데도 일정이 계속 지연되거나, 산출물의 품질이 좋지 않다면, 정말로 업무량이 과중한 것일 수도 있고, 개인의 업무 방식이나 역량이 문제일 수도 있다. 다수의 인원이 함께 일하는 것이 프로젝트인 만큼 한 사람의 취향을 봐주게 되면 모든 사람의 취향도 존중해야 하는데, 그래서는 프로젝트가 돌아갈 수가 없다. 그런데 이런 일들을 하나하나 짚어내고 지적하기 시작하면 끝이 없다.

그래서 '그라운드 룰'이 필요하다. 많은 사람이 가능한 비슷한 방식과 동일한 기준으로 일하도록 만드는 것이다. 그라운드 룰이 있을 때 업무 방식에 질서가 잡히고, 안정감 있게 프로젝트가 흘러갈 수 있다. 누군가는 근태가 좋지 않은데 아무런 불이익이 없는 것처럼 보인다면, 근태가 좋은 누군가는 상대적으로 불공평하다고 느낄 수 있다. 누군가는 업무 시간 중에도 계속 자리를 비우는데 이를 감독하지 않는다면, 성실히 일하는 누군가는 부당하다는 생각이 들 수도 있다. 따라서 상식선에서 지켜야 할 업무 태도나 업무 방식의 기본 사항들에 대해서는 적절한 원칙과 기준이 필요하다. 수시로 자리를 비우는 경우가 잦거나, 장시간 자리를 비우는 경우가 많아서 업무 지시 때마다 매번 찾아다녀야 한다면 문제가 있는 상황이다. 그라운드 룰을 통해 장시간 자리를 비울 때는 간단한 문자를 리더에게 남긴다거나, 갑작스러운 회의 참석으로 자리를 비운다면 회의 결과를 프로젝트 내에 공유하는 등 프로젝트를 중심으로 함께 일하는 방법과 원칙들을 공유하고 준수하게 만들어야 한다.

하지만, 그라운드 룰은 대원칙을 다루는 것이지 세부적인 활동 가이드까지 상세하게 포함할 필요는 없다. 너무 많은 세부 원칙을 세우면 오히려 제대로 인지하지 못하는 역효과가 날 수 있다. 또한 대원칙에서 누락된 예외적인 상황도 항상 있기 마련이다. 불가피하게 그라운드 룰을 준수하지 못하는 타당한 상황이 생길 수도 있다. 이럴 때는 약속된 결과물과 일정은 반드시 지킨다는 것이 대원칙이 되어야 한다. 무슨 일이 있어도 맡은 역할을 일정 내에 완료해야 한다는 것이 변하지 않는 기준선인 것이다. 어떤 상황에서든, 어떤 이유에서든, 결과물만 일정 내에 약속된 품질로 만들어 낸다면 프로젝트에선 원하는 목적을 달성하는 셈이다. 일을 잘하고 책임감이 강한 사람일수록 업무의 끝을 어떻게 매듭지어야 하는지를 그려놓고 일하는 편이다. 초기부터 업무를 완성하는 방법을 구상하며, 바쁜 시간을 효율적으로 쓰기 위해 노력한다. 일정에 따라 약속된 산출물을 제출해야 한다는 기본 원칙을 지키려 하기 때문이다. 그러나 여러 가지 이유로 인해 그라운드 룰을 못 지키고, 결과물도 약속대로 나오지 않는 상황이 반복되는 사람이 있다면, 담당자의 역량이나 주변 상황 등 문제의 원인을 신속히 파악하고 조치를 취해야 한다. 중요한 것은 사람마다의 다름을 인정하고, 프로젝트 분위기에 영향을 주지 않는 선에서 일하는 방식의 다양성을 인정하되, 일정과 결과물에 대해서는 타협할 수 없다는 것을 꼭 주지시켜야 한다는 것이다.

12
PI 추진 단계

컨설팅 단계

① 현황 분석AS-IS으로 이슈의 진실 찾기

프로세스 혁신은 크게 컨설팅 단계, 시스템 구축 단계, 변화 관리 단계로 진행된다. 컨설팅을 먼저 추진하는 이유는 고객사에서 추진할 수 있는 혁신의 범위와 대상, 방법을 알아보고, 이후 PI를 실행할 때의 소요 비용을 파악하기 위해서이다. 이에 앞서 PI 컨설팅 자체의 범위와 비용을 대략적으로 알기 위해 회사 내부적으로 Pre-PI, 즉 '약식 PI'를 사전에 진행하기도 한다. Pre-PI를 거쳐서 PI 컨설팅을 하든지, 곧바로 PI 컨설팅을 진행하든지, 컨설팅 단계에서는 고객사의 프로세스상에서 이슈가 무엇인지를 파악하고, 이슈의 근본 원인을 분석하는 작업을 진행한다. 이를 위해서는 고객사의 사업 정체성과 업의 본질을 이해할 필요가 있다. 업의 본질에 적합한 체계로 조직이 구성되어 있는지 부서별 R&R을 이해하기 위해서이다. 그리고 업무의 흐름이 사업 방향과 전략, 사업 목표를 달성하기 위해 부서 기능들과 적절하게 연관되어 있는지를 파악한다. 부서별 세부 프로세스들은 어떻게 구성되어 있고, 상호 간에 어떤 연결성을 가졌는지를 정리하는 이유이다. 그리고 이러한 내용을 바탕으로 회사의 주요 프로세스인

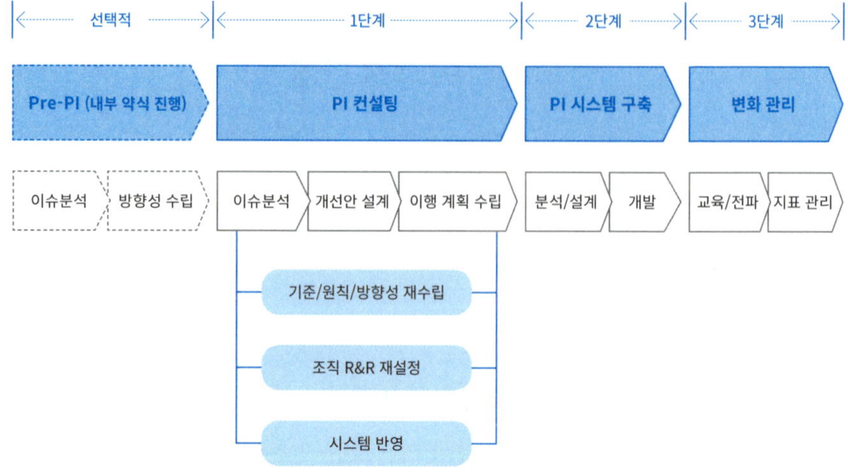

그림-12 PI 추진 단계

메가 프로세스를 정의한다.

메가 프로세스는 대부분 회사의 조직도와 부서별 미션과 거의 유사하게 도출되는 편이다. 그리고 메가 프로세스를 수행하기 위한 세부적인 프로세스, 즉 서브 프로세스는 조직별로 수행되는 주요 기능으로 파트별 기능과 유사한 편이다. 이렇게 만들어진 대략의 프로세스 구조도를 바탕으로 관련 부서와의 인터뷰나 설문, 또는 워크숍을 통해서 현재의 일하는 방식이 메가 프로세스를 최적으로 지원하는 구조인지를 살펴보고, 그렇지 않다면 어떤 이슈가 문제인지를 파악한다. 이때 만들어지는 이슈 현황 분석서AS-IS는 PI 이후에도 이슈의 해결이 성공적으로 이루어졌는지 이상적인 설계안To-Be의 적절성을 평가하는 기준서가 된다. 따라서 이슈 현황 분석서는 이슈의 배경과 본질적인 원인이 무엇이었는지를 명확히 정의하여 담아야 한다.

그림-13 일반적 기업의 메가 프로세스와 서브 프로세스 예시

② 복합적인 개선안To-Be 설계

개선안 설계는 이슈를 해결하기 위한 개선 모델To-Be Image을 만드는 단계이다. 이슈 분석서를 바탕으로 문제가 있는 프로세스는 5 WHYs와 RCARoot-Cause Analysis 등의 분석 기법을 통해 문제의 근본 원인을 파악하고, 이를 근본적으로 해결하기 위한 개선 방향을 도출한다. 새롭게 재정의된 프로세스To-Be Process 구조도는 PI 실행뿐 아니라 이후 프로세스 운영·관리의 기준서가 된다. 서브 프로세스별로 그려진 상세 활동이 어떤 부서들을 통해, 어떤 시스템들을 사용하면서, 어떤 방식으로 흘러가는지 업무 흐름을 알 수 있기 때문이다. 또한 각각의 활동 단위별로 어떤 업무 원칙과 업무 수행 기준, 법 제도적 요건이 적용되는지도 알 수 있다. 중요한 것은 이러한 서브 프로세스와 상위의 메가 프로세스상의 이슈 해결을 위해 재정립된 프로세스가 고객사의 사업에

얼마나 기여하는가를 고민하는 것이다. 고객사에서 사업 성장을 1순위 목표로 한다면, 변화된 프로세스가 이를 얼마나 효과적으로 뒷받침하는지를 고민해야 한다. 프로세스의 변화가 회사의 전략적 방향이나 사업 추진에 간접적인 기여뿐만이 아닌 회사의 대원칙이나 1순위 사업 목표에 직접적인 연관성을 가지도록 설계하는 것이 PI를 추진하는 이유이기 때문이다.

이렇게 작성된 개선안 설계서는 프로세스가 변경될 때마다 지속적인 업데이트와 관리가 필요하다. PI는 시스템을 위한 화면 설계서보다 개선안 설계서에 그려진 프로세스 구조도를 가지고 소통하기 때문이다. PI를 완료한 이후에도 추가적인 이슈에 따른 프로세스 보완이 필요할 때마다 현재의 운영 프로세스와 운영 원칙을 점검하기 위해 펼쳐보는 것이 개선안 설계서이다. 그러나 대부분은 작성할 때와 시스템 설계 시에만 집중적으로 정리할 뿐 이후에는 PI 담당자의 머릿속에 있다고 생각하여 업데이트를 소홀히 하는 경우가 많다. 하지만, 실무자는 언제든지 바뀔 수 있고, 자료보다 기억에 의존한다는 것은 편리하지만, 회사 차원에서 안정적으로 프로세스 정보를 관리하는 방식은 아니다. PI 이후에는 프로세스상에 변화가 있거나 수정 사항이 있을 때마다 개선안 설계서를 현행화하도록 절차화하는 것이 바람직하다. 또는 월 1회, 분기 1회 주기로 정기적인 업데이트를 하도록 운영하는 것도 좋다.

③ 프로세스는 통합, 조직 구성은 분리?

새로운 프로세스는 프로세스 구조도를 그리거나, 시스템에 반영한다고 끝나는 것이 아니다. 그 역할을 수행할 부서와 사람까지 정해져야 완성된다. 프로세스와 시스템을 설계할 때는 관련 부서들의 역할과 범위를 함께 생각해야 한다. 프로세스상에서 다양한 정보들이 부서 간에 유기적으로 흐르도록 설계했더라도 실제 부서 간 정보 흐름이 그렇지 않고, 해당 부서 간의 협업이 어렵다면, 해당 프로세스는 정상적으로 작동될 가능성이 작다. 특히 견제와 균형을 위해 운영되는 부서들이나, 다양한 부서의 결재 의견을 순차적으로 승인받는 구조일 때 실제로 작동할 수 있는 개선안인지를 조직 체계와 함께 검토해야 한다. A, B, C라는 3개 부서의 의견을 동시에 받아서 처리하는 업무가 있을 때, 어떤 부서에서 어떤 이유로 업무 병목이 생기면 3개 부서가 관련된 전체 프로세스가 지연되기 때문이다. 또한 프로세스상의 문의에 대응하거나 장애를 처리하는 과정에서도 A, B, C 부서 간에 다루는 안건과 역할, 책임이 다르다 보니 사용자로서는 하나의 문제에 대해 3개 부서에 모두 문의해야 하는 상황이 되기도 한다. 이러한 문제를 주도적으로 해결하고 싶어도 3개 부서가 수평적으로 관여된 일이다 보니, 특정 조직이 주도적으로 교통정리를 하거나 조정하는 것은 쉽지 않다. 이럴 때는 오히려 관련된 부서의 기능들을 특정 부서로 모아주거나, 또는 신규 부서를 만들고 인력을 재배치하여 전담 조직을 운영하는 것이 낫다. 프로세스가 실제로 작동할 수 있는 조직 체계와 부서 기능을 만드는 것이 어렵다면, 조직과 이원화된 프로세스를 설계하기보다는 분절된 현재의 조직 구조를 반영한 설계를 하는 것이 현장의 혼란을 최소화하는 방법이다.

예컨대 협력사와의 계약 체결 프로세스가 사업 원칙과 내부 기준에 따라 보다 신속하고, 꼼꼼하게 검토될 필요가 있다는 의견이 있었다. 기존에는 외주 계약 체결 시에 법적인 이슈는 없는지, 재무적인 원칙에 부합하는지, 리스크 측면에서 간과하는 부분은 없는지 등을 검토하는 절차가 실무자들에 의해 알음알음으로 진행되었다. 검토에 필요한 내용을 여러 부서에 문의하고, 계약 자료를 준비해서 보내고, 어떻게 진행되고 있는지 중간중간 문의하고, 최종 검토가 완료될 때까지 상당한 시간이 소요되는 절차였다. 중간 단계에서 누락 사항이 있을 때는 다시 처음부터 프로세스를 시작해야 하는 경우도 종종 있었다. 계약 처리까지 대기 시간이 길었고, 진행 현황이 요청자와 공유되지 않아 수시로 관련 부서에 물어봐야 했으며, 관련 부서는 문의 응대에 밀려서 처리 업무가 더 지체되는 상황이었다.

이를 개선하기 위해 여러 부서의 실무자들이 모여 필수적인 검토 항목들이 무엇이고, 부서 간의 선·후행 업무는 무엇인지를 정리하면서, 계약 체결이 통합적으로 처리되는 프로세스를 만들었다. 하지만, 검토 프로세스가 통합됨에 따른 통합 관리 부서의 운영 체계는 별도로 검토하지 않았고, 기존 방식대로 운영하는 것을 전제로 논의하였다. 각각의 부서에서 수행하던 재무 검토, 법무 검토, 외주 검토, 리스크 검토 등을 총괄하는 부서를 만드는 것은 조직 체계상 많은 부담이 있었기 때문이다. 결국, 사용자가 사용하는 시스템에서는 통합된 모습이었지만, 실제 문의를 할 때는 여전히 개별 부서에 개별 문의를 하는 상황이 유지되었다. 각각의 부서에서 하던 일을 종합적으로 관리하는 전담 부서가 필요했지만, 누군가 총대를 메고 전담 조직의 역할을 수행한다는 것이 쉬운 일은 아니었다. 이전과 대비하여 많은 검토 분야를 책임지는 것이기에 부담스러울 수밖에 없었다. 하지만 이렇게 만들어진 시스템은 뒷받침해 주는 통합 부서 기능이 없어서, 개선 설계안 대비 제한적으로 운영되는 모습이 될 수밖에 없었다.

혁신의 목적과 취지를 생각한다면 이렇게 조직에 맞추어 PI를 축소하는 것보다, 조직을 만들어 PI를 완성하는 것이 바람직하다. 각 부서에서 일하던 관련 기능의 업무 담당자들을 한군데 모아 통합된 프로세스가 작동되도록 새로운 부서를 만들고 프로세스와 유기적으로 돌아가게끔 만드는 것이다. 프로세스와 함께 연동되는 부서 기능이 만들어져야 사용자들이 혼란스럽지 않고, 부서 간 역할을 떠넘기는 모습으로 오해하지 않는다. 그렇지 않으면 시스템에서는 하나의 메뉴임에도 불구하고, 입력하는 내용에 따라 문의 부서는 제각각인 혼란스러운 상황이 될 수밖에 없다. 이러한 방식으로는 원래의 취지였던 보다 빠르고 통합된 계약 처리 프로세스의 모습이 부분적으로만 완성된다. 따라서 목적에 맞는 프로세스를 구현하고자 한다면, 조직 역시 프로세스와 동기화되도록 입체적으로 구현해야 한다.

시스템 구축 단계 | ① 분석/설계 → ② 개발

컨설팅을 통해 이슈 분석과 개선안이 도출된 이후에는 이행 단계에서 제안된 다양한 과제들이 실행된다. 업무 기준이나 원칙을 재수립하여 회사의 업무 절차에 반영하는 이행안도 있고, 앞서 언급했듯이 새로운 조직을 신설하거나, 기존 조직의 역할과 책임을 조정하는 이행안도 있다. 이때 비용이 가장 많이 들고, 눈에 가장 많이 띄는 대표적인 이행안이 시스템 구축이다. 다른 이행 과제들은 관련된 부서 담당자들만 알고 있는 데 비해, 시스템은 사용자들이 워낙 많아서 그렇기도 하다. 더 나아가 업무 프로세스가 더욱 신속하고 효율적으로 돌아가려면 시스템 구축은 필수이다. 이러한 시스템 구축은 앞서 컨설팅 단계에서 도출된 개선 프로세스To-Be Process를 바탕으로 업무 분석가가 투입되어 분석/설계를 완료한 이후 개발자들이 설계 화면을 개발하면서, 사용자들에게 최종 오픈됨으로써 완료된다.

하지만, 시스템 구축만으로 프로세스 변화가 완성되지 않는다는 점도 유념해야 한다. 시스템은 프로세스 혁신을 지원하는 도구일 뿐 연관된 부서들 모두가 변화된 프로세스의 취지에 맞게 실제로 업무를 수행하도록 만드는 것이 중요하다. 앞서 설명했듯이, 변화된 역할과 책임에 대한 조직 간의 합의와 조율 없이 실행하는 프로세스 혁신은 실제로 일하는 부서에게 외면당할 수 있다. 설령 마지못해 합의되었더라도, 나중에 부서장이 변경되거나 상황이 바뀌면 기존의 일하는 방식으로 종종 돌아가기도 한다. 따라서 프로세스의 변화가 실효성 있게 작동되려면, 시스템과 함께 원칙과 기준, 조직, 프로세스, R&R 등이 유기적으로 연동되어야 한다. 애초에 PI가 지향했던 모습은 시스템만으로 구현되지 않는다는 것을 염두에 두어야 하는 이유이다.

변화 관리 단계 | ① 마인드 변화 → ② 체화

마지막으로 변화 관리 단계에서는 새로운 프로세스에 따라 일하는 방식이 사용자에게 익숙해지도록 교육하고, PI 취지와 사상을 전파하는 활동으로 진행된다. 시스템의 경우에는 사용 방법에 대해 교육하고, 불편 사항이나 장애 상황에 대응하면서 변화된 프로세스와 시스템을 안정화하는 활동으로 진행된다. 과거 방식으로는 일할 수 없도록 기존 시스템은 폐쇄하고 새로운 시스템을 오픈한다. 더불어 새로운 프로세스에 따라 일할 때 나오는 성과 지표들을 신호등 체계로 관리하면서 변화된 일하는 방식이 현업에 안착하도록 만든다. 이러한 전방위적인 전파 교육과 관리 지표의 운영을 통해 사용자가 새로운 프로세스에 점차 익숙해지도록 만들고, 새로운 업무 원칙이 일상적인 것으로 받아들여지도록 만드는 것이 변화 관리의 목적이다.

이러한 변화 관리가 효과적이려면 설득의 당위성과 명분이 확실해야 한다. 당장의 변화된 프로세스에 적응하는 것이 힘들더라도 사업의 영속성을 위해 필요한 변화이며, 사업적 관점에서 의미 있는 성과로 연결된다는 대원칙이 있어야 한다. 굳이 새로운 시스템을 왜 사용해야 하는지, 예전과 다르게 적용되는 기준과 원칙들은 왜 지켜야 하는지에 대해 납득할 명분이 있어야 한다. 그리고 조직에 영향력이 높은 경영진으로부터 시작하여 부서장, 파트장 등 고 직책자와 고직급자 순서로 이러한 PI 취지와 배경에 대한 마인드 교육을 시행함으로써, PI 안착에 강력한 리더십을 발휘하도록 소통해야 한다. PI의 명분을 납득할 수 없다면, 고통스러운 변화의 시간이 더욱 힘들 수밖에 없고, 강력한 변화 관리가 어려울 수밖에 없다. 당근 없이 채찍만 있다고 느껴지는 프로세스 혁신은 구성원들에게도, 경영진에게도 공감받기 힘들고 실행으로 연결하기는 더더욱 어려울 것이다.

13
PI 이슈에 대해

이슈 접근법

이슈를 찾아내고 분석하는 이유는 원인을 파악해서 해결하기 위해서인데, PI에서 검토하는 문제 해결 방식은 매우 복합적이고 다면적이다. 문제 원인이 어떤 것인지에 따라 프로세스를 없애거나 새로 만들 수도 있고, 회사 내부에 합의된 기준이 없다면 유관 부서들과의 협의를 통해 필요한 업무 기준을 새로 수립할 수도 있다. 또는 사업 전략이나 영업 방향성이 모호하다면 경영진과의 협의를 통해 전략적 의사 결정을 내릴 수도 있고, 일을 수행할 담당 부서가 없다면 회사 내에 관련 기능을 담당할 조직을 만들 수도 있다. 또한 다수의 부서와 담당자들 간에 정보 공유가 실시간으로 이루어지지 않는다면 어떤 방식의 공유 체계를 만들지를 검토하고 구축할 수 있다.

중요한 것은 인터뷰나 설문 등을 통해 이러한 이슈를 발굴하고 검토할 때 IT 관점으로만 답안을 찾아서는 안 된다는 것이다. 사람들은 업무 자동화나 효율화에 익숙해져서 어떤 IT 시스템을 만들면 문제가 해결될지에 습관적으로 초점을 맞추는 경향이 있다. 하지만, PI에서는 문제의 근원이 무엇이고, 이를 제거하기 위한 효과적인 방법이 무엇인지에 대해 IT 이상의 폭넓은 시각과 접근법으로 해결안을 모색할 필요가 있다.

이슈의 진실 찾기 | 말에는 거짓과 진실이 섞여 있다

프로세스상의 이슈를 파악하는 방법에는 인터뷰와 설문, 워크숍 등의 다양한 방법이 있다. 사업적으로 또는 업무적으로 당면한 문제들이 어떤 것인지 찾아내어야 하는데, 대부분은 인터뷰를 통해 얻을 수 있는 정보들이 많다. 설문으로 얻을 수 없는 내용들, 즉 단순한 문장으로 답변하기에는 번거롭거나 귀찮은 내용들을 구두로 확인할 수 있기 때문이다. 인터뷰하다 보면, 회사 내에 누가 중요한 의견을 줄 수 있는 사람인지 알 수도 있고, 생각하지 못했던 이슈와 사례를 듣기도 한다. 하지만, 이러한 개별 인터뷰는 시간이 오래 걸리기 때문에 다수를 대상으로 진행하기는 어렵다. 따라서 이러한 이슈에 대해 객관적이면서도 다채롭게 의견을 줄 수 있는 사람들을 선별할 필요가 있다.

인터뷰 대상은 회사의 실무자부터 시작하여 중간관리자와 리더급으로 직급별 한두 명씩을 선정하고, 또 기능 부서별로도 선정할 필요가 있다. 업무 최전선의 날 것을 알고 있는 실무자들의 이슈와 관리자 입장에서 생각하는 이슈가 어떻게 다른지도 알아야 하기 때문이다. 또한, 고객사를 만나볼 필요도 있다. 회사는 고객을 잘 안다고 자신 있어 하는 편이지만, 제3자의 관점에서는 다른 부분이 보일 수 있다. 게다가 고객을 만나면서 니즈에 대해 들어보는 것뿐만 아니라, PI와 같은 활동을 대외적으로 홍보할 수도 있다. 고객이 만족할 만한 서비스를 위해 노력하는 회사의 모습을 어필할 기회이기 때문이다.

사람들과 인터뷰를 해보면 많은 것들이 비효율적이고, 비합리적이며 불편한데, 왜 이런 문제를 아직도 해결하지 않느냐는 고충 상담과 같은 대화를 많이 하게 된다. 이때 인터뷰를 진행하는 사람은 사람들이 말하는 이슈들에 대해 중립적인 시각을 가질 필요가 있다. 사람은 어느 정도 자기 편향적인 말과 행동을 한다. 본인에게 유리한 점은 크게 부각하고, 불리한 내용은 소소하게 언급하는 것이 일반적이다. 회사의 이익과 발전을 위한 건설적인 의견들을 개진하는 중에도, 이러한 의도가 조금씩이나마 가감되어 전달된다. 화자에 따라 부분을 전체로, 전체를 부분으로 일반화하기도 한다. 따라서 인터뷰 중에는 사람들이 말하는 이슈에 대한 실체를 냉철하게 파악해야 한다. 논의되는 이슈가 다수의 의견인지, 특정 몇몇의 의견인지, 회사 내부의 생각인지, 고객도 그렇게 생각하는지, 프로세스 전체 맥락에서도 중요한 비중을 차지하는 것인지, 특정 프로세스의 예외적인 사례인지, 빈번하게 발생되는 사례인지, 화자가 인정받기 위한 하소연인지 등 개선이 필요한 진짜 이슈가 무엇인지를 신중하게 판단해야 한다.

대부분의 이슈에 대해 근본적인 원인을 파헤치다 보면, 여러 가지 문제가 저변에 깔린 경우를 종종 보게 된다. 회사의 사업 방향이 모호한 것이 문제인 경우도 있다. 부서 간 역할이 명확하지 않은 것이 문제일 수도 있다. 또는 회사에서 일을 처리하는 기준이나 원칙이 불분명해서인 경우도 있다. 기준이나 원칙은 있지만, 현장까지의 전달이 매우 느리거나 현장에서 잘 인식되지 않아서인 경우도 있다. 혹은 업무를 지원하는 시스템이 없어서일 수도 있다. 하지만 이슈를 단순한 인과 관계로 분석하기보다는, 회사의 대원칙과 사업 전략이 어떤 연결성을 가지며, 어떠한 성과로 연결되는 문제인지 바라볼 필요가 있다. 정말 중대한 이슈라면, 이로 인해 사업과 전략의 추진력이 얼마나 영향을 받는 것인지를 판단해야 한다. 그리고 이 문제가 해결되면 이전보다 확연히 나아진 사업적 성과를 달성하게 되는지, 전략의 실행력이 몇 배로 강화되는 것인지 등을 파악해야 한다. 이렇게 사업 관점의 성과에 기여 가능성이 높은 이슈만이 의미 있는 혁신의 성과로 연결될 수 있기 때문이다.

진짜 필요한 것은 무엇인가

지역별로 또는 영업 담당자별로 영업 정보나 정보 접근 채널이 분산되어, 영업 정보를 찾기 위해 매번 유관 부서나 관할 사업장 등에 자료 문의를 하는 경우가 있다. 영업 정보를 위해 관련 지역의 지점이나 담당자들을 통해 정보를 알음알음 요청해야 하기에, 시너지를 낼 수 있는 영업 기회를 놓칠 수 있다는 이슈가 나온 배경이다. 그렇다면 이렇게 개별 관리하던 영업 정보들을 통합 관리하는 정보 공유 시스템을 만들었을 때 영업 조직은 어땠을까. 대다수는 예상했던 것보다 영업 정보를 입력하는 것을 불편해했고, 새로 만들어진 영업 정보 체계를 적극적으로 사용하지 않아서 시스템이 정착되기까지는 시간이 걸렸다. 나의 자산이라고 생각할 수 있는 영업 정보를 회사 차원의 정보 자산으로 관리하는 것이 낯설어 그럴 수 있었다. 이전까지는 영업 정보가 개인의 숨겨진 총알과도 같았고, 목표 달성 상황에 따라 영업 성과를 유연하게 관리하는 방법이기도 했는데, 그런 정보들이 모두 오픈되면서, 그럴 여지가 줄어들었나는 것도 불편한 마음의 한 가지 이유일 수 있었다. 하지만 일하는 방식이 개인보다는 회사 중심으로 변화되는 것에 대한 인식 변화는 점진적으로 있었기에 영업 정보의 통합 관리 및 공유 체계는 시간은 걸렸지만 정착될 수 있었다.

중요한 것은 이러한 모습과는 관계없이 바뀐 정보 공유의 방식이 영업 성과를 높였는지이다. 회사의 모든 사업장에서 발생하는 영업 정보와 영업 담당자가 보유한 영업 정보를 바탕으로 영업 제안이 시너지 있게 진행되는 사례들이 확연히 늘어났는지, 그에 따른 수주 성과는 얼마나 높아졌는지가 중요하기 때문이다. 인터뷰 당시에는 영업 정보 체계가 통합되지 않아서 이러한 시너지 사례들이 거의 없었지만, 영업 정보가 통합적으로 공유되는 환경에서는 기대했던 영업 성과가 나와야 했다. 하지만, 회사의 영업 정보가 한눈에 보이고 관리된다는 점 외에 예상했던 영업 차원의 시너지 효과는 생각보다 미미했다. 무엇이 문제였던 것일까.

응답자들은 인터뷰할 때 깊이 있는 고민보다는 피상적으로 떠오르는 생각을 말하는 편이다. 좋았던 사례보다는 아쉬웠던 사례가 더 많이 기억날 수 있고, 따라서 영업 정보가 분산되어 있으니 영업 정보가 통합되면 더 좋은 성과를 낼 수 있을 거라고 쉽게 말할 수 있다. 그러나, 이렇게 영업 정보 접근에 소모되는 에너지를 줄이는 시스템이 만들어졌을 때 영업 성과가 획기적으로 좋아질 가능성을 현실적으로 검토하지 않는다면, 해당 프로세스와 시스템이 구축된 이후에도 성과는 미미한 과제로 남을 수 있다. 연간 발주 시장의 규모 대비 수주 가능한 계약이 얼마인지, 그중 새로운 프로세스를 통해 영업 시너지가 발생할 수 있는 계약은 어느 정도인지를 파악하는 작업이 필요한 이유이다. 만약 이 수치가 높지 않다면, 영업 정보가 통합되어도 영업 성과가 비약적으로 높아지는 결과보다는 이전에 없던 영업 정보 관리 체계가 구축되었다는 성과로 만족할 수밖에 없을 것이다. 이는 이슈를 영업 정보 공유라는 사안에 국한해 바라보았기 때문에 나온 결과이다. PI에서의 이슈는 영업 정보 이상의 영업 본연의 목적까지도 함께 바라보는 시각이 필요하다.

이렇게 복합적인 정보를 얻기 위해 인터뷰는 팩트를 확인하는 방향으로 진행해야 한다. 실제 시장에서 고객은 우리의 영업력을 어떻게 보고 있는지, 우리의 장점과 약점을 무엇이라고 생각하는지도 알아보아야 한다. 우리가 놓치고 있는 영업 기회는 무엇인지, 타사 대비 영업 경쟁력은 어떤 수준인지를 수치적으로 파악해야 한다. 과거의 수주 승률이나 재계약 비율을 파악해 보고, 경쟁사 대비 실패한 이유가 무엇이었는지 알아야 한다. 수주 실패의 이유가 시너지를 낼 수 있는 정보력이 부족해서인지, 영업 인력이 부족해서인지, 제안하는 서비스 포트폴리오가 부족해서인지, 가격을 맞출 수 없는 사업 구조 때문인지, 아니면 시장이 이미 포화 상태라서 아무리 노력해도 더 이상의 수주 시장은 존재하지 않는 것인지 등을 다각적으로 파악해야 하는 것이다.

만약 정보가 분산되어 영업 시너지를 낼 수 없는 것이 수치적으로도 팩트라면 영업 정보의 통합 관리가 정답이겠지만, 시장이 이미 포화 상태라면 오히려 신규 시장과 신규 서비스를 발굴하는 방향으로 영업 프로세스를 만드는 것이 개선 방향이 될 수 있다. 또는 이렇게 새로운 영업을 위한 서비스와 데이터를 분석하고 개발하는 새로운 조직을 만든다든지, 새로운 신규 서비스의 개발이 속도감 있게 진행되도록 결재 프로세스를 간소화하는 방법도 검토될 수 있다. 또는 경쟁사가 따라올 수 없는 차별화 요인을 만들어내는 것도 영업 성과를 높이는 개선안이 될 수 있다. 예를 들어 동일한 가격과 조건에서 원가 경쟁력을 가져가기 위해 고객사에게 맞춤형 운영 시스템을 제공하는 솔루션 기반 서비스 체계를 만드는 것도 개선안이 될 수 있다. 고객의 서비스 여정 속에서 표출되는 고객 니즈를 데이터로 수집하여 새롭게 소구할 수 있는 신규 서비스를 찾아내는 영업 아이템의 발굴 체계를 만드는 것도 개선안이 될 수 있다.

결국, PI에서 다루는 이슈들은 문제의 본질적인 원인이 해결되었을 때 획기적인 사업 성과로 이어지는가를 기준으로 선별해야 한다. 영업 정보를 공유하고 통합 관리한다는 해결안에 머무르지 않고, 이를 통해 본질적으로 영업의 어떤 이슈를 해결할지를 다루어야 한다. 단순히 영업 관리 방식을 더 편리하게 만드는 목적이라면 굳이 PI에서 다루지 않아도 된다. PI는 영업 성과를 획기적으로 높인다는 대원칙을 달성하면서 회사가 지향하는 사업 방향의 연장선상에서 영업을 전개하는 방법을 모색해야 한다. 그 방법은 새로운 조직 구성이나 신규 시스템 구축, 영업 기준의 재정립, 데이터 체계 구축 등의 다양한 형태일 수 있다.

다만, 영업 본연의 목적인 수주 성과를 월등히 높인다는 상위의 전략 관점을 놓치지 않아야만 성과 기반의 PI 솔루션으로서 인정받을 수 있다.

옛날엔 중요했지만, 지금은 중요하지 않다

PI에서 다루는 이슈들은 유행을 탄다. 붐이 일면 관심이 몰리다가, 다른 이슈가 터지면 기존 이슈는 관심을 잃는다. 처음 PI를 시작하면서 중요하다고 논의된 이슈였지만, 시간이 지나면서 더 긴박한 이슈들이 생겨나고, 본래의 중요했던 과제들이 우선순위에서 밀려난다. 안전, 보안, 법무와 같이 평상시에는 이슈가 없어야 하는 분야들이 그렇다. 사건 사고가 발생하는 시점에는 주목받고, 보통은 그렇지 않은 경우가 많다. 당장의 사건 사고가 워낙 중대하다 보니, 평상시의 관리 이슈에 대한 개선 활동을 할 여유가 없는 편이다. 그러다가 이슈가 터지면 곧바로 탄력을 받아 재원이나 인적 자원도 충당되지만, 또 다른 이슈가 등장한다면 현재의 관심은 또 다른 이슈로 넘어갈 수 있다. 따라서 유행을 타면서도 정량적인 성과가 당장에 드러나지 않는 이슈들은 PI 과제로서 신중하게 다룰 필요가 있다. 예를 들어 법과 제도, 규제에 대한 새로운 정보나, 이를 준수하는 데 필요한 활동이 현장에서 간혹 누락되는 경우가 있다. 면허 갱신이나 신고 사항을 간혹 놓쳐서 과태료 등의 페널티를 받는 것이다. 물론 이러한 상황을 예방하기 위해 관리 부서가 관련 정보들을 이메일이나 사내 게시판을 통해 공유한다. 하지만, 공지할 내용이 워낙 많고, 적시에 공지를 못 할 수도 있다. 현장에서 받게 되는 이메일도 많다 보니, 내용을 주의 깊게 확인하지 못하는 경우들도 생긴다. 또 전달 내용을 취지와 다르게 이해할 수도 있다.

이러한 이슈를 해결하기 위해 최신 법령이나 법규 정보를 시스템으로 적시에 업데이트하고 현장 실무자들이 실시간으로 조회하는 방법이 제안되었다. 거기에 더해 법정 선임과 같이 기한 내에 관리되어야 하는 필수 업무는 사전 알림을 주어서 기한 내 처리되도록 독려하고, 법정 선임 준수 현황이 실시간으로 조회되는 프로세스도 만들어졌다. 사업 수행에 필요한 실정법을 준수하는 것은 직접적인 매출로 연결되지는 않지만, 이슈가 터졌을 때 사업에 리스크가 크므로 중요한 대원칙이기 때문이다. 확실히 이슈 사항들은 상당 부분 해소되었다. 그러나 업데이트된 법령 정보를 공유하는 서비스는 일부 지연되었고, 실제 법령 콘텐츠들이 완비되기까지는 상당한 시간이 걸렸다. 생각보다 법령이 바뀌는 경우가 수시로 발생하지도 않았고, 변경 사항이 발생해도 시행령이나 시행 규칙이 나올 때까지 시간적 여유가 있었다. 이후에도 유예 기간이 있기에 일정이 급박하게 돌아가지 않았기 때문이었다. 관리 부서에서도 대응해야 하는 다른 이슈들이 많다 보니, 새로운 방식이 아닌 기존 방식대로 사내 게시판과 메일로 현장에 법령 정보를 제공해도 큰 이슈가 없었다. 즉, 법령 정보의 실시간 업데이트는 생각보다 시급을 다투는 긴박한 사안은 아니었다. 기존 방식대로 일해도 문제가 없고, 적시에 공유되지 않아도 되는 정보를 당시의 긴박한 분위기 때문에 실시간으로 조회되도록 구현하려 했지만, 관심이 적어지는 시점에서는 추진력이 현저하게 떨어진 것이다. 과거에는 모두가 중요하다고 말했던 과제였지만, 시간이 지나면서 실제로는 그 정도의 긴박함과 중요도를 가진 과제가 아니었기 때문이다. 따라서 갑작스러운 관심으로 부상한 이슈라면 무조건 과제로 추진하기보다는, 회사의 관심이 떨어졌을 때도 여전히 중대하고 긴급한 이슈일지를 확인한 후에 과제화를 결정할 필요가 있다.

14
개선안이 경로 이탈하였습니다

고객은 누구? 성과는 무엇?

PI에서 다루는 해결안은 단순히 문제 원인을 제거하는 것만으로 끝나지 않는다. 원인을 제거한 새로운 업무 방식에는 예상치 못한 많은 변수가 함께 따라오기 때문이다. 마치 무언가를 바로 잡으려고 과거로 회귀하지만, 항상 예상외의 변수들이 또 다른 문제를 만들어, 결국 여러 번 회귀해도 인생 역전에 성공하지 못한다는 영화 이야기들과 비슷하다. 따라서 PI는 무엇을 바꾸고 싶은가를 먼저 명확히 하고, 이러한 변화에 관련되는 주변의 변수들을 가능한 모두 파악하여, 원하는 목표 지점에 제대로 도착하도록 만드는 주도면밀한 설계가 필요하다.

예를 들어, 고객 관리와 고객 만족이라는 이슈는 고객의 소리를 보다 잘 듣고, 불편한 부분을 신속히 처리하는 고객 관리 체계를 만들면 해결된다고 생각한다. 기존의 업무 방식은 고객의 소리를 듣기에는 채널 접근성도 떨어지고, 고객 니즈의 수집이나 불편 처리 속도가 느려, 고객의 니즈 분석이 미흡하다고 생각한다. 이러한 이슈를 파악하기 위해 제일 먼저 명확히 할 부분은 고객이 누구인지를 정의하는 것이다. 일반적인 B2CBusiness To Customer 시장에서는 구매자인 고객에 대한 정의가 명확한 편이지만, B2BBusiness To Business 시장에서는 고객이 하나의 구매자에 국한되어 있지 않다. 서비스에 대해 돈을 내는 주체를 고객이라고 하지만, B2B에서는 돈을 지불하는 주체가 이중, 삼중으로 연결될 수 있다. 건물주가 건물 관리 서비스를 받기 위해 서비스 관리 업체에 돈을 지불하지만, 이 돈은 건물주의 고객인 입주사들이 건물주에게 지불한 관리비가 포함된 임대료이기도 하다. 이러한 B2B2CBusiness To Business To Customer 모델에서는 고객이 누구이고, 각각의 고객이 가지고 있는 니즈는 무엇이며, 이러한 니즈가 사업에는 어떠한 의미가 있고, 어떤 방식으로 이들 모두의 니즈를 만족시킬 수 있는지를 다각적으로 보아야 한다. 개선안을 통해 달성하려는 고객 만족이나, 고객 가치 극대화라는 목적 못지않게 중요한 것은 또다시 사업 관점의 성과이기 때문이다. 고객의 소리를 탐지하고 고객의 니즈와 불편 사항을 관리하는 체계를 만드는 것만으로 PI를 끝내서는 안 된다. PI의 목적은 항상 경영 성과와 연계되어야 의미가 있다. 단순히 일하는 방식의 개선이라는 나무를 보는 것뿐만이 아니라, 사업 전략과 경영 방향에 어떻게 연결되는지를 바라보는 숲의 그림이 함께 있어야 한다. 고객의 반복적인 문의 대응 프로세스는 챗봇 등의 비대면 시스템을 통해 더 신속히 처리되도록 만들면서도 동시에 사업 관점에서는 반복적 업무 대응에 드는 시간과 인건비를 절감시킨다는 사업적 기여를 함께 달성해야 유의미한 목표 지점에 도달하는 것이다.

예를 들어, 건물주나 입주사는 쾌적하고 청결하며 편리한 입주 환경에 대한 보편적인 니즈를 가지고 있다. 이러한 고객 니즈를 만족시키기 위해서는 이를 저해하는 요인들을 신속히 찾아내어 처리하는 고객 대응 체계를 마련하는 것이 일반적인 개선 방향이라고 할 수 있다. 고객의 의견을 듣는 만족도 설문과 현장 방문, 콜센터 운영 등 고객과의 소통 채널을 다변화하는 것이 방법으로 검토될 수 있다. 반복적인 불편 상담 건은 자동으로 탐지되어 실무자들에게 공유되고, 같은 문제가 반복되지 않는 방안을 마련하고 실행 여부까지 관리하는 개선된 프로세스를 구축하는 것이다. 하지만, 이러한 접근이 고객 만족이라는 문제를 더욱 광의적으로 해결하는 것인지는 좀 더 고민해 볼 필요가 있다.

고객 관리 프로세스에서 중요하게 생각하는 것이 고객의 소리VOC, Voice of Customer[7]이다. 고객과의 접점에서 수집되는 VOC 데이터는 고객층을 분석하고 초세분화Micro-segmentation하면서 영역별 고객 니즈를 파악하기 위한 기초 데이터이다. 하지만, 이렇게 세분화된 고객 니즈라는 데이터의 정체에 대해 알아볼 필요가 있다. 단순히 VOC가 고객 데이터라고 생각해서, 고객 센터나 챗봇을 통해 문의하는 정보와 불편 사항에 대해 개선 요청을 하는 정보들이 고객 데이터일까. 이러한 데이터가 고객의 모든 니즈를 담고 있을까. 기존 서비스의 관점에서는 VOC가 고장 수리 요청 등

7 기업이 고객 요구를 이해하고 고객 경험을 향상하기 위해 참고하는 것으로, 제품 및 서비스에 대해 명시적 또는 암묵적으로 표출되는 고객의 의견.

지금 당장의 불편 사항 해결에 필요한 데이터라고 볼 수 있다. 하지만, 고객은 자신의 니즈를 VOC로 표출시키는 과정에서 많은 필터링을 한다. 그리고 고객의 서비스 여정을 더 폭넓게 이해하기 위해서는 이렇게 필터링이 된 니즈나 감추어진 니즈까지도 이해해야 하는데, VOC는 기존 서비스라는 틀 안에서의 니즈만을 담고 있다는 한계가 있다. 물론, 기존 서비스의 틀 안에서 고객 관리 프로세스를 고도화하는 것은 고객 만족도와 리텐션Retention[8]을 높이고 고객을 잡아두는Lock-in[9] 데 유용한 방법이라고 볼 수 있다. 하지만, 고객 만족을 통해 사업 성장까지도 원하는 경영진에게는 다소 미흡한 결과물이라고 느껴질 수 있다.

새로운 시장, 새로운 서비스를 찾아내는 데 필요한 고객 니즈는 고객이 체험해 보지 못한 미지의 영역이기에, 막연한 바람만 있을 뿐 구체적인 VOC로 접수되지 않는다. 대다수 고객은 본인이 사용 중인 서비스에 대한 만족도와 기능 개선에 대한 언급을 VOC로 남기지만, 큰 범주에서 신규 서비스에 대해서는 생각할 이유가 없고, 말할 필요를 느끼지도 못한다. 따라서 고객의 소리를 통해 신규 서비스를 발굴하고, 사업 성장 아이템을 찾고자 하는 경영진에게는 고객 관리 체계를 통해 수집되는 데이터가 고객의 숨은 니즈와 관련된 통찰력을 얻기에는 부족하다고 생각할 수 있다. 생각해 보면, 고객을 만족시키려는 이유는 우리의 서

8 기업의 제품이나 서비스를 지속적으로 사용하는 고객의 비율로 재계약율, 재구독율 등의 지표로 측정되며, 리텐션이 높을수록 충성도가 높은 고객이 많다고 볼 수 있다.

9 락인 효과Lock-in effect는 특정 회사의 제품이나 서비스를 한 번 이용하면 다른 회사의 제품이나 서비스로의 전환 비용으로 인해 기존의 것을 계속 이용하게 되는 현상을 말한다.

비스를 지속적으로 이용하게 만들려는 고객 유지의 목적도 있지만, 고객이 미처 표출하지 않은, 혹은 고객 자신도 모르는 숨은 니즈까지도 파악하여 더 근원적인 고객 만족을 실현하려는 목적도 있다. 따라서 고객이 현재 서비스에 국한되지 않고 폭넓은 의견 표출을 할 수 있는 서비스 경험의 장이 필요할 수 있다. 실험적인 서비스를 거부감 없이 사용해 보는 채널이나 창구를 만들어서 이곳에서 오가는 고객의 소리를 통해 신규 서비스에 필요한 인사이트를 얻는 것이다. 그리고 이러한 기능을 수행하려면 전담 조직이 필요할 것이다. 따라서 PI에서는 속도감 있게 체험용 서비스의 모델과 개념 검증을 위한 PoC Proof of Concept 시스템을 개발하고 테스트하는 신규 조직을 고객 관리 개선안의 하나로 제안할 수 있다. 고객의 명시적 니즈뿐만이 아니라 숨겨진 니즈까지도 파악함으로써, 신규 서비스 발굴 체계를 만들고 신규 매출원을 찾아내는 조직을 운영하도록 만드는 것이다. 고객 관리를 단순한 현상 개선의 목적뿐만이 아닌, 사업적 기여가 가능한 고객 관리 체계로 개선하는 것이 PI에서 제안할 수 있는 개선 모델이기 때문이다.

따라서 고객 만족을 위한 고객 관리 프로세스를 혁신하고자 한다면, 목적이 현재의 서비스 수준 개선인지, 신규 서비스 발굴인지를 명확히 할 필요가 있다. 단순히 실무자와 유관 부서만의 생각 외에도 경영진 관점의 고객 관리에 관한 생각을 들어보아야 하는 이유이다. 회사에 필요한 고객의 소리가 어떤 목적을 위한 데이터인지에 따라 프로세스 혁신의 방향이나 범위는 달라진다. 목적이 모호한 상태로 보편적인 고객 관리 체계의 고도화를 구현했을 경우, 경영진 관점에서는 매번 비슷한 내용의 VOC 데이터가 무엇을 위한 것인지에 대해 의문을 가질 수 있다. 피상적인 고객의 소리뿐만이 아니라 숨겨진 고객의 니즈까지도 큰 범주의 고객 관리 데이터로 함께 생각해야 하는 이유이다. 그렇지 않은 고객 관리 프로세스의 개선은 고객 대응 체계와 관련된 협의의 문제들을 해결할 수는 있어도, 사업 관점에서의 보다 거시적인 기대치에는 못 미치는 것으로 평가될 수 있다.

15

쉬운 개선안과 힘든 개선안

보고서를 시스템으로?

정기적인 경영 회의용 재무 성과 보고서는 여러 부서의 담당자들을 통해 엑셀로 작성/수정/취합/요약하는 과정을 반복하면서 만들어진다. 이러한 작업을 효율화하기 위해 재무 보고서 내용과 동일하게 조회되는 시스템을 만들고, 별도의 문서 작업 없이 시스템으로 회의를 진행하자는 개선 의견이 있었다. 얼핏 생각하면 효율적일 수도 있지만, 각론으로 들어가 보면 현장에 무리 없이 정착될 것인지가 고민되는 과제이다. 시스템으로 조회되는 내용은 애초에 설계된 양식으로만 표출되기 때문에 보고서와 같이 의사 결정에 필요한 추가 정보를 입맛대로 준비할 수 없다. 게다가, 재무 성과와 관련된 다양한 정보들이 표와 그래프, 차트, 도형 등의 형태로 파워포인트나 엑셀에서 다양하게 작성되었던 것에 반해, 시스템은 제한적일 수 있다.

비슷한 예로, 매주 모든 부서에서 작성되어 경영진에게 전달되는 주간 업무 보고 자료가 있다. 매주 모든 직원이 주간 단위 업무 성과와 차주 계획을 파워포인트 양식에 작성하면, 부서별 취합 담당자는 부서 단위의 중요 사항을 발췌하여 정리한 후 부서장 확인을 거쳐 취합 부서에 전달한다. 그리고 취합 부서에서는 여러 부서의 주간 업무를 합본 버전으로 만들어 경영진에게 전달한다. 몇십 명 안팎의 직원이라면 모르겠지만 몇백 명, 몇천 명 수준으로 직원 수가 많거나 부서가 많다 보면, 취합/수정/요약에 들어가는 품도 많아진다. 그리고 이러한 취합에 걸리는 시간이 의미 있을 정도로 주간 업무 보고의 내용이 중요한 것인지도 의문이 들 수 있다. 모든 부서의 업무 현황을 파악하기 어려운 상위 부서와 경영진에게는 중요한 정보일 수 있지만, 이렇게 취합된 수십 장의 보고서가 의미 있게 활용되지 않는다면 전사적인 시간 낭비라고 생각할 수도 있다. 그래서 기존의 업무 방식을 시스템으로 옮기는 개선안에 대한 의견이 있었다. 각자가 주간 업무 내용을 입력하면, 수정/취합의 과정 없이 궁금한 사람은 언제라도 조회할 수 있도록 시스템을 만드는 것이다. 다만, 이러한 업무 카피Copy형 시스템은 잠시 사용하다가 과거 방식으로 다시 회귀할 가능성이 높은 유형인 것이 문제이다. 여러 이유가 있지만, 첫 번째는 기존 방식이 익숙하면서도 편해서이고, 두 번째는 업무 방식의 변경에 따른 이점이 크게 체감되지 않고, 세 번째는 내 부서의 정보를 굳이 드러내고 싶지 않아서이다.

물론 경영 회의를 위한 엑셀 기반의 재무 보고 자료를 시스템에 유사하게 옮겨놓거나, 파워포인트 기반의 주간 업무 자료를 시스템으로 옮겨놓을 수는 있다. 그리고 초반에는 이렇게 만들어진 시스템을 사용해 보려는 노력도 한다. 하지만 정형화된 시스템 화면으로 회의하는 중에도 추가 자료들은 매번 파워포인트로 따로 띄워야 하니 불편하다. 자료를 준비하는 담당자로서는 시스템에도 정보를 등록하고, 첨부 자료는 파워포인트나 엑셀로 별도로 준비해야 하니 이중 작업이다. 또한 시스템에서 조회되는 내용을 바탕으로 의사 결정을 하는 것이라면 굳이 모여서 회의할 필요도 없다. 시스템에 보이는 재무 보고 자료를 바탕으로 의견을 등록하고, 온라인 회람이나 결재 방식을 통해 의사 결정을 해도 된다.

하지만, 주간 업무 시스템은 사용자에 따라 호불호가 다소 갈린다. 주간 업무를 작성하는 실무자들로서는 시스템이 확실히 효율적이다. 각자 본인의 금주 업무 성과와 차주 업무 계획을 입력하고, 이슈 사항만 체크하면 된다. 이후 확인된 내용이 이슈로 보고할 사안인지를 부서장이나 취합 담당자가 확인하고, 상위 부서로 전송하면 끝난다. 별도의 취합 담당자가 필요하지 않고, 혹시 수정 사항이 있으면 취합 담당자에게 수정본을 전달하지 않고 직접 시스템에서 수정하면 된다. 부연 설명이 필요한 정보는 엑셀이나 파워포인트를 별첨으로 첨부할 수도 있다. 하지만 부서장은 기존 방식이 더 익숙하고 편할 수 있다. 정리된 보고서를 한번 훑어보면 되는 일을 직접 시스템에서 확인해야 하니 낯설고 불편할 수 있다. 그리고 부서장이 이렇게 기존 방식을 선호한다면 구성원은 시스템에도 주간 업무를 등록하고, 동일한 내용을 보고서로도 작성하는 이중 작업을 해야 할 수 있다. 게다가, 부서에 따라 업무 내용을 타 부서가 조회하는 것을 꺼릴 수도 있다. 부서 간의 소통이나 시너지를 위한 정보 공유도 좋지만, 보안을 목적으로 공유 범위를 최소화하고 싶어 할 수 있기 때문이다. 이런 이유로 인해 업무 카피형 프로세스, 특히 보고서와 똑같은 화면을 시스템으로 구현하는 것은 다소 억지스러운 면이 있고, 제대로 정착하지 못하고 기존 방식으로 돌아가는 경우가 많다.

이렇게 프로세스를 바꾸었는데도 원래 방식으로 돌아가는 모습은 기존 방식대로 일하든지, 변경된 방식으로 일하든지, 업무의 효율성이나 사업에 큰 영향이 없을 때 나타나는 모습이다. 초반에 경영진의 강력한 주도하에 주간 업무 시스템이 추진되어도, 낯선 시스템 사용을 꺼리는 상황이라면, 언제라도 변화의 불씨는 꺼질 수 있다. 익숙하지 않은 시스템을 굳이 사용해야 할 정도의 의미 있는 효율화인가를 계속 질문하는 이유이다. 취합자 몇몇이 주 1회 작업하는 시간을 줄이려고 부서장들이 굳이 낯선 방식에 적응해야 할까를 생각하게 되는 것이다. 이러한 성과 외에도 솔루션 역시 보다 다면적으로 생각할 필요가 있다. 자료 취합의 효율화라는 협의의 시각에서 벗어나서 보고 자체의 효율화라는 관점에서도 검토해 볼 수 있다. 의사 결정과 관련된 보고 프로세스 전반의 관련자들이 어떤 방식으로 일하고 있는지, 보고 자료에는 어떤 데이터가 담기는지, 그리고 어떤 부분들이 보고의 병목 지점인지, 보고와 회의는 어떤 목적을 위해 어떻게 진행되고 있는지에 대한 행동을 관찰하는 것이다. 어쩌면 보고서를 작성할 때 취합과 요약에 들어가는 시간보다는, 보고 방향에 맞추어진 자료를 준비하는 것이 더 힘든 일일 수 있다. 예를 들어, 연간 매출 자료를 부서별로만 매번 준비했는데 이번에는 서비스 유형별로 준비해야 한다면, 해당 기준으로 자료를 재분류하여 부서별로 작성을 요청해야 한다. 이럴 때는 원시 데이터Raw Data에 손쉽게 접근할 수 있는 데이터 웨어하우스DW, Data Warehouse[10], 비즈니스 인텔

10 기업의 의사 결정에 필요한 정보를 효과적으로 제공하기 위해 회사 내의 다양한 시스템에

리전스BI, Business Intelligence[11] 등의 시스템을 구축하는 것이 더 유용할 수 있다. DW나 BI 시스템에서는 모아놓은 데이터에 대해 다양한 기준으로 데이터 조회가 가능하기에 목적에 맞게 자료 확보와 가공이 쉽기 때문이다. 보고의 방향에 따라 입맛에 맞추어진 자료가 손쉽게 준비되는 것이다.

따라서 PI는 문제의 본질을 협의적으로만 살피지 않고, 광의의 프로세스 관점에서 분석할 필요가 있다. 관행과 저항을 극복할 수 있는 성과와 명분도 준비해야 한다. 더 나아가, 기존 방식으로 돌아갈 수 없도록 대안을 없애는 등 개선안의 확실한 정착을 유도할 만반의 준비가 필요하다. 단순히 누군가의 의지만으로 추진되는 과제들은 그 의지가 사라졌을 때 유명무실해진다. 유행으로 시작해서 유행으로 끝날 가능성이 크다면 과제화에 대해 심사숙고할 필요가 있다. 특히 언제라도 돌아갈 수 있는 개선안, 즉 기존 업무를 시스템으로 옮기는 방식의 개선 과제는 더욱 그렇다.

100% 무결점 지표?

PI를 하면 이전에 눈에 보이지 않았던 다양한 업무 정보들이 시스템에 입력되고, 업무 분야별 추진 현황이 숨김없이 보인다. 회사에서 중요하게 생각하는 관리 지표들이 100% 대비 부서별 달

분산된 데이터를 주제별로 분류, 수집, 저장, 통합, 분석, 추출이 가능하도록 만든 데이터베이스.

11 기업의 전략적인 의사 결정을 위해 필요한 사업 전반의 광범위한 데이터를 실시간으로 분석하고 시각화된 레포트로 제공하여 사업 운영에 필요한 정보를 제공하는 시스템.

성률로 한눈에 나타나는 것이다. 따라서 지표를 나타내는 숫자나 이에 따른 신호등(빨강-경고, 노랑-주의, 녹색-양호 등 현재 상태의 직관적 표시) 체계는 PI 초반에 경영진과 부서장들이 가장 관심을 가지는 화면이다. 어떤 부서의 성과가 높은지, 반대로 어떤 부서에 이슈가 많은지가 파악되기 때문이다. 그래서 한동안은 경영진과 부서장, 직원들 모두가 지표상의 수치로 인해 분주하다. 특히 지푯값이 하위권인 부서들은 안팎의 독려와 더불어 지표를 개선하기 위한 노력에 여념이 없다.

PI에서 운영되는 지표는 숫자와 순위로 표기된다. 순위가 보일 때 관리 방법은 간단하다. 상위 20%와 하위 20%를 집중 관리하면 된다. 그리고 하위 20%의 부진한 성과에 대한 원인을 해결하다 보면, 얼마 지나지 않아 성과는 상위권과 비슷해진다. 또한, 상위 20%에 해당하는 부서의 업무 노하우를 전사에 공유함으로써, 조직 전체적으로 상향 평준화된 지표 결과도 얻을 수 있다. 그래서 순위 정보는 모든 조직에게 항상 부담스럽지만, 조직 운영에 효과적인 도구이다. 과거의 일하는 방식에서는 안 보였던 미흡한 부분들이 적나라하게 드러나기에 그렇다. 예전에는 각 현장마다의 특별한 상황과 특수한 업무 여건을 이유로 지표 관리를 하더라도 예외가 인정되는 경우가 많았다. 하지만, PI는 예외적 상황에 대한 기준마저도 표준화시킴으로써 모든 사람이 동일한 업무 기준의 틀 안에서 일하도록 만든다. 프로세스 혁신의 취지는 모든 사람이 똑같은 기준과 업무 방식으로 일하도록 만들어, 모든 구성원이 동일한 목표 성과를 달성하도록 만드는 것이기 때문이다.

그리고 이렇게 운영되는 지표들은 사이클이 있다. 2~3주 이내에 모든 지푯값은 100%에 근접하게 된다. 경영진과 모든 부서의 리더들이 지표 관리를 하는데 하위권 지표가 그대로 있을 리가 없다. 이것이 가시화된 지표의 효과이고, 표준화된 프로세스를 만드는 목적이기도 하다. 하지만, 이렇게 숫자들이 더 이상의 변화 없이 100%를 달성하게 되면, 지표에 대한 관심은 떨어지게 된다. 매번 100% 달성을 보여주는 지표들에 대해 굳이 갑론을박할 일이 없기 때문이다. 따라서 100% 달성이 당연하게 여겨지는 시점, 즉 지표에 대한 관심이 줄어드는 사이클이 왔을 때, 회사의 상황에 따라 달라지는 우선순위의 인/아웃In/Out을 관리 지표에 반영해 주어야 한다. 필요에 따라 지표를 신규로 추가하고 안정화된 지표는 빼내면서, 살아 있는 지표 체계를 운영해야 주요 경

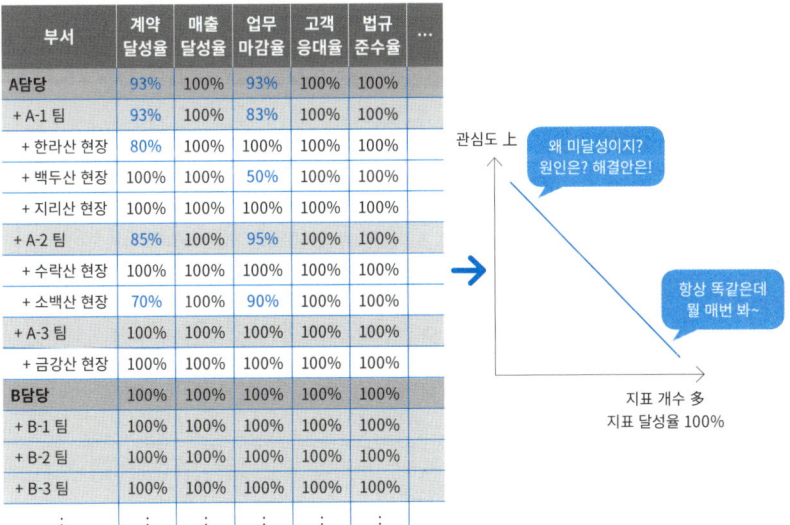

부서	계약 달성율	매출 달성율	업무 마감율	고객 응대율	법규 준수율	…
A담당	93%	100%	93%	100%	100%	
+ A-1 팀	93%	100%	83%	100%	100%	
+ 한라산 현장	80%	100%	100%	100%	100%	
+ 백두산 현장	100%	100%	50%	100%	100%	
+ 지리산 현장	100%	100%	100%	100%	100%	
+ A-2 팀	85%	100%	95%	100%	100%	
+ 수락산 현장	100%	100%	100%	100%	100%	
+ 소백산 현장	70%	100%	90%	100%	100%	
+ A-3 팀	100%	100%	100%	100%	100%	
+ 금강산 현장	100%	100%	100%	100%	100%	
B담당	100%	100%	100%	100%	100%	
+ B-1 팀	100%	100%	100%	100%	100%	
+ B-2 팀	100%	100%	100%	100%	100%	
+ B-3 팀	100%	100%	100%	100%	100%	
⋮	⋮	⋮	⋮	⋮	⋮	

관심도 上
왜 미달성이지? 원인은? 해결안은!
항상 똑같은데 뭘 매번 봐~
지표 개수 多
지표 달성율 100%

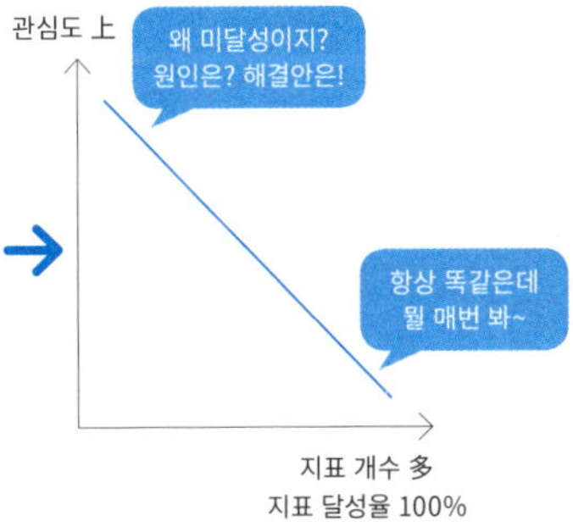

그림-14 지표 관리와 상향 평준화

영 활동의 이행 관리 수단으로써 제 역할을 할 수 있기 때문이다.

정해진 답을 맹신하지 말자

PI를 하다 보면 항상 고민할 시간이 부족하고 시간에 쫓긴다. 그런 상황에서 이미 답이 정해진 이슈들이 있다면, 별도의 고민 없이 편한 결정을 하고 싶다는 유혹이 생긴다. 예를 들어, 고객은 일정 기간 서비스 사용 계약을 맺으면 서비스 관리 시스템도 함께 사용하게 된다. 문제는 계약 기간이 종료된 이후에도 고객이 영구적으로 서비스 관리 시스템을 소유하기를 원하는 경우가 있다. 그뿐만 아니라 계약 종료 이후에도 관련 시스템에 대한 장애 처리나 업데이트 등의 시스템 유지 보수까지 제공되기를 원한다. 고객으로서는 서비스 계약 업체가 변경되어도 기존의 동일한 관리 시스템으로 연속성 있게 관리하는 것이 이력 관리나 이슈 관리에 효과적이라고 생각하기 때문이다. 물론 일반적인 서비스 모델의 경우, 계약 수행사의 시스템은 계약 기간 내에만 사용할 수 있고, 수행사가 변경되면 새로운 계약사의 시스템을 이용하는 것이 일반적이다. 그러나 간혹 고객이 계약 종료 후에도 시스템을 이용하고자 시스템 영구 사용이 계약 수주에 중요한 요건이 되는 경우가 있다.

이런 이슈들은 회사가 사업 모델을 어떻게 가져갈 것인가와 관련되어 있다. 이러한 고객의 니즈를 만족시키려면, 회사의 노하우가 반영된 관리 시스템을 고객에게 영구적으로 판매할 것인가에 대한 의사 결정이 필요하다. 또한, 계약 종료 후에도 시스템 유지 보수를 꾸준히 제공하기 위한 운영비에 대한 손익 판단도 필요하다. 이러한 고민은 IT 서비스 모델과 솔루션 모델 간의 장단점을 기준으로 업종 대부분에서 항상 논의되는 주제이기에, 결론이 어느 정도 내려져 있는 사안이다. 대부분은 당장의 영업 수주에는 도움이 되겠지만, 지속적으로 발생하는 운영비와 관리 노하우의 외부 노출을 고려할 때, 솔루션 판매 모델보다는 서비스형 모델에 집중하는 것으로 결론이 나고는 한다.

하지만, PI 이후에도 대형 수주 건을 영업할 때마다 관리 시스템의 영구적 사용이 요구 조건인 경우가 종종 있었고, 그때마다 솔루션 판매 모델을 선택하지 않았던 것이 옳았던 판단일까라는 의문이 제기되었다. 오히려 고객에게 영구적인 판매가 가능한 솔루션 모델을 준비하는 것이 유용했을 것이라는 의견도 종종 나왔다. 물론 시스템의 운영과 유지 보수 비용, 그리고 노하우의 보안이라는 몇 가지 이슈들이 있었지만, 과연 그것들이 수주한 후의 이해득실을 따졌을 때 중요한 것인지에 대한 많은 논의가 필요했다. 오히려 고객 맞춤형 서비스 모델을 주력 모델로 삼아 IT 솔루션의 강점을 가진 영구 판매형 서비스 모델을 전면에 내세울 수도 있었다. 클라우드 환경이 일반화된 최근 상황을 보면 서비스형 소프트웨어SaaS, Software as a Service 모델 기반의 관리 시스템으로 운영비를 최소화하는 방법도 여러 대안 중의 하나일 것이다. 다만, 이렇게 깊이 있는 사업 모델을 고민하기에는 정해진 PI 일정이 촉박했고, 범위가 너무 커진다고 생각한 탓에 정해진 답을 놓고, 다른 답은 볼 필요가 없는 손쉬운 의사 결정을 했을 수 있다.

PI를 하다 보면 이렇게 정해진 시간 내에 해결이 어려운 사안들이 있기 마련이다. 특히 사업 방향이나 사업 모델에 대한 의사 결정들은 다양한 시장 환경과 경쟁 환경, 당사 역량, 차별화 등을 중심으로 사업 타당성을 검토해야만 결론을 내릴 수 있다. 그러나 시간에 쫓겨서 쉬운 의사 결정을 하게 되면, PI 이후에도 처리되지 못한 문제들을 계속 대면해야 하는 상황이 생긴다. 물론 PI도 프로젝트이기에, 일정을 무시하고 마라톤을 달리는 방식으로 계속 검토만 할 수는 없다. 하지만 소화할 수 있는 일정 내에서 최대한 제대로 된 해결안 검토를 해야만, 문제가 근본적으로 해결될 수 있다. 일정이 촉박하다면, 사업 모델과 타당성 검토의 시간이 많이 필요한 이슈들은 별도로 과제를 분리하여 독립된 프로젝트 팀TFT으로 만들어 별개의 일정표로 관리하는 것도 방법이다. 어떤 방식이든 깊이 있는 검토와 제대로 된 개선안을 만들어 내야만, PI 이후에도 비슷한 상황을 만났을 때 당당한 명분을 가지고 설득할 수 있다.

누군가는 입력해야 한다 | Data와 UXUser eXperience

'GIGOGarbage-in, Garbage-out'라는 말이 있다. 쓰레기가 들어가면, 쓰레기가 나온다는 뜻이다. 방대한 업무 정보들이 복합적으로 연계된 PI 시스템을 설계하면서 우리는 마지막에 어떤 데이터를 어떤 모습으로 보여줄까를 고민하는 데 집중한다. 하지만 중요한 점은, 데이터는 입력에서부터 시작된다는 것이다. 시스템에 담기는 데이터는 무無에서 유有로 생성되는 것이 아니다. 누군가가 데이터를 입력해야만 보여줄 수 있다. 또한, 정제되지 않은 텍스트나 이미지들은 시스템이 이해할 수 없다. 물론, 최근의 챗GPT 언어 모델은 이런 이슈를 해결해 버렸다. 하지만 기반이 되는 AI 기술 역시 데이터 레이블링(라벨링)이라는 방대한 양의 데이터 구축 작업을 수행한 사람들이 뒤에 있었다. 데이터 라벨러들이 수많은 정보를 시스템이 이해할 수 있는 언어로 하나하나 이름을 붙여 주었기에 AI가 지금과 같은 정보들을 쏟아낼 수 있는 것이다.

프로세스 혁신도 표준화된 절차에 따라 동일한 방식으로 업무를 수행하는 과정에서 필요한 정보들이 입력되어야 작동된다. 기존에는 구두 보고나, 서면으로 작성했던 정보들이지만, 이제는 시스템에 입력되어야 시스템이 기능할 수 있다. 그러나 이러한 입력 활동이 업무의 본질을 저해할 정도로 인위적이거나 과중해서는 안 된다. 입력량이 과할 경우, 본연의 업무를 방해할 수 있기 때문이다. 데이터를 입력하느라고 실제 일을 못 하겠다는 불만도 종종 생긴다. 그래서 적절한 IT 기술의 뒷받침이 필요하다. 일하는 과정에서 꼭 필요한 데이터 입력 방식을 혁신시킬 유효한 솔루션이 있다면, 업무 방식의 변화에 대한 현업의 수용도도 높을 것이다.

예를 들어, 전기나 가스를 많이 사용하는 건물 설비들의 운영 비용을 절감하는 것은 많은 건물주의 기본적인 바람이다. 쾌적한 상태로 건물의 온습도를 맞추면서도 에너지 사용량은 최소화하여 에너지 비용을 낮추는 최적화된 설비 운용 방법도 비슷한 맥락에서의 니즈이다. 이를 위해서는 에너지 사용량을 분석하고, 계절과 건물의 특성에 따라 효율적인 운용 방식을 도출해야 한다. 예를 들어, 여름이나 겨울을 제외하고 외부 온도가 내부 온도

보다 쾌적한 날씨에는 가능한 외기 도입을 통해 실내 온도를 조절하고 공조기 사용을 최소화할 수 있다. 그러나 이렇게 에너지를 사용하는 각종 설비에 대한 진단이나 분석은 전기/기계/가스/소방/관제 관련 분야의 전문가가 관여해야 하고, 대부분의 현장에는 이를 수행할 전문가가 별로 없다. 본사의 전문가 방문이 필요하지만, 본사도 인력이 항상 여유롭지는 않다. 따라서 각 현장의 설비나 시설 정보를 바탕으로 자동화된 진단과 분석이 이루어지고, 에너지 관리 운영 개선에 대한 결과 보고서까지 자동 생성시켜 주는 개선안을 마련하게 되었다. 물론 전문가의 현장 방문을 통한 육안 점검이나 분야별 진단이 필요한 내용이지만, 쉽게 습득할 수 있는 시설 정보들을 바탕으로 약식의 자동 진단은 가능하다는 의견들이 모아졌다. 그리고 건물에서 에너지를 사용하는 장비의 연식과 종류, 월간 에너지 사용량 등을 바탕으로 에너지 간이 진단 보고서를 자동 생성하는 기능이 구현되었다.

기대했던 성과는 이 기능을 통해 엔지니어의 현장 방문 요청이나 방문 빈도가 줄어드는 것이었다. 간이 보고서가 만들어지면, 많은 현장이 전문가의 방문 없이 에너지 절감에 대한 개선안을 자동 생성할 수 있고, 운영 개선 보고서대로 실행하면 되기 때문이었다. 하지만, 예상했던 것처럼 에너지 간이 진단과 개선 보고서의 자동 생성 기능은 현장에서 많이 사용되지 않았다. 여러 이유가 있지만, 설비에 관한 기초 정보를 입력하는 작업이 과중했기 때문이었다. 사업장에 있는 에너지 사용 설비들에 대한 기초 정보는 보통 수십 개에서 수백 개가 넘는 경우가 많았다. 일주일 정도의 입력 시간이 소요되는 작업이었지만, 도면이나 장비 일람표 등 문서상의 데이터를 시스템으로 옮기는 작업은 생각보다 입력량이 많았고, 사람이 직접 입력하다 보니 오입력되는 경우도 생겼다. 현장에서는 일주일을 순수하게 정보만 입력할 수 있는 인적 자원이 없는 경우도 많았다. 결국 기초 정보 입력량이 방대하고, 현장의 인력도 부족한 상황에서 자동 생성되는 에너지 간이 보고서의 활용은 먼 이야기였다. 간이 보고서가 만들어져도 상세한 내용은 다시 전문가에게 문의해야 했기에 이전과 별반 달라진 부분이 없다고 여겨졌다. 결국 데이터 입력에서부터 최종 활용까지의 부자연스러운 업무 흐름은 개선 의도와는 다른 결과를 낳는 모습이 되었다.

다른 예를 들면, 안전 관리 프로세스의 경우에는 공사가 진행될 때 사고가 발생하지 않도록 관리 감독하는 것이 중요하다. 일반적으로 현장별 감독자 개인의 전문성을 바탕으로 안전 규정을 준수하며 작업하는지를 육안으로 확인하고, 감독 결과와 이슈 사항을 서면으로 기록하게 된다. 개인의 경험치를 기반으로 안전 관리 활동이 진행되다 보니, 개인의 전문성이나 경험치에 따라 관리 활동의 편차도 크다. 그래서 전문가의 눈높이에서 중요한 안전 관리 감독 항목들을 선별하고 누구나 동일한 안전 관리 활동을 수행하는 것이 중요하다. 문제는 확인해야 할 관리 항목이 너무 많다 보니, 스마트폰 화면에서도 여러 번을 스크롤하면서 보이는 항목들을 모두 체크해야만 완료된다는 점이다. 경험 많은 전문가의 경우에는 이미 알고 있는 내용인데도 스마트폰으로 일일이 체크해야만 완료되기에, 안전 관리 본연의 업무에 부담이라는 생각도 들었다. 또 이러한 사정을 모르는 외부인이나 고객들은

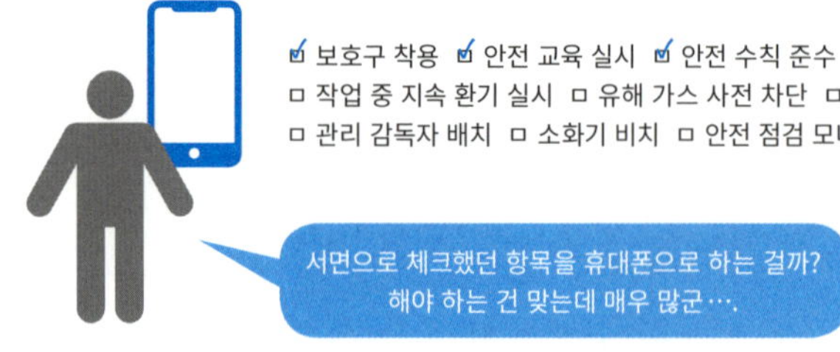

그림-15 부자연스러운 업무 흐름 | 업무의 시스템 복사

업무 시간 중에 스마트폰만 만지작거리는 것으로 오해하는 경우도 있었다. 앞서 안전 관리 항목을 선별하고, 데이터 입력 방식을 구현하면서 전문가용과 비전문가용 콘텐츠의 차별화된 설계, 그리고 사용자 편의 중심의 모바일 사용자 경험UX, User eXperience이 일부 미흡해서 나타나는 모습이었다. 물론 안전 관리에 빠져서는 안 되는 필수 안전 활동들의 내용을 줄일 수는 없다. 하지만 너무 많은 관리 항목을 시스템에 입력하다 보면, 오히려 형식적인 입력이 이루어질 수도 있다. 업무 따로, 입력 따로의 방식으로 일할 수 있기 때문이다. 그리고 이렇게 형식적으로 입력된 업무 데이터라면, 안전 관리의 위기 징후를 사전에 감지하고 예방하는 데 신뢰도가 낮을 수 있다.

따라서 오프라인에서 수행하던 업무 방식을 스마트폰에 똑같이 옮겨놓는 프로세스 개선은 답이 아니다. 일을 하는 과정에서 자연스럽게 데이터가 기록되는 방식을 고민해야 한다. 본연의 안전 업무를 수행하기만 해도 주변에 설치된 지능형 CCTV를 통해 마스크나 안전모 착용 등의 안전 관리 활동이 자동으로 체크된다든지, 모터로 구동되는 설비의 음파를 통해 이상 여부가 자동으로 진단되는 진동 측정기를 설치한다든지, 시설물의 계기판을 카메라로 촬영하면 계기판의 문자와 숫자를 자동으로 인식하여 시스템에 자동으로 기록된다든지 등의 방식들을 검토하는 것이다. 또한, 최근의 스마트폰은 음성 입력이 키보드의 기본 기능으로 반영되어 있다. 음성 인식 기능인 STTSpeech To Text 기능을 적극 활용할 수도 있다. 인위적인 기록 활동이 최소화된 자연스러운 업무 방식이어야만 현장도 변화된 프로세스를 편하게 따라갈 수 있다.

특히나 알파고에 이어 챗GPT가 시장에 소개되면서, AI 기술이 모든 분야에 기하급수적인 진화를 가속화시키고 있다. 과거에 비해 AI 자원이나 컴퓨팅 자원을 비용 효과적으로 사용할 수 있는 환경도 마련되었다. 중장비형 설비들도 컴퓨팅이나 네트워킹이 가능한 모델로 출시되면서 스마트하게 변화하고 있다. 과거와

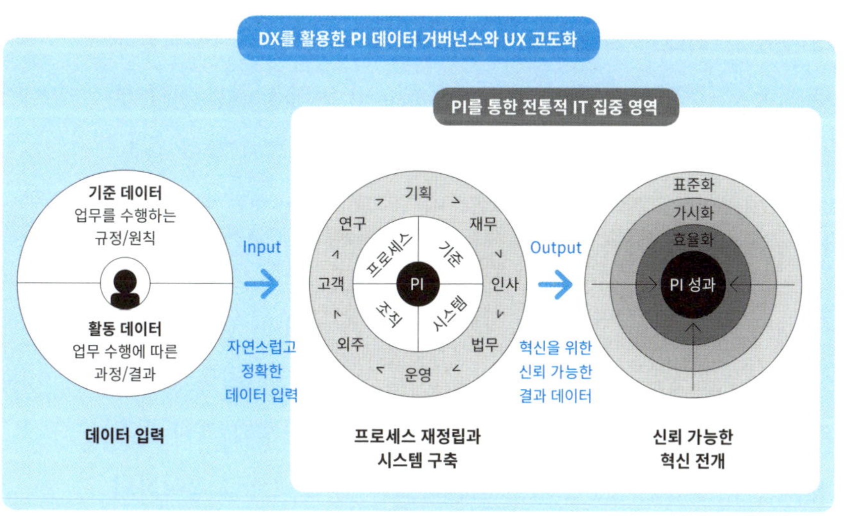

그림-16 PI의 데이터 거버넌스와 UX

는 달리, 설비 단계에서 인터페이스 표준 문제로 단절되었던 데이터의 무선 공유가 가능해졌다. 현장에 가서 직접 눈으로 보고, 손으로 만지면서 확인했던 정보들에 대해 손쉬운 입력과 조회를 할 수 있는 인프라가 마련되었다. 따라서, 일하는 방식 역시 이러한 기술들을 효과적으로 차용하여 사람이 자연스럽게 일하면서도 데이터가 자동으로 쌓이고 공유되는 방향으로 이루어져야 한다.

PI를 통한 프로세스가 제대로 기능하려면, 시작에서 끝까지의 업무 행위가 자연스러워야 한다. 불가피한 입력을 최소화할 방법을 고려하지 않은 경우, 사용자가 따라가기 힘들고 프로세스는 실패할 확률이 높다. 예를 들어, 앞단의 정보 입력을 문서 자동 인식과 이미지 자동 인식 등의 기술로 대체할 수 있는지를 먼저 검토해 보아야 하는 이유이다. 물론, 전담 입력 부서를 신설하여 데이터 입력에 대한 현장의 부담을 최소화하는 방안을 검토할 수도 있다. 프로세스는 만듦으로써 끝나는 것이 아니라, 현장의 업무가 최대한 자연스럽게 흘러가도록 구현해야만 설계안대로 작동될 수 있기 때문이다. 그러나 데이터 입력을 위한 전담 부서를 운영하더라도 사람이 입력하는 데이터는 오류가 생길 수 있다. 이러한 PI의 시작 지점을 데이터 관점에서 제대로 굴러가도록 하려면 디지털 전환DX 기술은 필수적이다. PI의 모든 프로세스는 데이터로 시작되고 데이터로 끝난다. 업무 프로세스를 수행하는 인간 활동의 모든 데이터 접점, 즉 사람과 데이터를 연결하기 위한 업무 부하를 DX가 최소화해 준다면 PI 성과 역시 획기적일 수밖에 없다. PI 조직을 해산하고 운영 조직으로 상시화되는 Post-PI 단계에서도 DX를 놓치지 말아야 하는 이유이다. 기술의 발전은 가속도가 붙어서 달리다 못해 날아가고 있다. PI 데이터에 보다 손쉽고 자연스러운 접근이 가능한 사용자 경험, 즉 사용자 경험UX을 구현하는 수단으로써 DX를 지속적으로 캐치업해야 하는 이유이다. 프로세스 혁신은 일회성으로 끝나는 것이 아니라 사업 전략과 함께 지속적으로 진화해 나간다. 그리고 진화하는 프로세스의 혁신을 통해 사업적 관점의 PI 성과도 지속적으로 나타나야만 한다. DX는 이러한 PI의 성과 창출에 있어 사람은 사람이 할 수 있는 일에 보다 집중하고, 나머지 분야는 기술로 해결하는 프로세스 혁신을 가능하게 한다. 그리고 이러한 혁신은 생산성 극대화, 원가 절감, 매출 성장 등 사업 관점의 본질적 문제 해결이라는 성과를 가져다준다. PI는 성과와 함께, 그리고 성과는 DX를 통해 극대화된다는 점을 주지하여 디지털 전환 시대에 부합하는 프로세스 혁신을 추진해야 하는 이유이다.

16

오픈 막바지는 전쟁터: 데이터와 테스트

데이터 이관

기능 개발이 70~80% 이상 진행되고 기능별 데이터베이스DB 테이블도 개발되었다면, 기존 시스템으로 운영되던 데이터를 새로운 시스템으로 옮기는 작업, 즉 데이터 이관Migration이 진행된다. 기존 DB나 신규 DB의 테이블 구성이 동일하다면 기존 것을 그대로 복사해서 옮기면 된다. 하지만, 업무 프로세스를 변경하면 신규 DB에는 기존 DB 대비 추가 또는 삭제되는 데이터 항목이 생긴다. 또 신규 DB에서는 기존 데이터의 양식이나 속성값을 바꾸기도 한다. 따라서 데이터를 이관할 때는 이관 기준을 내부적으로 세워서 진행할 필요가 있다. 유지할 데이터와 삭제할 데이터, 신규로 생성되는 데이터를 분류해야 한다. 유지하거나 삭제할 데이터는 최근 몇 년도 데이터까지를 기준으로 할지 정해야 한다. 또 이관하지 않는 이전 데이터는 어떻게 보관할 것인지, 어떻게 폐기할 것인지도 정해야 한다. 더불어 어떤 방식으로 데이터를 옮길 것인지도 정해야 한다. 때로는 데이터양이 방대해서 한 번에 옮기기에는 서버에 부하가 걸릴 수도 있다. 따라서 데이터 규모에 따라 일괄적으로 이관을 할지, 순차적으로 이관을 할지도 검토해야 한다. 또한 신규로 생성된 항목의 데이터는 입력되기 전까지

공란으로 남겨둘 것인지 또는 기존 데이터 중 유사 데이터를 활용하여 대체 정보를 입력해 놓을 것인지도 정해야 한다. 신규 시스템의 데이터와 기존 데이터 간의 정합성이 유지되도록 데이터 이관이 꼼꼼하게 진행되어야만, 사용자가 새로운 시스템에서도 기존 데이터를 연속성 있게 사용할 수 있다. 데이터 이관이 허술하게 진행될 경우, PI 시스템이 오픈된 후에도 옛날 데이터가 보이지 않는다는 사용자 불편 문의를 종종 받을 수 있다.

통합 테스트

데이터 이관이 완료되고 개발 진척률이 대략 90% 이상 진행되면 통합 테스트를 준비하게 된다. 통합 테스트는 개별 프로그램 간의 인터페이스를 통한 연결성을 테스트하는 것이 목적이며, 프로그램 모듈 간의 데이터 흐름에 문제가 없는지를 확인하는 과정이다. 예를 들어, 중앙 조작부라고 할 수 있는 거실에 설치된 세대기를 통해 모든 방의 조명을 일괄 소등하거나, 방별로 개별 점/소등 기능을 테스트하는 것이 통합 테스트이다. 그리고 통합 테스트를 하기 전에 단위 테스트가 진행되는데, 단위 테스트는 프로그램 단위별로 개발이 완료될 때마다 개발자와 설계자가 진행하는 기능 테스트이다. 예를 들어, 거실과 안방, 주방에 조명을 설치할 때마다 개별 스위치를 통해 각 방의 조명이 정상적으로 점/소등되는지를 테스트하는 것이 단위 테스트이다. 프로그램별로 설계자의 설계 사항이 정상적으로 반영되었는지를 확인하면서 기본적인 오류 테스트를 함께 수행한다. 숫자 입력란에 문자가 입력되거나 그 반대인 경우에 에러 처리가 되는지, 공란일 때 표기되는 방식은 적절한지, 입력 문자의 길이 제한이 걸려 있는지, 오류에 대한 조치 메시지는 적절한지, 비정상적 입력 사항들에 대한 경고 메시지가 정상적으로 뜨는지 등의 기본 테스트가 함께 진행된다. 기본적인 테스트일 수 있지만, 단위 테스트가 완벽하게 수행될수록 이후 진행되는 통합 테스트에서 오류가 발생할 확률이 낮다.

일반적으로 통합 테스트를 할 때는 연관된 프로그램의 모든 개발자와 설계자들이 함께 모여서 테스트를 진행한다. 이때 단위 테스트가 제대로 수행되지 않아 발생하는 단순한 오류들로 인해 통합 테스트 본연의 시나리오를 진행하지 못하고 지연되는 상황이 종종 발생한다. 통합 테스트를 위해 모인 많은 사람의 시간을 낭비하지 않기 위해서라도 단위 테스트는 꼼꼼하게 선행되어야 한다. 이러한 테스트가 완벽할수록 사용자도 변화된 시스템이라는 낯선 공간에서 안정감 있고 편안한 내비게이션을 경험할 수 있다. 예를 들어 작업 마감 프로그램의 경우, 작업 마감의 기준이 되는 정보는 업무 기준 프로그램에서 끌어와야 하고, 업무 기준 정보는 작업 범위가 명시된 계약 정보 프로그램에서 끌어와야 한다. 이 경우, 3개의 프로그램 간에 신규 생성Create – 조회Read – 수정Update – 삭제Delete 등의 작업이 발생할 때마다 데이터가 유기적으로 흘러가고 있는지와 각각의 프로그램상의 데이터 값이 정상적으로 반영되는지를 테스트해야 한다. 모든 분야에서 통합 테스트는 중요하지만, 특히 금융이나 상거래 분야인 경우, 연결 정보 간의 오류는 금전적인 분쟁으로 연결될 수 있기에 테스트를 철저히 준비할 필요가 있다.

테스트 시나리오는 건너뛸까?

통합 테스트는 일반적으로 시스템 오픈을 앞둔 시점이다 보니, 설계자나 개발자가 개발 일정에 쫓기는 경우가 많다. 그렇기 때문에 일정을 이유로 테스트 시나리오 작성을 생략하는 경우들이 종종 있다. 프로젝트를 시작할 때는 다들 중요하다고 생각했던 부분임에도 불구하고, 프로젝트 막바지에 다다르면, 테스트 시나리오, 즉 테스트 케이스를 작성하는 대신, 화면 설계안대로 기능이 작동되는지만 직관적으로 테스트하면서 넘어가는 경우도 종종 생긴다. 하지만, 테스트가 완벽하지 못하면, 시스템이 오픈된 이후에 사용자의 예상치 못한 내비게이션으로 오류나 장애가 많을 수밖에 없다. 다양한 오류 사례를 접할 때마다 사용자가 얼마나 창의적인지 놀랄 때가 많다. 따라서 테스트는 비정상적인 접근이나 예외적인 시나리오를 최대한 준비하고, 관련 액션이 생길 때마다 정상적으로 시스템을 이용하게 만드는 가이드 메시지로 연결되도록 꼼꼼하게 체크해야 한다. 테스트를 대충 진행한 프로그램에서는 더 많은 오류가 생길 수밖에 없고, 후속 조치에 필요한 더 많은 수정과 보완 작업이 뒤따르면서 전체 개발 일정은 계속 뒤로 밀리는 악순환이 반복되기 때문이다.

그리고 테스트 케이스는 여러 가지 상황에서의 행동 조건과 사용자의 유형을 반영하여 준비해야 한다. 시스템에 처음 접근하는 사용자의 여정을 설정할 수도 있고, 재방문하는 사용자의 시나리오를 설정할 수도 있다. 또는 계약이나 업무 등이 완료된 사용자의 정보 삭제 또는 초기화 시나리오일 수도 있고, 이전의 업무와 동일한 업무를 재반복하는 시나리오일 수도 있다. 이때 테스트용 데이터 역시 준비해야 하는데 시나리오에 맞는 사용자 데이터가 준비되어야 한다. 최초 회원 가입을 하는 사용자 ID, 회원으로서 업무 정보를 입력하려는 사용자 ID, 업무 정보를 입력한 이후 수정하려는 사용자 ID 등 다양한 상황에 맞는 사용자 ID를 준비해 놓아야 의도했던 결과를 테스트할 수 있다. 테스트용 데이터는 시스템으로 준비할 수도 있지만, 상황에 따라서는 개별적으로 생성해야 하기에 번거로운 작업이다. 하지만 시나리오별 결과를 확인하기 위해서는 충분한 테스트용 데이터를 준비할 필요가 있다. 정상적인 방식으로 시스템을 이용할 때 원하는 결괏값이 나오는지와 더불어 다양한 비정상 데이터를 입력했을 때도 예상한 결과가 나오는지를 확인해야 하기 때문이다. 특히 테스트 케이스는 정상적인 케이스 보다는 비정상적인 케이스를 많이 만들 필요가 있다. 예외 케이스는 발생 빈도가 높지 않으니, 나중에 문제가 생길 때 대응하면 된다고 생각할 수도 있다. 하지만, UX가 얼마나 매끄럽게 구현되었는지에 따른 정도 차이는 있겠지만, 사용자는 정말 창의적이다. 준비되지 않은 상황은 다수 발생할 테고 오픈된 후에 엄청난 문의가 폭풍처럼 밀려올 것이다. 다양한 예외 케이스를 테스트하고 결과가 예상한 대로 나타난다면 오픈 이후의 오류나 장애는 최소화될 수 있다. 오류의 원인을 찾는 과정에서도 이미 테스트된 시나리오는 제외할 수 있다. 그렇지 않은 경우, 에러 처리와 문제 해결은 더딜 수밖에 없다. 따라서 개발하는 시스템의 품질과 오픈 후의 장애 대응을 위해서라도 테스트 시나리오는 예외 케이스 중심으로 철저하게 준비되어야 하며, 결코 일정 때문에 타협해서는 안 된다.

시스템 성능과 속도

시스템을 사용할 때 무엇이 가장 답답할까. 사용자로서는 하염없이 돌아가는 로딩 아이콘을 보는 것만큼 답답한 것이 없다. 이렇게 화면 로딩에 시간이 오래 걸리는 것은 서버에 요청한 기능을 처리하는 시스템 자원이 부족하기 때문이다. 이러한 문제는 서버 성능을 높이거나, 서버 부하를 분산시키고, 서버 요청을 최소화하는 방식으로 해결된다. 그리고 이러한 속도 이슈가 있는 프로그램들을 찾아내기 위해 단위 테스트와 통합 테스트를 진행할 때, 해당 기능이 정상적인 속도로 처리되는지를 확인하는 성능 테스트도 병행한다. 프로그램별로 서버의 응답 시간이 오래 걸리는 케이스를 식별하고 원인을 찾아내어 속도를 개선해야 하기 때문이다. 사용자가 사용할 만한 최소 데이터와 최대 데이터를 기준으로 기능이 동작하는 데 어느 정도의 시간이 소요되며, 결괏값이 나오기까지 걸린 시간이 목표 범위 안에 있는지를 테스트하는 것이다. 기능이 동작하는 데 약 수십 초에서 수 분이 걸린다면, 통합 테스트 자체가 진행될 수 없을뿐더러 사용자에게 오픈되어서는 안 되는 상태라고 할 수 있다. 실제로 통합 테스트 중에도 속도 문제로 테스트가 보류되는 경우가 종종 발생한다.

개발자는 시스템 부하까지 고려하여 프로그래밍하려는 마인드가 필요하다. 설계자 역시 여러 테이블에서 방대한 데이터를 불러오는 과정에서 서버 부하를 염두에 두고, 이를 최소화하는 방식으로 데이터 설계를 해야 한다. 사용자에 따라 10년 치의 데이터를 한 번에 조회하고 싶을 수 있다. 하지만, 데이터의 성격상 1년 단위로 끊어서 보여줘도 무방하다면 시스템 부하를 고려하여 1년 단위의 제한된 기간별 데이터만 보여주도록 설계하는 것이 서버 부하를 최소화하는 방법일 것이다. 시스템의 운영 비용 측면에서도 한 번에 1,000건의 데이터를 처리하는 것과 한 번에 100건을 처리하는 것은 큰 차이가 있다. 1,000건을 처리할 수 있는 수준으로 운영 서버를 증량하려면 매우 큰 비용이 든다. 서버에 요청한 작업을 최소화된 자원으로 처리하는 최적화된 프로그램의 설계와 개발이 중요한 이유이다. 또한, 프로젝트에 이러한 데이터베이스의 최적화를 위해 DB 튜닝을 수행하는 DB 관리자DBA, Database Administration를 확보하는 이유이기도 하다. 이렇게 속도 이슈를 점검하는 성능 테스트는 시스템 오픈 이후의 안정화 단계에서도 한 번 더 필요할 수 있다. 실제 사용자나 실 사용량이 예상보다 많아지면서 시스템이 느려질 수 있기 때문이다. 속도는 사용자가 체감하는 만족도의 필수적인 평가 요소이다. PI를 이용하는 시스템에 대한 긍정적인 이미지를 만들기 위해서라도 중요하게 관리되어야 한다.

결단의 시간 | 버릴 것은 버린다

PI 오픈 마지막 한 달은 스트레스가 최고조인 기간이다. 개발이 완료되지 않은 부분도 많은데, 여기저기서 추가 개발을 요구하는 부서들이 많아진다. 눈에 안 보였던 설계안들이 실제 시스템 화면으로 보이면서 아이디어들이 생겨나기 때문일 것이다. 하지만, 프로젝트 막바지라 개발을 완료하기에도 벅찬 상황인데, 긴급하고 중요하다는 이유로 새롭게 요청되는 요구 사항들은 어떻게 처리해야 할까. 특히, 경영진이나 부서장의 관심 사항이라면서 꼭 반영해야 한다는 요청들이 있다면 난감할 수밖에 없다. 어떤 팀원들은 어떻게 해서라도 팀장이 말한 추가 기능들을 프로젝트에 포함하기 위해 필사적인 경우도 있다. 하지만, PI 조직에서는 해당 니즈가 어느 정도 시급하고 중요한 것인지, 다른 영역의 일정을 희생해서라도 반영시켜야 하는 사안인지를 냉철하게 판단해야 한다. 일반적으로는 회사 전체의 우선순위를 가지고 판단하는 쉬운 문제라고 생각할 수도 있다. 하지만, 요구 사항이 받아들여지지 않은 부서는 우선순위가 상대적으로 낮은 요구 사항이라는 부분에 대해 오해하기도 한다. 때로는 감정이 상할 수도 있기에 고난도의 커뮤니케이션이 필요하다. 따라서 이러한 추가 요구를 거절할 때도 대안을 가지고 설득할 필요가 있다. 일정상 이번의 범위에서는 어렵지만, 다음 범위에서 최우선 순위로 진행하겠다는 설명이 통하면 제일 좋을 것이다. 그마저도 안 된다면, 현재 개발 범위 중 무언가를 포기하는 일정으로 선택지를 제안하면서, 기존 개발 범위를 포기하는 판단에 해당 부서가 직접 참여하도록 만드는 것도 하나의 방법이다.

그러나 개발 품질을 높여야 할 오픈 막바지에 이러한 범위 추가는 개발 여건을 매우 어렵게 만든다. 특히나 통합 테스트에서 탐지되지 않은 오류들이 종종 생기는 시기라서 에러 원인을 찾아내는 것만으로도 분주할 시점이다. 그런데 일정 막바지에 추가 개발 건들이 생기면 개발 중인 프로그램은 중단하고, 새로운 프로그램의 개발을 긴급으로 진행해야 하는 상황이 생긴다. 이렇게 갑자기 추가된 개발 건들은 충분한 설계와 개발 및 테스트를 할 수 없어서 에러가 많을 수밖에 없다. 그리고 이렇게 개발된 프로그램들은 오픈 직전의 마지막 순간까지도 말썽인 경우가 많다. 그래서 마지막 한 달은 포기할 부분들을 과감히 포기하는 결단의 시간이어야 한다. 새로운 요구 사항은 차단하고, 마무리가 부족한 프로그램들은 오픈 대상에서 제외하고, 개발과 테스트까지 일정 수준 이상으로 마무리된 프로그램만을 선정하여 시스템 오픈에 집중해야 한다. 그래서 PI 오픈 1개월 전부터는 프로젝트 일정상 추가 요구는 반영이 어렵다는 사실을 공식적으로 전사에 공지할 필요가 있다. 더불어 현재 진행 중인 일정 현황과 오픈 준비에 여념이 없는 상황을 함께 설명한다면, 추가 개발이 어려운 상황을 조금이나마 너그럽게 이해받을 수 있을 것이다. 오픈하는 시스템의 품질을 위해서라도 버릴 것은 과감히 버릴 필요가 있다.

17
교육 D-30

오픈 전 커뮤니케이션

시스템 오픈 한 달 전 즈음부터는 오픈 이후에 사용자들이 PI에 관심을 가지도록 일하는 방식이 변화되는 모습에 관해 설명하는 콘텐츠를 전사에 공유한다. 새로운 시스템의 간단한 사용 영상, 퀴즈 등의 형태로 업무 프로세스를 설명하는 것이다. 또 시스템 오픈 이후 문제가 생겼을 때 문의 채널은 어떻게 운영되는지, PI 교육이나 사용자 교육은 어떻게 진행되는지 등에 대해 공유하면서, 조만간 오픈될 PI 시스템에 사람들이 관심을 가지도록 만들 필요가 있다.

교육 계획은 미리미리

PI 오픈 이후에 업무 절차나 일하는 방식이 바뀌면서 사용자가 가장 많이 변화를 체감하는 부분이 시스템이다. 이전에 익숙하게 사용했던 시스템이 있었다면, 달라진 시스템의 기능, 화면 구성, 업무 흐름 등에 대해 알려주는 '사용자 교육'과 업무 흐름이 바뀐 이유를 설명하는 '마인드 교육'이 필요하다. 그래서 교육은 사용자의 마인드 전환과 시스템 친화력을 높이기 위한 2가지 목적으로 진행된다. 교육 자료를 준비하는 데에는 많은 시간이 소요되는 만큼 프로젝트 초반부터 대략의 교육 계획을 수립할 필요가 있다. 일정 막바지에는 시스템 개발에 더 집중하게 되고, 교육에 상대적으로 준비가 소홀해질 수 있기 때문이다. 하지만 시스템이 어느 정도 개발되어야 교육 자료를 준비할 수 있기에, 개발이 80~90% 완료되는 시점부터는 교육 자료를 제작하면서 전사 교육을 하게 된다. 오픈 이후에는 장애 대응 못지않게 교육을 통해 사용자가 빨리 시스템에 적응해야 문의율이 떨어지고, 시스템 안정화도 빠르게 이루어질 수 있다.

교육은 앞서 언급한 대로, PI 취지나 당위성에 대해 공감하도록 만드는 마인드 교육과 시스템 사용법을 알려주는 과정으로 설계한다. 그리고 이러한 교육 목적에 따라 필수 교육 대상이 누구인지 교육 대상의 우선순위를 정하고, 어떤 방식의 교육이 효과적일지를 검토해야 한다. 직책자나 상위 직급자일수록 PI의 하류 전개에 필요한 사내 영향력이 크다. 따라서 경영진 > 부서장 > 중간 관리자 > 고직급자 > 실무자 등 상위 직책자 중심으로 교육을 진행하면서, 변화된 프로세스와 시스템에 대한 눈높이를 맞추어 나갈 필요가 있다. 이들이 PI에 우호적이면서 PI 이해도가 높을수록 PI 저변 확대에 도움이 되기 때문이다.

실무자 교육은 사용자별 직무를 고려하여 필수 과정으로 수강할 과목과 선택 과정으로 수강할 과목을 구분할 필요가 있다. 새로운 직원이 회사에 입사하는 경우도 있고, 기존 직원의 직무가 바뀌는 일도 있어서, 직무별로 주지해야 하는 프로세스의 필수 과정과 선택 과정을 상시로 운영할 필요가 있다. 그리고 시스

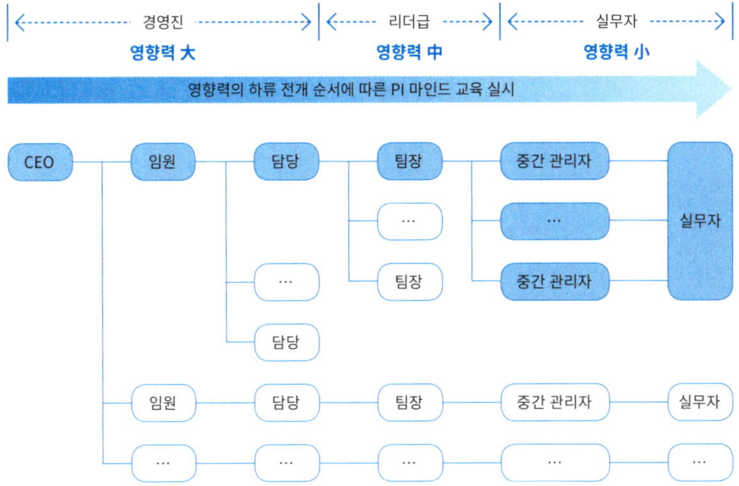

그림-17 **PI 영향력과 마인드 교육**

템을 빈번하게 사용하는 실무자에게는 실제 업무를 수행하면서 사용할 기능과 실용 팁을 알려주는 것이 중요하다. 그리고 실무자 교육은 교육 효과를 높이기 위해서 실습 과정을 꼭 포함해야 한다.

실습용 교육 서버

실습 환경은 실무자가 시스템 사용법을 효과적으로 숙지하는 데 필수적이다. 이를 위해서는 시스템이 구동 중인 운영 서버와 개발/테스트를 위한 개발 서버와는 별도로 교육용 서버를 구성해야 한다. 운영 환경과 동일한 시스템을 교육용 서버에 구축해 놓고, 교육생이 언제라도 접속하고 연습할 수 있는 환경을 마련하는 것이다. 또한 수시로 시스템에 업데이트되는 추가 기능들도 교육용 서버에 함께 반영시켜 교육생은 최신으로 업데이트된 기능들을 실습할 수 있어야 한다. 또한 여러 교육 차수에 걸쳐 다수의 교육 참가자가 실습하려면 학습용 데이터가 준비되어야 한다. 이때 가상의 데이터로 실습하기보다는 실제 데이터를 사용하는 것이 학습에 효과적이다. 교육용 서버를 별도로 운영하면 실제 시스템에는 영향을 주지 않으면서도 실제 데이터로 다양한 실습을 해볼 수 있다. 간혹 교육용 서버를 구성할 시간과 예산이 없어서 기능 개발 용도인 개발용 서버를 제한적으로 사용하기도 한다. 하지만, 강의자가 실습 교육을 준비할 때마다 교육용 데이터를 개발 서버에 매번 준비해야 하는 번거로움이 있다. 또 개발자들이 기능 개발과 테스트를 위해 제한적으로 접속하는 개발 서버에 다수의 교육생이 접속한다면 장애나 에러 발생 시에 혼란이 발생할 수 있다. 따라서 서버를 구성하는 프로젝트 초반에 별도의 교육 서버를 함께 준비하는 것이 필요하다. 그렇지 않을 경우, 프로젝트 막바지 오픈 준비에 밀려 교육용 서버를 준비할 여유가 없이 교육이 진행되고, 학습 효과도 미흡할 가능성이 높다. 일단 시스템 구축을 완료한 이후부터는 별도의 IT적인 추가 투자가 쉽지 않다. 사업 관점에서의 IT 투자는 매출과 원가에 직접적인 연관성이 높은 이슈들을 중심으로 검토하기 때문이다. 다양한 이슈들과 대비하여, 미흡한 실습 환경의 개선에 대한 우선순위가 낮다면 의사 결정은 어려울 수 있다. 따라서, PI 초기부터 사용자 대상의 PI 교육을 염두에 둔 인프라 준비까지도 계획에 반영하고 꼭 실행에 옮겨지도록 일정 관리를 할 필요가 있다.

온라인 학습 자료

수백 명의 사람들을 대상으로 교육을 진행하다 보면 일정이나 거리 등 여건이 안되어 교육 참가가 어려운 사람들이 있다. 성향상 집체 교육보다는 스스로 학습하는 자가 학습을 선호하는 사람들도 있다. 이를 위해, 학습 동영상과 매뉴얼 등 교육 자료와 함께 수강자 관리를 위한 학습 관리 시스템LMS, Learning Management System이 준비되어야 한다. 교육에 필요한 온라인 과정의 LMS로 등록/수강/이수 여부를 확인하도록 만드는 것이다. 대상자의 직무/직급/입사 연차 등에 따라 필수 교육 과정도 관리할 수 있기에, LMS가 회사에 구축되어 있지 않았을 때 외부 LMS 서비스를 이용하는 방법과 예산도 확인해야 한다. 온라인 과정을 준비할 때는 시스템 사용을 따라 해보는 실습 영상도 함께 준비해야 한다. 교육생의 집중력 있는 학습을 위해 교육 영상은 가능한 2분이 넘지 않도록 자막과 함께 구성하고, 영상이나 온라인 교재는 손쉽게 다운로드할 수 있도록 제공해야 한다. 거기에 더해, 이러한 교육 자료의 외부 유출을 차단하기 위한 보안 정책도 필요하다. 다만, 보안 정책이 강력할수록 사용자의 편의성은 떨어지는 만큼, 교육 자료가 강력한 보안이 요구되는 정보인지 냉철히 판단할 필요가 있다. 수시로 접근하고 싶은 교육 자료에 대해 강력한 보안 정책으로 제한이 걸려 접근이 불편하다면 학습 의지가 떨어질 수 있기 때문이다. 교육 내용에 대한 궁금한 점은 수시로 질문과 답변을 할 수 있도록 시스템적인 기능 지원도 함께 구현되어야 한다.

PI 서포터즈 운영

수백 명에서 수천 명에 이르는 임직원을 대상으로 새로운 시스템을 사용하는 방법을 알려주고, 질문에 답변하려면 어떤 방법이 효과적일까. 교육하고, Q&A 시스템을 만드는 것도 좋지만, 사용자는 Q&A를 통한 답변이 부족하다고 느낄 때가 많다. 그래서 제일 선호하는 방법이 담당자와의 통화이다. 그러나 이렇게 PI 담당자들과의 1 대 100 문의 응대는 품이 많이 든다. 답을 줄 수 있는 사람들 대비, 질문자들의 숫자가 너무 많기 때문이다. 천여 명이 사용하는 시스템이라면 사용자의 10~20%가 매일 한 건 이상의 질문을 등록해도 하루에 100~200건씩의 질문이 등록된다. 질문의 성격상 프로세스를 설명하면서 시스템 사용법을 알려주다 보면, 최소 30분~1시간 이상씩 응대 시간이 걸린다. 거의 일대일로 진행하는 전화 교육과 비슷한 상황이 되는 것이다. 물론 프로세스 혁신을 수행한 담당자들이 가장 정확한 답을 알고 있으니, 이들과 통화하기를 원하는 것은 당연하다. 문제는 이런 방

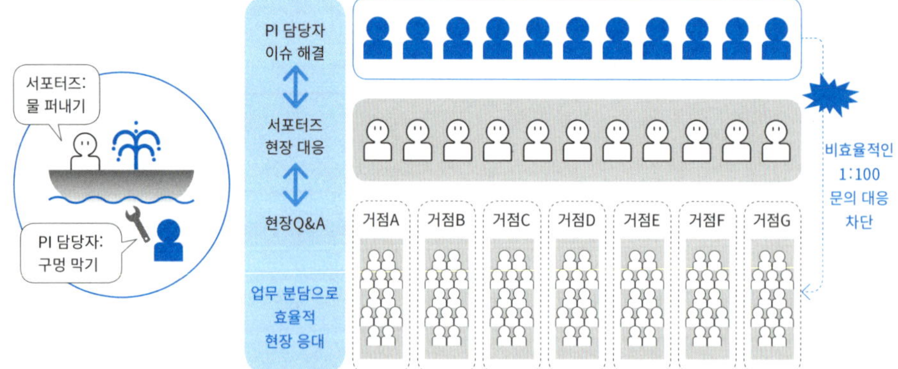

그림-18 PI 서포터즈와 현장 대응 체계

식의 소통은 절대적인 시간 소모량이 많고, PI의 본질적인 역할을 놓치게 만든다는 것이다. PI 담당자들은 자주 문의가 오는 문제들을 파악하고, 빠르게 프로세스와 시스템을 보완하는 역할이 핵심이다. 하지만 이러한 본연의 역할이 문의 대응에 밀려 우선순위에서 멀어지게 된다면, 결국 문제의 원인을 차단하는 원천적인 개선 활동은 못 하고 새는 물만 계속 퍼내는 일을 하는 것이다.

이것이 문의 응대를 도와줄 거점별 또는 조직 단위별 PI 서포터즈를 운영하는 이유이다. 프로세스 혁신을 수행하는 초반부터 서포터즈들을 선정하여 PI 진행을 처음부터 공유하고, 이들의 의견을 프로세스에도 반영하면서 PI 시스템에 대한 이해도를 PI 담당자 수준으로 맞추어 놓는 것이다. 이를 통해, 시스템 오픈 이후에도 지역별, 부서별로 발생하는 일차적인 문의 사항은 서포터즈들을 통해 해결하는 역할 체계를 만들 수 있다.

문의 응대뿐 아니라 거점별 사용자들이 현장에서 토로하는 불편 사항을 PI 조직에게 전달하는 핫라인으로써, PI 서포터즈의 역할은 매우 중요하다. 물론, PI 서포터즈의 역할에 대한 동기부여도 명확해야 한다. 이들 역시 지시에 따라 역할을 맡은 경우가 대다수일 테고, 부서장들 역시 PI 서포터즈를 선정하라는 지시에 따라 부서 내 누군가를 선정했을 것이다. 그러나 이렇게 선정된 이들은 동기 부여가 낮아서 형식적으로 미팅 참석만 하는 일도 있고, PI 이해도가 낮아 현장의 문의 대응도 잘되지 않는다. 결국, 서포터즈가 있는 거점 지역임에도 문의는 PI 담당자에게 되돌아오는 상황이 종종 발생한다. 서포터즈의 역할이 유효하게 작동되지 않는 것이다. 이들의 역할과 중요성에 대한 부서장의 명확한 인식과 평가 연동 등의 제도적 보상 장치가 함께 따라주어야 하는 이유이다. 특히, PI 서포터즈의 역할이 소속 조직의 PI 안착에 중요하다는 조직장들의 명확한 인식과 메시지 전달이 필요하다. PI 서포터즈로서 역할 이후에는 중간 관리자 또는 리더 후보자로서의 커리어 패스Career Path가 가능하다는 점도 강조할 필요가 있다. 산하 부서를 대상으로 PI 일선에서 변화된 프로세스를 전파하고, 산하 부서의 업무 프로세스에 대한 애로 사항을 적극적으로 해소하는 역할인 만큼 중요한 이력이기 때문이다. 이러한 명확한 이점이 부서장들을 통해 전달되어야 PI 서포터즈의 역할이 능동적으로 수행되고, PI의 오픈과 맞물려 정신없이 돌아가는 현장의 문의 응대 해소와 현장 안정화에 실질적인 도움이 될 수 있다.

18

사용자를 위한 고객 센터

Q&A 핫 링크

시스템 오픈 직후 2주 정도는 메뉴별 에러나 불편 문의로 접수되는 방대한 질의응답Q&A을 속도감 있게 대응해야 한다. 대부분 문의 내용은 익숙하지 않은 시스템과 시스템 설계 시 놓친 업무 유형에 대한 처리 방법이다. 따라서 이 기간에는 빠르게 답변하면서 빈번한 문의 내용은 자주 묻는 질문FAQ, Frequently Asked Question으로 등록하고, 더 근본적인 해결이 필요한 문의들은 기능 보완을 수행해야 한다. 특히, 누락된 유형에 대한 문의가 잦은 경우, 실무자/설계자/개발자와 함께 임시 처리 방식을 신속하게 결정하는 교통정리가 이루어져야 한다. 그리고 이러한 활동을 위해 문의사항의 접수와 답변을 정확하게 확인하는 Q&A 시스템이 필요하다. 특히 메뉴가 몇백 개인 경우, 문의 내용만으로는 어느 메뉴에 관한 것인지 파악이 어려울 수 있고, 사용자 역시 정확한 메뉴 명칭을 기억하지 못할 수 있다. 따라서 화면별로 Q&A 핫 링크를 만들어, 사용자도 답변자도 어떤 화면을 언급하는 질문인지를 알 수 있도록 구현하는 것이 좋다. 사용자가 어떤 화면에서든 오류사항이나 문의 사항들을 손쉽게 등록하고, 해당 화면에서 빈번하게 질의되었던 질문들도 함께 확인할 수 있도록 만드는 것이다.

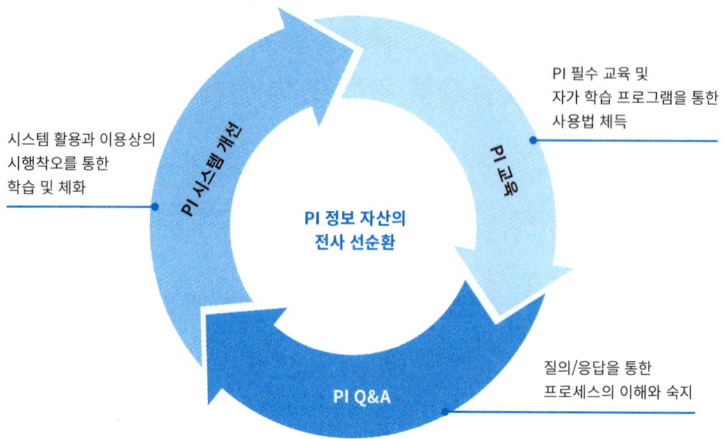

그림-19 전사적 PI 학습 순환 체계

더불어 Q&A로 빈번히 다루어지는 내용은 FAQ를 비롯하여 교육 자료에도 반영해야 한다. 앞서 언급한 것처럼 PI 교육은 오픈 직전뿐만 아니라 상시로 운영되는 교육이다. 자주 문의되는 질문이나 기능 개선 등의 업데이트가 이루어진 부분은 교육 과정에서 강조할 필요가 있다. Q&A는 사용자의 시스템 활용도를 높이고, 오류와 불편 사항을 개선하는 프로세스 보완의 재료도 되지만, 전사적 학습 체계 관점에서는 Q&A가 한 차례 답변으로 끝나지 않고, FAQ와 PI 교육으로 연계되면서 PI에 대한 전사적 교육 효과를 높이는 선순환 체계로 운영되는 것이 바람직하기 때문이다. Q&A가 당장의 불편 사항을 해소하는 대상일 뿐만이 아니라, 장기적으로 사용자들이 변화된 프로세스와 시스템을 스스로 학습하면서 적응해 나가는 학습 순환 고리의 시발점이 될 수 있기 때문이다.

콜센터 문 닫습니다

PI 콜센터 운영은 오픈 초기에 긴급한 장애 접수와 오류 처리를 위한 한시적인 기능으로, 상시로 운영하는 것이 아님을 주지할 필요가 있다. 시스템이 오픈된 이후 2주가량이 지나서 어느 정도의 안정화가 이루어졌다면, 문의 응대 속도나 완급을 조절해야 한다. 사용자로서는 PI 담당자와 직접 통화로 애로 사항을 해결하는 것이 가장 편리하겠지만, 앞서 언급했듯이 PI 인력이 문의 응대에만 매달릴 수는 없다. 시스템이 오픈된 이후에는 프로젝트 종료와 더불어 대다수의 PI 인력이 빠져나가기 시작한다. 인원 철수로 인해 PI 인력은 확연히 줄어들 것이고, 오픈 직후와 같은 방식의 문의 응대는 지속할 수 없다. 사용자 측면에서도 궁금한 내용이 있을 때마다 유선으로 문의해서 손쉽게 해결된다면, 굳이 교육받을 이유가 없다. 즉 새로운 프로세스 학습에 소극적이 될 수 있고, 구성원들의 새로운 프로세스와 시스템에 대한 이해도는 계속 저조한 상태로 유지될 것이다. 시간이 흘러갈수록 사람들이 변화된 업무 방식에 익숙해지게 만드는 것이 PI 목표인 만큼 오픈 초반의 문의 대응은 한시적이며, 이러한 문의가 단기간 내에 획기적으로 줄어들 수 있는 학습 체계를 갖추는 데 집중해야 한다. 그렇지 않으면 PI 조직은 문의 응대에 점점 부하가 걸려, 문제의 근본 원인을 파악하고 개선하는 활동을 수행할 수 없게 되고, 구성원들의 PI 이해도 역시 전사적으로 원하는 수준까지 올라오지 못하게 될 수 있다.

챗봇은 기본

최근에는 챗봇의 답변 로직이 매우 정교해지면서, Q&A를 위한 챗봇 기능은 기본 사항이 되었다. 특히 챗봇 활용에 긍정적인 경험을 가진 사람이라면 유선 연결을 위해 하염없이 전화 연결을 기다리는 것보다 챗봇을 선택할 가능성이 높다. 시스템 오픈 이후, 챗봇이 1차 질의 응대를 얼마나 해소하느냐에 따라, 이후 PI 콜센터의 문의 응대는 한결 수월해질 수 있다. 그러나 챗봇에 문의되는 질문에 대한 뒷면의 답변 로직을 분석하고 평가하면서 답변의 정확도를 올리는 일은 사람의 역할이다. 챗봇에 입력된 질문과 챗봇 답변 간의 적절성을 지속적으로 확인하고 수정시켜 주면서 챗봇을 학습시켜 줘야 하기 때문이다. 사용자에게 적절한 재질문 선택지를 제공함으로써, 사용자가 정확한 답변에 접근하도록 질문 경로를 보정해 주는 작업도 필요하다. 따라서 챗봇을 운영하려면 꾸준히 응답 로직을 정비하고 고도화하는 담당자도 생각해 두어야 한다.

만능 키, 마스터 화면

시스템을 오픈하면 예상치 못한 상황들이 많이 발생한다. 실제로 시스템을 사용하면서 미처 생각하지 못했던 많은 예외 사항이 보이기 때문이다. 사람이 만든 것이다 보니 아무리 꼼꼼하게 설계했다고 해도 허술한 부분이 있기 마련이다. 생각했던 방식이나 예측했던 경로로 사용자가 이용하지 않는 경우도 많다. 또한 사용자가 잘 모르고 입력해 버린 데이터를 수정해야 하는 상황도 생긴다. 물론 입력자가 직접 수정할 수 있는 데이터라면 수정 기능도 있겠지만, 어떤 단계의 프로세스냐에 따라 사용자가 임의로 수정할 수 없도록 만들어진 경우도 있다. 하지만 의외로 이러한 데이터 오입력 사례가 전체 문의 사항의 절반가량을 차지한다. 그리고 사안에 따라 데이터가 정상 입력되기 위한 기준을 수립하고 프로세스와 시스템을 변경해야 하는 경우도 생긴다. 사용자가 잘못된 방법으로는 아예 데이터 입력이 불가능하도록 풀 프루프Fool-Proof[12] 방식으로 기능을 보완하는 것이다. 이렇게 어딘가에서 물이 터져 솟구쳐 오르고 있다면, 물을 바깥으로 퍼내는 일도 중요하지만, 수원을 찾아서 문제의 근원을 차단하는 것도 중요하다.

문제는 빠른 속도로 물이 차오르는 상황이라면 더더욱 두 가지를 속도감 있게 처리해야 한다는 것이다. 특히 처리 기준을 논의하고 시스템 개발이 완료되기까지 시간이 걸리는 만큼, 그전까지는 오입력된 데이터를 일일이 수정할 수밖에 없다. 프로세스상 데이터가 잘못 입력되면 그 데이터를 사용하는 다른 프로세스에서도 오입력된 정보를 기준으로 작업이 진행되기 때문이다. 문제는 개발자가 이러한 기능 개선과 데이터 수정을 동시에 하기에는 시간이 오래 걸린다는 점이다. 이 시기의 개발자 업무를 분석해보면 하루의 절반은 데이터 수정, 나머지 절반은 시스템 개발의 비중으로 구성된다. 따라서 개발자가 온전히 시스템 개선에 집중할 수 있도록 오입력 데이터의 수정 작업은 PI 조직과 분담할 필요가 있다. 따라서 오픈 전에 사용자 혼란이 많을 것으로 예상되

12 업무 프로세스상 사용자가 오작동이나 실수를 할 수 없도록 만드는 방식.

는 화면은 미리 파악하여, PI 담당자나 실무 담당자도 직접 데이터 수정을 할 수 있는 관리자용 마스터 화면을 준비해야 한다. 개발자를 거치지 않고도 간단한 데이터의 수정이 가능한 관리자 화면을 사전에 만드는 것이다. 물론 절차상의 이슈가 없도록 실무 담당자들이 수정하는 데이터에 대해서는 내부 근거나 최소의 승인 절차를 반영해 놓아야 한다. 이렇게 만능 키와 같은 데이터 수정 화면은 오픈 초기 데이터 오입력에 따른 단순 오류 처리에 요긴하게 사용될 수 있다. 이를 통해, 시스템이 오픈된 이후에 개발자는 데이터 수정에 드는 시간을 최소화하면서 보다 개발 업무에 집중할 수 있고, PI 전체적으로는 에러 개선과 기능 보완에 속도를 낼 수 있다.

장애/오류 대응 체계

시스템이 오픈되면 봇물 터지듯 장애와 오류가 접수되고, 기능 보완에 대한 요구 사항들도 우후죽순으로 생겨난다. 따라서 이러한 요청 사항을 어떤 프로세스로 대응하고 처리할지에 대한 대응 절차를 수립해야 한다. 일반적인 절차는 사용자 요청 접수 > 내부 검토 및 우선순위 선정 > 개발 일정 확정 > 개발 및 테스트 > 최종 반영 완료의 단계로 구성된다. 사용자가 기능 개선 요청을 접수하면, PI 부서에서는 해당 요청이 필요한 것인지 검토한다. 기능 개발이 필요하다고 판단되면, 선행되는 프로세스와 후행 프로세스 간의 연계 데이터에 문제가 없는지를 검토하여, IT 부서에 의견을 전달한다. IT 부서에서는 PI 부서의 의견 외에도 추가적인 개발 이슈가 없는지를 판단한 후, 개발에 소요되는 일정을 판단하여 완료 예정일을 알려준다. 이후 일정대로 개발이 완료되면, PI 부서에서 먼저 요구 사항대로 개발이 완료되었는지 테스트를 진행한 후, 최초 요청자에게 결과를 알려준다. 하지만, 추가 개발 요청이 많은 데 비해 개발 속도가 더디다 보니, 어떤 요청은 1년 이후에나 처리되는 경우도 종종 생긴다. 따라서 PI 부서에서는 개발 리소스가 제한된 상황에서 일반 사용자의 요청 사항에 대해 중요도/긴급성/영향도/구현 난이도 등을 기준으로 우선순위를 정해야 한다. 오픈된 이후 많은 일들에 대응해야 하지만, 중요한 것은 사용자들이 시스템에 빨리 익숙해지도록 만드는 것이다. 이러한 적응을 위해서는 영향도가 높은 프로세스를 중심으로 신속한 시스템 개선이 이루어지는 것이 중요하다. 교육과 문의 응대, 추가 기능 개발도 이러한 우선순위를 중심으로 진행할 필요가 있다.

19

변화 관리

사람을 못 믿나? 상황을 못 믿지!

변화 관리가 필요한 이유가 무엇일까. 사람은 상황에 따라 변할 수 있기 때문이다. 누가 봐도 법 없이 못 살 것 같은 사람도 빨간불 신호등 앞에서 급한 일이 있다면 건널 수 있다. 또 사람은 모두 자기만의 삶의 방식과 철학이 있다. 사회적 규정이나 통념을 상대적으로 느슨히 받아들이는 사람이 있고, 엄격하게 받아들이는 사람이 있다. 사람에 대한 믿음이나 신뢰는 이렇게 각자의 성향과 상황에 따라 좌우되기 때문에 불안한 구석이 있다. 따라서 PI는 표준화된 상황을 만듦으로써 사람이 하는 일을 신뢰할 수 있는 체계로 변화시키는 방법이라고 할 수 있다. 사람마다의 다양한 업무 방식을 통일된 기준과 원칙에 따라 표준화시키고, 누구든지 같은 방식으로 일할 수밖에 없는 상황을 만들기 때문이다. 일의 결과가 정량적이며 가시적으로 보이기에 과거 방식으로 일했던 사람들은 낯설다고 느낄 수 있다. 하지만 수백 명, 수천 명이 일하는 회사라면, 사람마다 처해 있는 여러 가지 상황과 다양한 성향에 따라 좌우되지 않을 통제 가능한 업무 체계가 필요하다. 그리고 표준화Standardization와 가시화Visualization를 통해 신뢰 가능한 업무 결과를 안정적으로 수행하는 업무 체계를 만드는 것이 프로세스 혁신의 중요한 목적 중 하나이다.

그리고 변화 관리는 어떤 상황에서든지, 어떤 성향을 가진 구성원이든지 표준화된 업무 방식을 받아들이게 만드는 과정이다. 변화된 시스템에 익숙하게 만들고, 불편한 부분이 있더라도 변화가 필요한 이유를 받아들이도록 만드는 것이다. 업무를 마감할 때는 결과를 시스템에 입력하거나, 이상 여부는 정해진 양식에 맞추어 기록하는 등의 업무 방식에 자연스럽게 녹아들도록 만드는 것이다. 따라서, 변화 관리 초반에는 이러한 활동들이 다소 불편하더라도 해야만 하는 이유에 대해 인식과 공감을 이루는 데 집중할 필요가 있다. 사업에 요구되는 각종 실정법을 준수하고 업무 누수가 없도록 하며, 효율화된 방식으로 일을 하는 이유를 이해하면서 변화된 프로세스에 체화되도록 만드는 것이다. 그리고 이러한 변화 관리의 효과적인 도구는 PI 지표이다. 프로세스상의 업무 기준에 따라 일을 했을 때 나올 수 있는 성과 지표를 설정하고, 주간 또는 월간 단위로 지표 결과가 양호한지, 위험한지, 경계 수준인지를 모니터링한다. 그리고 목표 수준이 달성될 수 있도록 경영진의 목표 관리MBO, Management by Objectives와 연동시켜 산하 조직들이 성과 지표를 달성하도록 운영한다. PI 오픈 후 초반에는 여러 개의 지표가 관리된다. 이전에 보이지 않던 이슈들이 드러나면서 관리가 필요한 항목이 많기 때문이다. 법규 준수 100%, 업무 마감 100%, 안전 관리 100% 등 경우에 따라 10여 개의 많은 지표가 운영될 수도 있다. 하지만, 지표가 많아질수록 경영진과 산하 직원들 모두 관심이 분산되기 마련이다. 따라서 PI 지표는 사업 수행에 중대한 리스크나 사업 성과 창출에 필수적인 대원칙으로 최소화하여 선정할 필요가 있다. 지표의 개수는 초반에는 10개 이상이 되더라도, 어느 정도 시간이 지나면 가능한 3~5개 이내로 최소화하여 집중력 있게 관리하는 것이 효과적이다. 또한 지표를 월간 단위로 관리하다 보면 초반의 1~2개월 차까지는 들쑥날쑥하게 목표 달성이 안되는 부서들이 있지만, 3~4개월 차에 이르면서 대부분의 부서가 100% 목표치에 근접하는 것을 볼 수 있다. 따라서 반기 단위 또는 연간 단위로 목표 달성률이 안정권에 들어선 PI 지표들은 인/아웃을 통해 솎아줄 필요가 있다. 그리고 이렇게 1년에서 최대 3년까지 PI 지표를 운영하면서 회사의 대원칙이 안정적으로 지켜진다고 판단된다면 PI 지표 관리를 종료한다.

지표 관리의 부작용

지표 관리는 강하게 실행할수록 무리한 방법으로라도 목표를 달성하려는 부작용이 함께 따라온다. 워낙 강하게 지표를 관리하는 조직인 경우, 미달성된 수치를 어떻게든 해결하려는 의지가 강하기 때문이다. 그러나 이로 인해 왜곡된 데이터가 시스템에 남는다면 지표 관리의 취지는 무색하게 된다. 따라서 부서장들의 지표에 대한 인식이나 태도가 매우 중요하다. 이에 따라 구성원들에게 전달되는 메시지가 크게 달라지기 때문이다. 부서장들이 지표 관리의 원칙과 취지에 대해 이해하고 공감하는 수준이 높을수록 구성원들 역시 비슷한 눈높이의 공감대를 가지기 마련이다. 예를 들어, 아래와 같이 부서장들이 전달하는 메시지에 따라

PI 지표에 대해 구성원이 받아들이는 느낌이나 변화 관리의 결과는 달라질 수 있다.

● **부서장 A:** "이번에 새로 전달된 관리 지표니깐, 한 명도 빠짐없이 무조건 목표 달성하세요. 변명은 필요 없습니다. 미달성할 때는 연말 평가에 반영할 겁니다."

효과 목표 100% 달성 확률 높음.

부작용 목표 달성의 압박감으로 인해 데이터 왜곡이 발생할 수 있음.

● **부서장 B:** "나도 왜 하는지 모르겠어, 위에서 하라니 해야지 어쩌겠어. 일단 100% 목표 달성이 안되면 힘들어지니깐 알아서 잘 관리하세요."

효과 목표 100% 달성 확률 높음.

부작용 해야 하는 분위기는 전달되지만, 부정적이고 냉소적인 입장이 전달되어, 동기 부여 없이 수동적이며 형식적으로 지표가 관리되고, 데이터 왜곡 가능성이 있음.

● **부서장 C:** "회사에서 자주 이슈화되는 부분이라 새로운 관리 지표로 관리됩니다. 100% 달성이 힘들겠지만, 최선을 다해 주세요."

효과 취지와 목적이 설명됨.

부작용 여건에 따라 100% 미달성 확률이 있음을 감안해야 함.

● **부서장 D:** "이번 관리 지표는 회사에 미치는 영향도가 큰 사항이라 리스크 관리 차원에서 만들어졌습니다. 100% 목표 관리가 되도록 파트장은 주 단위로 모니터링하면서 보고해 주세요."

효과 목적이 설명되었고, 취지를 이해하는 부서장의 의지와 구체적인 관리 방식이 전달됨.

부작용 목표 달성이 미진한 파트에 대한 관리자로서의 꾸준한 독려 활동이 수반됨.

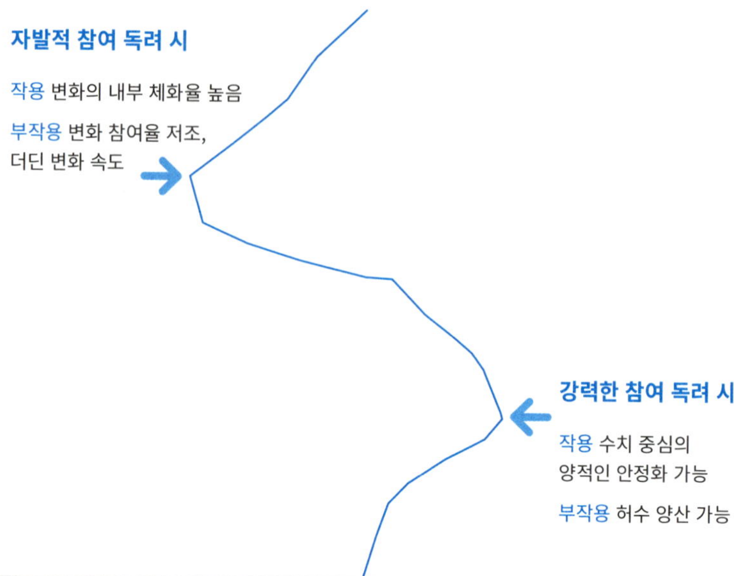

그림-20 **변화 관리와 지표 관리의 부작용**

부서장이 전달하는 메시지는 오감으로 읽히는 다양한 정보를 포함하여 부서원들에게 가감 없이 전달된다. PI에 관한 생각과 태도 등이 그렇다. 그러나 PI에 대한 부정적인 견해와 냉소적인 자세, 수동적인 태도가 부서원들에게 전달될 때 PI 동력은 확연히 떨어진다. 반대로 부서장들이 PI에 대해 긍정적인 사람, 즉 아군일 때에는 강력한 추진력을 얻을 수 있다. 따라서 이들을 꾸준히 설득하기 위한 노력과 이들에게 줄 수 있는 이점이 무엇일까에 대해 꾸준히 고민할 필요가 있다. 예를 들면, 일하는 방식의 변화를 촉진하는 과정에서 직원들의 불편 사항이 있다면 부서장들을 통해 전달되는 의견을 우선하여 반영함으로써 산하 직원들에 대한 리더로서의 명분을 세워주는 것도 방법이다. 변화 관리는 결국 탑-다운 방식으로 이루어지기에, 하류 전개의 길목에 서 있는 부서장들의 역할과 성향이 변화 관리의 속도와 질에 큰 영향을 주기 때문이다.

20

PI 해산과 조직 재편

누가 남고, 누가 떠나지?

PI의 시작 못지않게 중요한 것이 PI 종료와 해산이다. 시스템이 오픈된 이후 장애 처리와 불편 개선 활동이 어느 정도 마무리되고, 큰 이슈 없이 운영 안정화가 이루어지는 시점이라면 프로젝트 종료를 준비해야 한다. 프로젝트 종료는 외부 인력의 철수로부터 시작해서 타 부서에서 차출된 내부 인력들의 부서 복귀로 진행된다. 해당 부서장의 복귀 요청이 강력한 경우, 시스템 오픈 즉시 철수하는 구성원도 생기고, 6개월에서 1년 정도 안정화 기간을 지원한 이후에 돌아가는 일도 있다. PI 조직은 한시적으로 구성된 프로젝트 팀TFT 조직인 만큼, 해체 수순을 밟아야 하는데 한 가지 고민할 점이 있다. PI로 인한 변화가 현장에 성공적으로 안착되려면 지속적인 프로세스 관리와 시스템 운영·관리의 구심점이 있어야 한다. 프로세스에 대한 사용자 문의 대응과 교육 전파 활동, 아직 검토되지 않았던 분야의 개선안 마련이나, 오류 기능의 보완 등의 업무는 계속 발생하기 때문이다. 그래서 이때부터 PI는 프로젝트 팀이 아닌 상설 조직으로 운영될 필요가 있다. 그리고 프로젝트가 해산되면서 철수 인력과 PI 조직 간의 업무 인수인계, 복귀 인원과 PI 잔류 인원 간의 향후 역할에 대한 교통

정리가 뒤따라야 한다. 먼저 PI 조직에 잔류하는 인원은 크게 두 가지 기능을 수행하게 된다.

첫째는 변화 관리이다. 변화된 일하는 방식이 회사에 정착되도록 지속적으로 관리해야 한다. 변화가 생기는 프로세스나 이슈들에 대해 수시로 모니터링하고, 프로세스의 기준과 원칙이 지켜지도록 관리하는 보안관 역할도 수행해야 한다. 불편하고 미흡한 부분들은 편리하게 개선하는 서포터 역할도 수행한다. IT 부서와 협업하면서 시스템 반영이 필요한 우선순위를 조율하는 창구 역할도 담당한다. 프로젝트 조직으로 운영되던 때와는 달리, 개발자 대부분은 이제 IT 부서에서 최소한의 유지 보수 인력 중심으로 운영되기에 인력이 현저히 줄어든다. 따라서 개발이 필요한 이슈의 우선순위 관리는 중요하다. 그리고 추가적인 변화 사항들을 프로세스 설계서에 꾸준히 현행화하면서 회사 전체 관점에서의 프로세스를 관리할 필요가 있다. 이러한 프로세스 관리자의 역할을 내려놓는 순간, 모든 프로세스는 금방 원래 방식대로 돌아가기 때문이다. 또한 각각의 부서별로 필요한 프로세스 변경이 부서에 따라 임의로 진행된다면, 회사 관점에서는 중복되거나 비효율적인 프로세스가 우후죽순으로 생겨날 수 있다. PI 조직은

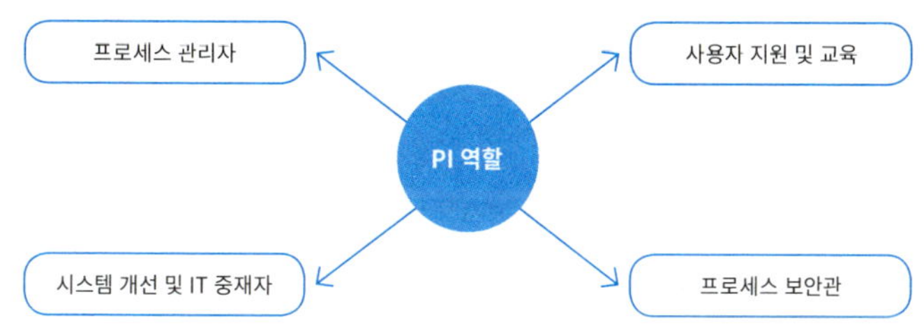

그림-21 **PI 조직의 역할**

부서별 변경 사항과 앞뒤의 연결 프로세스를 염두에 두고 회사 전체 관점에서 최적화된 프로세스인지를 검토하면서 의미 있는 개발이 진행되도록 관리해야 한다.

둘째는 성과를 입증하는 역할이다. PI 조직은 일하는 방식의 변화로 인해 회사가 얻는 성과, 즉 당근이 무엇인지를 회사에 끊임없이 알려줘야 한다. PI 내내 받는 질문이 '왜 그렇게 일해야 하는가'이다. 결국 왜 PI를 하는가, 왜 프로세스를 변화시키고, 왜 일하는 방식을 바꾸어야 하는가에 대한 답은 회사 관점의 성과로 연결되어야 한다. PI의 대표적 결과물은 표준화이다. 모든 사람이 똑같은 방식과 기준에 따라 업무를 수행하게 되는 것이다. 이를 통해 이 틀을 벗어난 부분들을 이상이나 이슈로 감지할 수 있고, 보다 잘하는 영역과 그렇지 못한 영역들을 판단할 수 있게 된다. 그리고 표준화된 틀 안에서의 모든 업무는 정량적인 평가가 가능해진다. 어떤 방식으로든 순위를 매길 수 있다. 이 때문에 위험 요인과 성과, 기여도 등 다양한 관점에서 하위권을 집중 관리할 수 있고, 상향 평준화를 만들어 내기도 쉬워졌다. 그러나 이러한 표준화, 가시화, 상향 평준화를 성과라고 내세우기엔 항상 부족하다고 설명한 바 있다. 성과는 정량화된 수치로 입증된 결과물이 있어야 한다. 이러한 성과가 없다면, PI에 잔류하는 구성원은 성과 입증에 대해 지속적으로 내외부의 압박을 받을 것이다. 그리고 이를 입증하지 못한다면, PI 조직은 회사에서도 계륵 같은 존재가 될 수 있다. 따라서 Post-PI 조직을 위해서라도 초기부터 입증 가능한 성과 중심의 PI 과제 설계를 염두에 두고 일해야 한다.

PI 초기부터 잔류 인원을 생각하자

앞의 두 가지 역할을 위해, PI 부서에 잔류할 인력과 복귀할 인력을 구분할 필요가 있다. 그리고 각 부서를 대표하여 차출된 PI 업무 담당자가 기존 부서로 복귀하면, 복귀자의 업무는 복귀 부서에서 수행할 것인지, PI 부서에서 수행할 것인지 R&R을 정해야 한다. 특히, 담당자별로 수행했던 업무 프로세스의 기준 및 절차 관리나 문의 응대 업무를 누가 수행할지를 정해야 한다. 대부분의 기능 부서에서는 복귀한 인원은 더 이상 PI 업무는 수행하지 않는 인원이라고 생각하기 마련이다. 따라서 복귀자가 담당하던 프로세스의 기준과 절차를 관리하거나 문의 응대를 처리하는 것은 PI 조직에서 수행하는 것으로 역할 정리를 할 필요가 있다. 다만, PI가 종료되면 PI 조직은 이전 대비 30~40% 수준의 인력으로 축소 운영된다. 적은 숫자의 PI 인원이 복귀하는 다수 인원의 업무를 인수인계 받기에는 어려움이 있다. 장기간 프로세스에 반영된 사상이나 세부적인 변경 사항이 너무 많아서 단시간에 업무 내용을 소화하기에도 무리가 있다. 특히, 법무/구매/기획/영업/안전 등 각 분야의 전문가들이 만들어 온 프로세스를 전혀 다른 직무를 수행하던 사람이 인수인계를 받는 것도 상당히 어렵다. 이 때문에 프로젝트 초기부터 종료 시의 인수인계를 염두에 두고 PI 조직을 구성할 필요가 있다. PI 잔류가 확실한 인원들은 프로젝트 초반부터 서브 프로젝트 관리자Sub PM로 선정하여, 프로젝트 초기부터 복귀 예상 인원들의 업무를 파악하도록 역할 배정을 할 필요가 있다. 이를 통해 다수의 인원이 복귀한 이후에도 남은 인원이 복귀자의 업무를 더 수월하게 인계받을 수 있도록 준

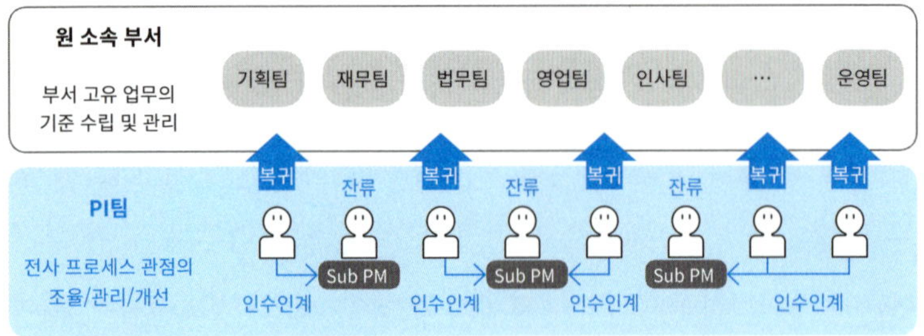

그림-22 PI 잔류 인원과 복귀 인원의 R&R

비시켜 놓는 것이다. 프로젝트 해산과 더불어 이러한 교통정리가 제대로 이루어지지 않으면, 각 기능 부서와 PI 조직 간의 역할과 책임에 대한 마찰이 끊임없이 생긴다.

PI와 커리어

PI에 최소 1년 또는 그 이상을 묶여 있으면, 구성원을 비롯하여 리더까지도 회사 내의 커리어에 대해 불안감을 느낀다. 다른 부서에서 업무 경력을 계속 쌓아가는 주변 동료들을 보면 조바심이 날 수도 있다. 기민하고 분주하게 커리어를 관리하는 사람들을 보면 더욱 그렇다. PI를 오픈하면서 주목받은 해에는 성과가 좋은 편이다. 하지만, 다음 연도부터는 상대적으로 PI에 대한 관심이 떨어지고, 눈에 띄는 성과보다는 현상을 유지하는 조직으로 운영되기 때문에 부서의 성과 역시 하향 곡선을 타는 경우가 많다. PI 조직은 매출을 만드는 조직이 아닌 비용을 쓰는 부서이기에, 성과 평가에서도 평균점을 받으면 평타를 쳤다고 할 수 있다. 따라서 원래 부서로 빠른 복귀를 희망하는 구성원도 있고, 또 핵심 인재라고 할 수 있는 전문가들로 구성된 PI 조직인 만큼 원래 조직에서도 빠른 복귀를 요청하기도 한다. 이런 과정에서 PI에 남게 되는 사람들은 복귀하는 사람들에 비해 마음이 초조해질 수 있다.

하지만, 회사 생활은 3~4년만 하는 것이 아니다. 퇴직 연령이 높아지면서 길게는 30년을 일할 수도 있다. 빨리 올라가는 사람은 정상의 위치에서 안 내려가기 위해 퇴사 시점까지 버티는 세월을 보내야 한다. 따라서 빨리 올라가지 않으면 내 자리는 없을 것이라는 조바심은 내려놓을 필요가 있다. 시간이 지나면 대부분의 사람이 어느 정도의 고지까지는 다 올라가기 때문이다. 올라가는 과정은 좀 느리고 지루할 수 있다. 그러나 모든 사람은 시간 앞에 공평하다. 빨리 올라간 사람들에게는 정상에서의 휴식보다는 더욱 치열해진 경쟁이 기다리고 있다. 더 빨리 올라간 사람들도 따라잡아야 하고, 뒤에 쫓아오는 사람들보다도 앞서가야 하니 긴장의 끈을 놓을 수 없다. 빠른 승진으로 '최초'와 '최연소' 등의 수식어가 붙은 사람들은 계속 터보 엔진을 켜고 달려야만 한다. 직급이 높아지고, 높은 직책에 보임될수록, 현재보다 높은 곳을 향해 끊임없이 달려야만 하는 것이다. 직책이 높아지고 나이가 들면서 커리어에 대한 선택지는 점점 좁아진다. 내려갈 수는 없고, 올라갈 수밖에 없다 보니, 그사이에 끼인 상태로 위에서 그리고 아래에서 오는 중압감을 고스란히 감당해야 한다. 피할 곳이 없는 것이다. 언젠가 도착할 곳이 이런 위치라면, 굳이 빠르게 도착하려고 애쓸 필요가 있을까. 빨리 가지 않아도, 내 자리와 역할에 매 순간 충실하다면, 시간이 지나면서 언젠가 정상에 도착할 기회는 생기게 되어 있다. 회사 생활을 3~5년으로 본다면 마음이 조급할 수도 있다. 하지만 10년, 20년, 30년으로 회사 생활을 길게 본다면, 빨리 가는 사람은 좀 더 빨리 지칠 것이고, 늦게 가는 듯 보이는 사람도 결국에는 다 같은 도착 지점에서 만나기 때문에 좀 더 마음의 여유를 가질 필요가 있다.

매일매일을 성실하고 책임감 있게 일하는 사람들에게 PI는 장기적인 안목과 경험을 쌓을 기회라고 말하고 싶다. 전사적인 업무 프로세스를 다루면서 경영 관리와 시스템 전반에 대한 안목을 키울 수 있기 때문이다. 광범위한 분야의 업무 지식과 IT 전반을 업무로 다루어 보는 기회는 흔치 않다. 그리고 이렇게 쌓인 경험 자산들은 언젠가 주어질 기회의 순간에 어떤 업무나 어떤 역할이든지 해낼 수 있는 당당한 자신감과 전문가다운 실력이 되어줄 것이다.

21

성공하는 PI를 위한 제언 8가지

① PI 성과와 성공의 잣대

PI는 프로세스 표준화로 인정받지 못한다. 사업적 성과를 내어야만 인정받을 수 있다. 그래서 PI에서 다루는 이슈는 매출 성장, 원가 경쟁력 등 사업적 성과에 미치는 영향도가 높은 사안이어야 한다. PI 이슈로서 발제되는 많은 사안이 있지만, 이슈를 해결했을 때 성과 기여도가 정량적으로 표현될 수 없다면 PI에서 다루기에는 적합하지 않을 수 있다. PI가 프로세스 개선과 업무 편의성 증대에 초점을 맞추기보다는 사업 전략과 사업 모델에 초점을 맞추어야 하는 이유이다. 그렇지 않을 경우, PI는 안팎의 상황에 따라 당위성과 추진력을 쉽게 잃는다.

② 표준화 이후 지표 관리를 통한 변화 관리

PI는 표준화로 끝나는 것이 아니라 표준화에서부터 시작한다. 표준화 이후에는 지표 관리가 가능해지고, 중점 관리되는 지표는 결국 상향 평준화로 수렴된다. 지표 하위권은 지속적인 모니터링을 통해 개선되고, 상위권은 노하우를 공유해주기 때문이다. 따라서 회사의 변화되는 사업적 상황과 이슈별 우선순위에 따른 지표 항목의 인/아웃 및 모니터링은 변화 관리의 핵심이다.

③ PI, 전문가의 혜안과 함께

PI는 깊이 있는 고민을 할 수 있는 전문가 집단으로 구성되어야만 한다. 업무에 대한 풍부한 경험과 이슈에 대한 깊은 고민을 많이 해본 사람이어야 제대로 된 해결안을 만들 수 있다. 혁신의 폭은 생각하고 상상한 만큼만 구현되기 때문이다. 현재를 뛰어넘을 만한 혁신을 고민할 수 있는 사람들을 모아야지만 제대로 된 PI를 실행할 수 있다.

④ 내부 역량 수준에 따른 PI 추진

PI는 남이 대신 수행할 수 없다. 외부 전문가가 투입되더라도 내부 전문가와의 긴밀한 협업이 요구되는 영역이다. 따라서 회사 내부에 PI를 수행할 인적자원이 충분한지를 냉철히 판단해야 한다. 내부의 역량이 충분하지 않다면 모든 프로세스를 빅뱅 방식으로 추진하기보다는 프로세스를 쪼개어 단계별로 접근하는 방식이 나을 수 있다.

⑤ 프로세스 혁신은 조직/체계와 연동

프로세스를 바꿀 때는 연관 조직이나 부서의 기능도 함께 변경되어야 한다. 프로세스는 통합되었는데 연관 부서들의 기능이 통합되어 있지 않다면, 현장은 혼란스러울 수밖에 없다. 변화란 어느 한 부분만 바꾼다고 해서 이루어지지 않는다. 변화에 연관된 사람들이 일하는 방식을 전체적으로 다루어야 한다. 따라서 변화된 방식의 프로세스에 따라 부서 간의 역할과 기능에 대한 합의가 선행되어야 한다.

⑥ 고객의 숨겨진 니즈 발굴

PI는 드러난 이슈뿐 아니라 표출되지 않은 잠재적 이슈까지도 미래 지향적으로 살펴보아야 한다. 특히 고객 관점에서의 페인 포인트를 분석할 때 아직 발현하지 않은 충족되지 않은 니즈Unmet Needs까지도 검토해야 한다. 고객은 경험한 현상에 대한 이슈만을 말하지만, 본인들도 모르는 새로운 경험 환경 속에서 잠재되었던 니즈도 중요한 서비스가 되기 때문이다. 그리고 이러한 니즈가 고객 가치 창출을 위한 신규 서비스의 핵심 단서가 될 수 있다. PI는 고객의 숨은 니즈를 발굴할 수 있는 프로세스나 조직 체계를 만드는 것까지도 함께 다루어야 한다.

⑦ 탑-다운형 마인드 전환

변화 관리의 핵심은 마인드 전환이다. PI를 통한 변화는 항상 저항받게 되어 있다. 하지만 일단 시작한 PI는 끝까지 달릴 수밖에 없다. 이러한 저항감을 최소화하려면 리더를 중심으로 한 탑-다운형 마인드 교육이 필수적이다. PI의 하향식 전개 길목에 서 있는 리더들이 도와준다면 더욱 빠르게 PI는 확산할 수 있다. PI에 대한 리더들의 설득과 이해를 위해 대면 교육과 워크숍 등을 적극적으로 실시하는 이유이다.

⑧ PI 저항을 최소화하는 매끄러운 연결성

사용자를 불편하게 만드는 UX는 외면받을 수밖에 없다. 변화된 시스템과 프로세스를 따라가기 위한 인위적인 데이터 입력이 많고, 복잡한 프로세스일수록 더욱 그렇다. 업무 수행을 위한 일상의 행동이 데이터화될 수 있게 한다면, 사용자는 변화된 프로세스에 보다 빠르게 적응할 수 있다. 직관성이 높고 매끄럽게 연결되는Seamless 내비게이션일수록 시스템에 대한 저항감은 작다. 가능한 본연의 업무를 수행하면서 자연스럽게 필요한 데이터가 시스템으로 전달되는 기술이 필요한 이유이다.

22

PI 실행 도구, 디지털 트랜스포메이션

DX, 기업의 업무 환경을 현대화하라

PI는 기업의 프로세스를 최적화하고 표준화를 통해서 만들어진 지표를 평가하여 지속 가능한 기업 환경을 만드는 데 그 목적이 있다. 지속 가능한 기업 환경은 선순환적인 성장을 할 수 있는 기반을 말하는데, 간단히 말하면 기업의 성장을 지탱하는 비즈니스 모델에서 창출되는 수익과 코로나와 같은 예상하지 못한 위기 상황에 민첩하게 대처하여 경쟁사 대비 서비스 단절과 생산량의 저하가 없는 업무의 연속성을 유지하는 것이다. 이를 위해, PI는 전통적으로 기업의 혁신을 위한 실행 전략 수립에 활용되어 왔다. 하지만, 최상의 PI 전략을 수립했더라도 실행하지 않는다면 PI의 가치는 퇴색할 수밖에 없다. 다음 장에 있는 디지털 트랜스포메이션 여정 맵(그림-23)은 '성공하는 PI를 위한 제언 8가지'를 실현하기 위한 인풋과 아웃풋을 보여주고 있다. 기업 환경과 경영 전략에 영향을 미치는 디지털 자원이 다양해지고 방대해짐에 따라 기업이 사업 목표를 달성하기 위한 방법론 역시 재검토해야 한다.

4차 산업혁명이 촉발한 디지털 네이티브 시대 속에 업의 본질에 부합하는 고객 요구와 전략 방향 역시, 변화의 당위성이 요구됨에 따라 업무 프로세스와 사람들이 일하는 방식 또한 변화해

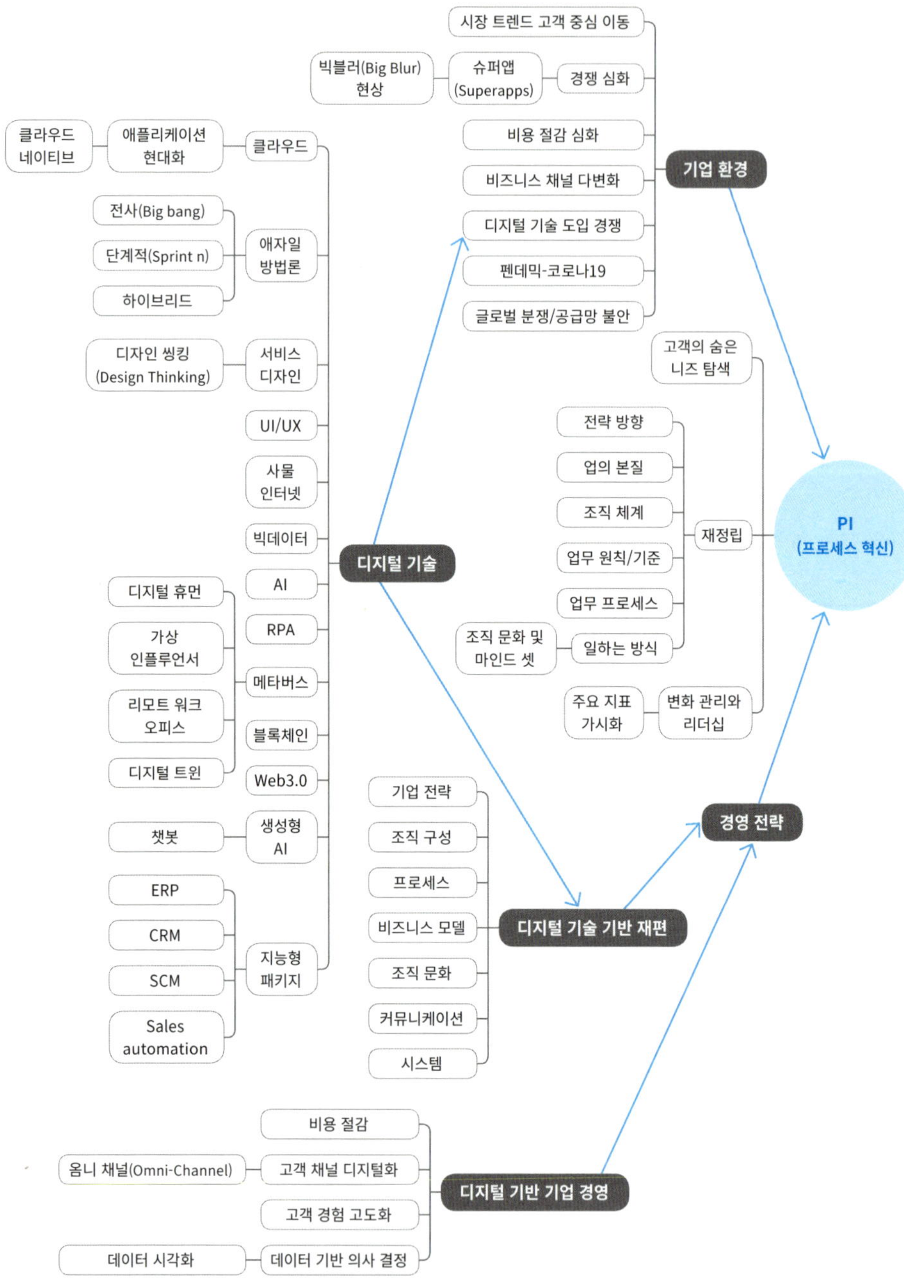

그림-23 디지털 트랜스포메이션 여정 맵Digital Transformation Journey Map

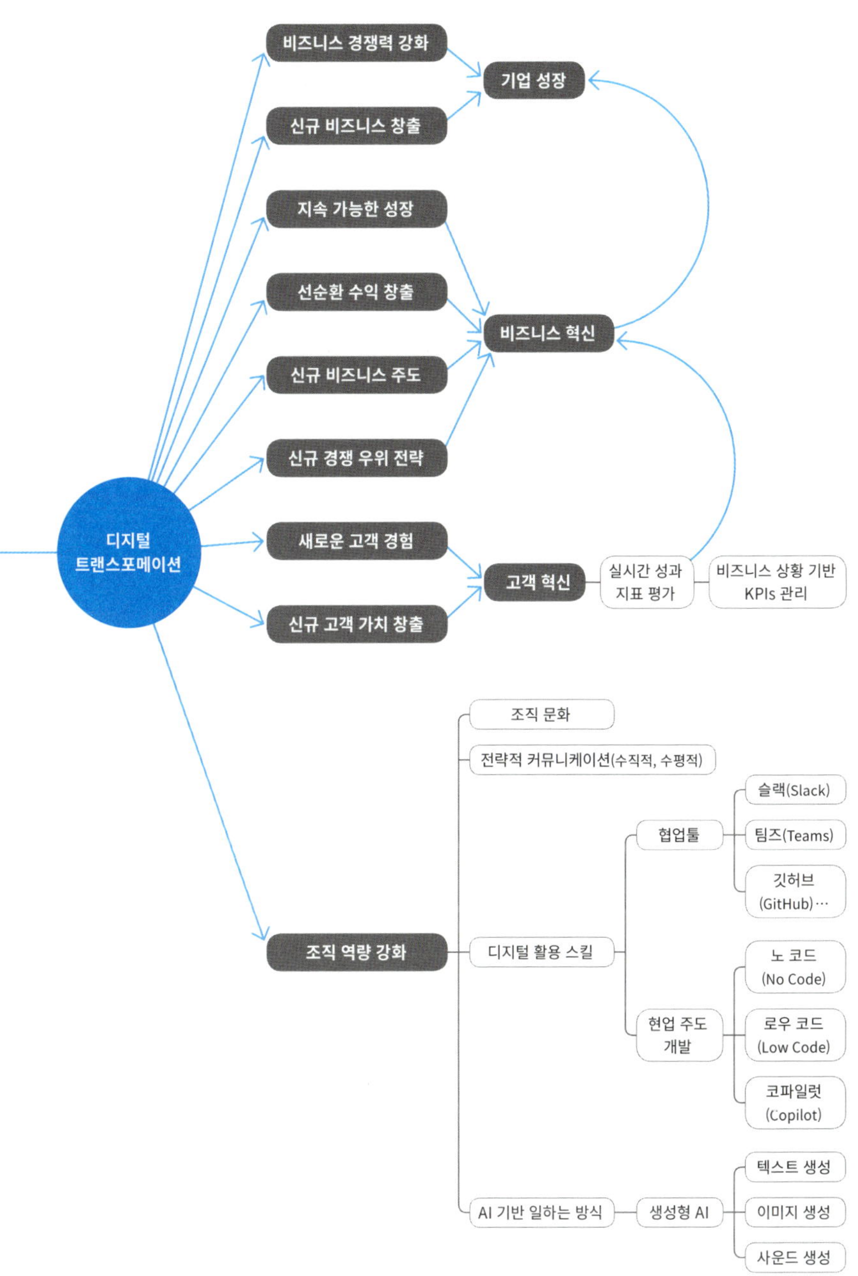
디지털
트랜스포메이션
비즈니스 경쟁력 강화
신규 비즈니스 창출
지속 가능한 성장
선순환 수익 창출
신규 비즈니스 주도
신규 경쟁 우위 전략
새로운 고객 경험
신규 고객 가치 창출
조직 역량 강화
기업 성장
비즈니스 혁신
고객 혁신
실시간 성과
지표 평가
비즈니스 상황 기반
KPIs 관리
조직 문화
전략적 커뮤니케이션(수직적, 수평적)
디지털 활용 스킬
협업툴
슬랙(Slack)
팀즈(Teams)
깃허브
(GitHub)…
현업 주도
개발
노 코드
(No Code)
로우 코드
(Low Code)
코파일럿
(Copilot)
AI 기반 일하는 방식
생성형 AI
텍스트 생성
이미지 생성
사운드 생성

야 하기 때문이다. 프로세스 혁신은 디지털 기술의 도입과 맞물려 기업의 전략에 부합한 업무 프로세스를 재수립하고 표준화함으로써 기업의 최적화된 자원이 변화된 기업의 목표를 따라 운영되도록 만들어 준다. 따라서 DX는 PI와 함께 병행될 때, 기업 전반의 종합적인 프로세스 구석구석에 녹아들어 일체화될 수 있고 목표했던 사업적 성과가 극대화될 수 있다. DX를 기술적 이점 이상으로 사업적 관점의 기업 DNA를 혁신시키는 수단으로 바라보는 이유이다. 챗GPT의 출현으로 기업의 업무 프로세스는 생성형 AI로 재편되고 있는데, 흡사 골드러시Gold rush와 같이 광풍처럼 몰아치고 있는 시점에 DX는 고객 경험과 가치를 창출하는 비즈니스 모델과 업무 프로세스, 일하는 방식, 커뮤니케이션, 성과 평가와 관리 등의 경영 활동이 기술에 매몰되지 않게 하는 실행 전략이다.

관점은 다르지만 목표는 하나

기업은 4차 산업혁명을 필두로 전산화, 디지털화 단계에서 디지털 트랜스포메이션DX을 활용하여 전사 조직과 비즈니스 프로세스, 고객 채널 그리고 데이터 프로세스(수집 → 저장 → 분석 → 시각화)를 기업이 바라보는 최종 지향점[13]으로 재구성하고 있다. 그런데 IT 컨설팅과 솔루션, 클라우드, 빅테크 벤더에 따라 DX의 정의와 접근 방식에 차이가 있다. 아마도 벤더의 시각에서 DX는

13 새로운 고객 경험과 가치 창출 → 고객 혁신 → 기업 혁신.

신규 컨설팅 프로젝트의 기회와 DX를 지원하는 솔루션 판매, 클라우드 자원의 신규 매출, 빅테크의 AI 서비스 판매 등의 신규 사업 아이템으로 보는 부분도 있는 게 사실이다. 벤더마다 DX를 바라보는 관점과 접근 방식이 다르지만, 궁극적인 DX의 최종 목표는 디지털 기술을 활용해서 업무 프로세스의 자동화와 지능화, 그리고 지속적인 최적화를 통해 새로운 고객 경험을 기반으로 하는 고객 가치 창출과 지속적인 혁신을 위함에는 차이가 없다. 고객 경험과 가치 창출을 위해 옴니 채널을 통해 확보되는 고객의 불편 사항과 고객 데이터를 기반으로 한 고객 중심 서비스를 개발한다. 그래서 DX를 실행하는 데 그 출발선은 서비스 디자인에서 만들어진 고객 서비스를 통해 만들어지는 고객 경험과 가치 창출이다.

DX 성공 조건 | 기본에 충실하라

DX 성공 사례를 보면 기업은 디지털 기술을 활용하여 고객 여정에서 발생하는 데이터를 기반으로, 개인화와 자동화, 지능화, 제품·서비스 추천, 고객 경험 강화를 통해 디지털 감동까지 실현하고 있다. 산업별로 유통과 식품의 경우 배송과 픽업 서비스의 간편화를, 패션 산업은 고객의 개인화 정보를 활용하여 고객이 선호할 만한 신상품 추천, 뷰티 산업은 AR·VR을 활용한 화장품의 가상 체험으로 피부 메이크업을 하기 전에 가상으로 체험을 할 수 있다. 제조의 경우, 고객이 원하는 제품과 서비스를 스마트 팩토리와 빅데이터·AI를 통해 고객 맞춤형 공급을 하고 있다. 유통과 식품의 공통점은 편리한 주문과 빠르게 원하는 상품과 서비스를 받고 싶어 하는 고객의 근본적인 욕구를 만족시키는 것이다. 기업이 고객에게 가치를 제공하기 위한 기업의 본질적인 역할과 핵심적인 서비스에 DX 기술을 집중하여 새로운 고객 경험과 가치를 창출한다. 이처럼, 성공한 DX의 시작은 '기업의 본질적인 혁신'에서부터 시작한다.

지속 가능한 DX 실행 프로세스

하지만 DX는 추상적인 개념이라서 기업의 DX 접근과 실행 전략이 중요하다. 제 DX 프로젝트를 진행하는 경우, 70% 이상은 실패하고 있다. 실패 원인은 고객 서비스 중심이 아닌 기술 도입에만 집중해서 실제 성과와 연결되지 못한 원인이라고는 하지만, 이보다 더 중요한 것은 그림-24와 같이 DX 실행 프로세스와 DX를 지속적으로 실행할 수 있는 프레임워크[14], 그리고 DX 구현 기술에 대한 3가지 전략 부재가 DX를 실패로 이끄는 주된 원인이다.

DX의 3가지 전략은 DX 추진 조직에서 결정할 사항으로, PI에서 나온 혁신 전략을 실행하기 위해 전사 관점에서 계획을 세워야 하므로 복잡한 절차가 요구된다. 또한 기술의 발전이 빨라서 새로운 기술 트렌드가 지금의 기술 트렌드를 밀어내는 트렌드 전쟁처럼, IT 컨설팅과 솔루션, 클라우드, 빅테크 벤더는 어찌 보면 새로운 유행을 만들어 소비를 촉진시키는 패션 기업과 같은 소비 트렌

14 시스템을 개발할 때 소요되는 시간을 줄이기 위해서 설계된 라이브러리의 집합체.

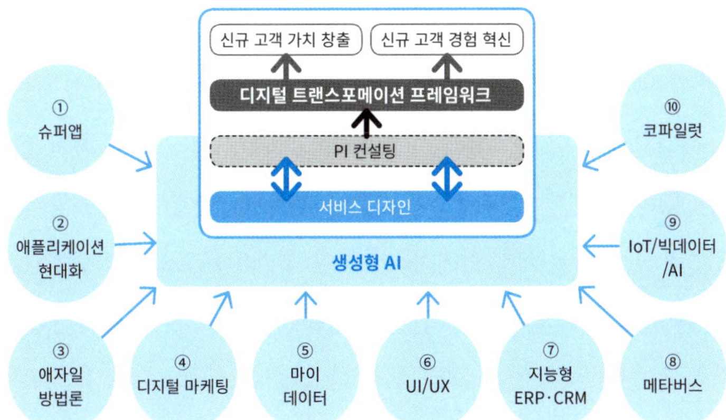

그림-24 DX 실행 프로세스

① 슈퍼앱: 채팅, 금융, 쇼핑 등 다양한 서비스를 하나의 플랫폼에서 제공하는 앱으로 쿠팡, 카카오톡 등과 같은 전통 플랫폼으로부터 고객을 이탈시켜 유치하려는 목적.

② 애플리케이션 현대화: 기존 앱과 데이터를 비즈니스 요구 사항에 맞게 클라우드 중심 모델로 마이그레이션하는 프로세스를 통해, 민첩한 애플리케이션 개발 및 관리 가능.

③ 애자일Agile 방법론: 신속한 반복 작업을 통해 실제 작동 가능한 소프트웨어를 개발하여 지속적으로 제공하기 위한 소프트웨어 개발 방식. 전통적인 개발 방식과 하이브리드 개발 방식인 빅뱅 개발 방식과 단계별 개발 방식을 지원.

④ 디지털 마케팅: 인터넷 기반 디지털 채널을 활용한 온라인 광고로 고객 대상 제품·서비스 소개 및 판매를 통한 고객 소비 패턴 데이터 확보, 개인화를 통한 타깃Target 마케팅에 활용.

⑤ 마이 데이터My Data: 데이터 소유자가 자신의 데이터 활용처와 활용 범위 등에 대한 정보 주체로서 능동적인 의사 결정을 지원함으로써, 기업은 마이 데이터를 통해 고객 유치와 새로운 서비스의 직접 판매 가능.

⑥ UI/UX: 사용자와 제품의 상호 작용(UI)을 통해 느끼는 포괄적인 사용자 경험(UX).

⑦ 지능형 ERP·CRM: AI 기술을 패키지에 탑재하여 복잡 프로세스의 자동화 및 신속한 의사 결정 지원.

⑧ 메타버스: 현실 세계와 가상 세계를 융합하여 다양한 형태의 연결·소통·협업·커머스 등을 지원.

⑨ IoT/빅데이터/AI: 센싱 데이터 → 빅데이터 저장 → AI 예측 지원.

⑩ 코파일럿: 개발자가 AI의 지원을 받아서 코딩을 하며, 버그·에러도 AI 지원을 받아서 문제 해결.

드를 만들어 낸다. 무수히 많은 기술이 출현하였지만 모든 기술이 산업에 활용되지 못하여 도태되거나 사라진 경우가 많다. 또한, 메타버스처럼 사라졌던 기술이 코로나로 다시 소환되어 급부상한 경우도 있다. 그래서 빠르고 복잡해진 기술 트렌드의 선택과 활용은 DX 실행에 있어 풀어야 할 숙제이다. 우리 기업이 어떤 DX 전략을 수립하여 로드맵을 만들고, 이행 과제를 도출하는 일은 종국에는 누구도 대신할 수 없다. 그림-24는 DX 전략을 수립하는 청사진으로, 생성형 AI 중심으로 슈퍼앱에서 코파일럿Copilot까지는 'DX 기술 영역'이며, PI에서 핵심 사항인 고객 혁신을 위한 대상을 선정/설계/구현 방안을 만들어 내는 '서비스 디자인 영역'과 DX 기술을 조합하고 통합·조직화하는 'DX 프레임워크'를 통해 신규 고객 가치 창출과 고객 경험 혁신을 만들어 낸다.

성공적인 DX 실행 전략의 수립을 위해 우선, 기술 트렌드 전쟁에서 흔들림 없이 중심을 잡고 DX를 실행하기 위한 디지털 기술을 선정·활용하여 기술 트렌드가 어떤 모습으로 우리에게 찾아와서 어떤 영향을 미치고, 우리가 어떠한 방식으로 DX를 준비해서 DX 여정을 떠나야 할지를 포괄적 관점으로 바라보는 것부터 시작해야 한다. DX라는 거대한 숲을 만들기 위해 어떤 종류의 나무를 심어야 할지부터 고민하는 시간이 필요하다.

23
기술은 패션 산업이다

지금은 트렌드 전쟁 중

생성형 AI 기술을 활용해서 새로운 서비스를 출시하는 기사가 정신없이 미디어를 통해서 발표되고, 기술 매체는 홈쇼핑 채널처럼 새로운 기술의 중요성과 가치를 쉴 새 없이 소개하고 있다. 기술 트렌드는 패션과 같이 새로운 유행이 이전의 유행을 덮는다. 영화 <더 킹>의 "이슈는 이슈로 덮는다"는 대사처럼, 글로벌 IT 컨설팅 그룹은 새로운 기술 트렌드를 매년 만들어 내고, 미디어는 신규 트렌드를 소개하며, 기업의 IT 담당자는 트렌드를 활용해서 새로운 사업을 만들어 내는 일련의 '기술 소비 사이클'을 가진다. 패션 디자이너가 트렌드에 따라 자신의 정체성을 보여주는 디자인을 고객이 원하듯이, 기술 엔지니어도 고객이 원하는 기술 트렌드를 활용해서 기업에게 효익을 줄 수 있는 시스템을 디자인해야 한다. 하지만, 패션 트렌드에 따라 고객의 옷을 디자인하든, 기술 트렌드에 따라 새로운 시스템과 애플리케이션을 개발하든 핵심은 기술 트렌드의 본질과 맥락을 알아야 한다. 2009년 제임스 카메론 감독의 영화 <아바타>가 개봉했을 때, 판도라 행성의 화려하고 이국적인 모습은 사람들의 시선을 매료시켰고 탄성을 자아냈다. 마치, 이 세상이 3D 입체 세상이 될 것처럼 정부와 지자체도

3D 기술을 신성장 동력으로 인식하고 많은 사업을 지원하였다. 하지만, 3D 입체 기술은 새로운 트렌드인 3D 프린팅으로 대체되면서 세상의 관심에서 사라졌다. 3D 프린팅도 필요한 것을 집에서 직접 만들어 내는 홈 팩토리Home Factory 세상을 말했지만, 지금은 네스프레소와 같은 커피 메이커 브랜드가 3D 프린팅 대신에, 홈 커피 팩토리로 자리 잡았다.

기술은 역사처럼 돌고 돈다

2015년 가상현실VR도 3D 프린팅처럼 화려한 트렌드로 등장했지만, 뜨거운 관심과 기대와는 다르게 흘러 흘러 테마파크 게임 아이템으로 활용되는 정도였다. 이마저도 코로나로 성장 동력을 상실하는 결정타를 맞았다. 코로나가 만들어낸 비대면으로의 급격한 생활 변화는 줌Zoom과 같은 영상 회의 솔루션과 메타버스가 다시 부상하는 계기가 되었다. 실제로 3D 입체와 3D 프린팅, 가상현실, 메타버스 기술은 새로운 기술이 아니다. 과거에 찾아 왔던 트렌드였으나, 성장 가능한 사회적·사업적 니즈를 창출하지 못하고 사라졌던 기술들이었다. 줌과 같은 영상 회의 솔루션인 시스코의 텔레프레즌스TelePresence도 2007년에 시장에 소개된 솔루션이었으나 코로나 이전에는 활발히 사용되지는 않았다. IT 컨설팅 그룹의 전략에서 만들어진 트렌드나, 솔루션·클라우드·빅테크 벤더에서 제시하는 트렌드든, 트렌드의 소비자인 우리는 기술의 맥락을 이해해야 한다. 그림-25는 위드 코로나와 함께 맞이한 일상으로의 복귀는 사랑받던 집안의 넘버원 외아들인 메타버스

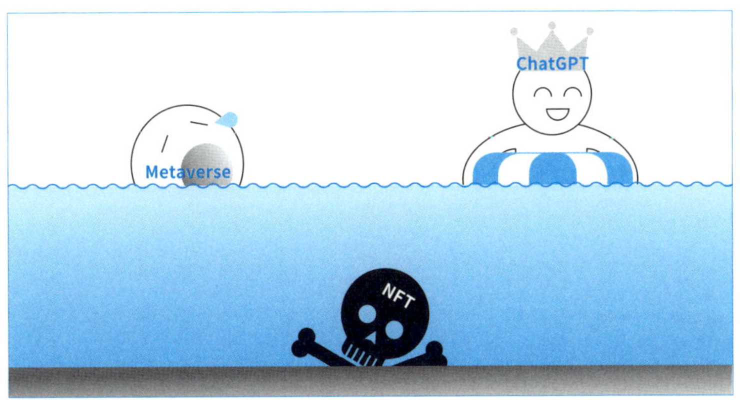

그림-25 트렌드는 전쟁 중

왕자가 귀여운 막내 여동생 챗GPT 공주가 태어나 대중의 관심으로부터 멀어진 왕자의 마음을 그리고 있다.

우리는 기술 소비자이면서 기술 활용자이다. 호모 사피엔스처럼 도구를 사용하는 사람들이다. 기술 트렌드를 읽는 힘과 활용은 기업에는 지속 가능한 성장 동력과 경쟁 우위를, 그리고 개인에는 대체 불가의 역량을 제공한다.

24

네버 다이Never die, 메타버스와 생성형 AI

메타버스는 세상을 복제하는 마술사

챗GPT의 등장으로 메타버스에 대한 사회적 관심이 줄어든 것은 사실이지만, 제조 및 설계 산업 영역에서는 여전히 주목받는 기술이다. 메타버스는 기업의 DX를 실행하는 도구 중 하나이며, 지향하는 모습은 현실 세계Real world와 가상 세계Virtual world를 연결하는 하이브리드 역할을 하는 플랫폼이다. 특히, 기업의 스마트 팩토리는 메타버스 기술을 활용하여 가상 공장VF, Virtual Factory으로 제조 설계 사업을 혁신시키고 있다.

물리적 팩토리 공간을 유니티, 언리얼 게임 엔진을 통해 복제Clone해서 물리적 팩토리 공간에 설치된 장비·기계를 사물 인터넷을 통해 운영 상황과 생산량, 온도, 진동, 소음 등의 센싱 데이터를 받아서 데이터 레이크Data Lake에 저장하고, 빅데이터를 통해서 통계 데이터를 실시간으로 경영진과 유관 조직에 대시보드로 공유하여 고장 등 생산 활동에 저해되는 증후를 사전에 예지Prophecy해서 위기 상황을 대비하고 조치를 취하는 제조 설계 프로세스 혁신을 메타버스를 통해서 실현할 수 있다.

챗GPT는 제2의 아이폰

챗GPT로 촉발된 생성형 AI는 확산 속도가 전례를 찾아볼 수 없을 정도로 빠르다. 아이폰이 콘텐츠 생산과 소비의 방식, 모바일 중심의 구매와 판매 방식, 시공간을 초월하는 일하는 방식 등 우리의 삶에 지대한 영향을 미쳤다면, 생성형 AI는 우리 삶의 중심을 인공지능으로 이동시켰다. 오픈AI의 챗GPT 출시는 마이크로소프트 빙챗Bing Chat, 구글 제미나이 그리고 네이버 클로바X로 생성형 AI 시대를 이끌고 있다. 클로바X 이후 최소 4개 이상의 국내 생성형 AI가 추가로 나올 것으로 본다. 생성형 AI의 출시는 중요한 의미를 가지는데, 기원전BC과 기원후AD처럼 챗GPT의 출시는 진정한 AI 대중화의 시작점이다. 챗GPT가 나오기 전에 일반인이 실용적으로 AI를 활용할 수 있는 것은 파파고와 구글 번역기 정도였다. 하지만, 챗GPT 출시로 더 이상 AI가 기업만의 전유물이 아닌 일반인까지 확대되었다. 더 나아가, 챗GPT는 기업의 업무 방식에 일대 혁신의 기회를 가져다주었다. 그것은 기업뿐만 아니라 정부 기관도 챗GPT를 활용하여 대국민 서비스 혁신을 시도하고 있다는 점이다. 그래서 앞으로 사업과 정치, 교육, 예술 등 모든 분야에서 우리는 생성형 AI를 활용할 줄 알아야 한다.

25

빅테크만 가능한 생성형 AI

생성형 AI는 머니 게임의 시작

그림-26에서 점선으로 표시된 영역이 '파라미터'라고 하는데, 챗GPT3은 1,750억 파라미터를 가지고 있다. 파라미터가 많을수록 우수한 성능을 낸다. 뇌의 세포가 많을수록 똑똑한 것처럼 구

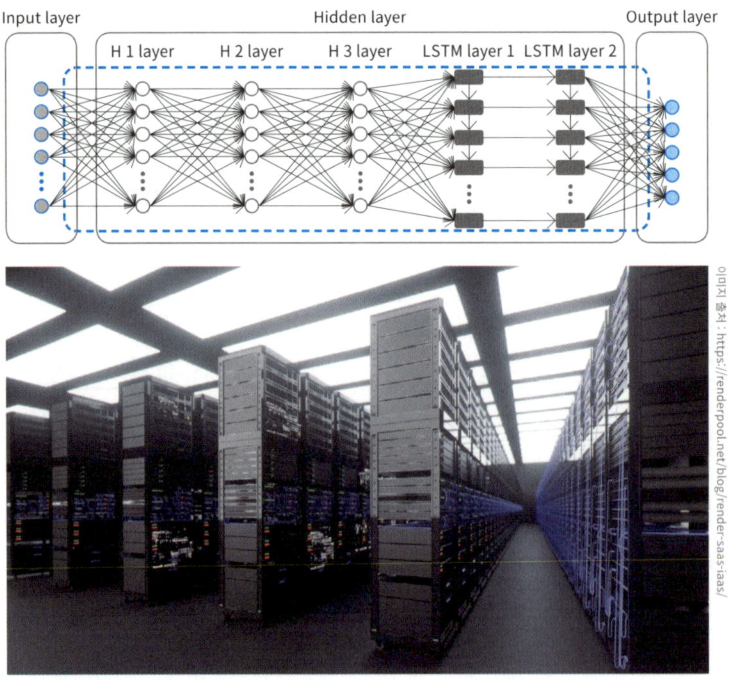

이미지 출처 : https://renderpool.net/blog/render-saas-iaas/

그림-26 파라미터와 GPU 서버 팜

글의 팜PaLM은 5,400억 개의 파라미터를 지원한다. 이처럼 몇천 억 개의 파라미터를 처리할 수 있는 인공지능을 '초거대 AI'라고 한다. LG AI연구원의 초거대 AI 엑사원EXAONE은 3,000억 개의 파라미터를 가지고 있으며, 사전의 역할을 하는 말뭉치Corpus가 6,000억 개, 이미지 2억 5,000만 장을 학습하여 텍스트를 입력하면 텍스트에 부합하는 이미지를 생성해 준다. 챗GPT와 같은 생성형 AI는 텍스트를 입력하면, 텍스트를 답하는 경우와 이미지로 답하는 경우, 사운드로 답하는 3가지 유형을 가진다. 엑사원은 텍스트를 입력하면 텍스트와 이미지를 동시에 지원하여, 이를 '멀티 모달Multi Modal'이라고 한다. 그런데 그림-26에서 볼 수 있듯이, 파라미터의 경로를 타고 들어온 데이터를 계산하기 위해서는 GPU 서버 팜Server Farm을 준비해야 한다. GPU 서버 팜을 운영하기 위해 어느 정도의 운영 비용이 발생하는지 예시로 든다면, 챗GPT의 경우에 하루 1~10억 규모라고 하며, 최근 좀 더 범위가 좁혀져서 하루에 6~7억 규모의 비용이 발생한다고 한다. 해당 비용은 엔터프라이즈 기업이라도 부담되는 금액이다. 앞으로 GPU 카드의 소비 전력과 가격은 낮아질 것이라고 예상하지만, 생성형 AI를 개발하고 운영할 수 있는 기업은 빅테크만 가능한 비즈니스 영역이다. 생성형 AI는 머니 파워와 사업 모델의 싸움이며, 생성형 AI를 구축하더라도 수익을 내지 못하면 아무리 빅테크라도 지속 가능한 생성형 AI 운영은 불가능하다.

26

AI 대중화와 민주화

생성형 AI 창작을 말하다

틸다Tilda는 LG AI연구원 엑사원을 활용하여 만든 인공지능 아티스트(디지털 휴먼)이다. 엑사원은 틸다의 두뇌 역할을 하는데, 틸다에게 텍스트를 입력하면 엑사원이 이미지를 생성해 준다. 틸다는 패션 디자이너와 협력하여 '2022년 뉴욕 패션 페스티벌(AI 생성형 크리에이티브 광고 어워드 분야)'에서 수상을 하였는데, 패션 디자이너가 틸다에게 "금성의 꽃은 어떤 모습일까?"라는 질문을 통해서 생성된 이미지로부터 영감을 받아 3,000여 장의 이미지와 패턴을 제작하고 약 200벌의 의상 컬렉션을 만들었다. LG AI연구원 엑사원과 같이 패션과 디자인, 음악, 예술 등 크리에이티브 영역에서 AI와의 협력은 확산될 것이다. 챗GPT와 같은 생성형 AI 출시로 틸다 사례와 같이, 전문 디자이너와 음악 전공자가 아니더라도 이미지와 영상을 디자인할 수 있고 음악도 만들어 낼 수 있다.

노 코드, 로우 코드도 불편하다

AI의 민주화, 대중화의 핵심은 AI 기술을 몰라도, 코딩을 못 해도 쉽게 활용할 수 있도록 환경(화면, 인터페이스)을 제공하는 것을 의미한다. 이를 위해 노 코드No code, 로우 코드Low code 환경을 제공하는데, 노 코드는 마우스로 옵션을 선택해서 애플리케이션을 개발하는 것이며, 로우 코드는 복잡한 코딩 없이 간단한 스크립트 코드를 입력해서 애플리케이션을 개발할 수 있다. 사실, 일반인이 AI 기술을 활용해서 글을 쓰고 내용을 요약하고 분류하거나 영상을 만들어 내는 일은 AI 코딩을 하지 않고는 불가능하다. 이를 위해서는 AI 전문 개발자 교육을 받은 후에나 가능한 일이다. 생성형 AI가 나오기 전에 빅테크에서 말하는 AI 대중화와 민주화를 위한 노 코드, 로우 코드는 여전히 일반인에게 어렵게 다가올 수밖에 없다. 그래서 생성형 AI의 출시가 진정한 AI 대중화와 민주화의 시작이라고 할 수 있다.

27

누구나 AI 디자이너

콘셉트 디자인은 AI 달리에게

전문 디자이너가 아니더라도 일러스트레이터나 포토샵을 사용할 줄 몰라도, 생성형 AI를 활용해서 스페인의 초현실주의 화가 살바도르 달리 스타일의 고양이를 그릴 수 있다. 해당 이미지는 오픈AI의 달리2DALL-E 2와 마이크로소프트 빙챗의 이미지 크리에이터Image Creator를 활용하여 제작한 고양이 이미지로, 두 AI가 생성한 고양이 이미지는 디자인의 패턴이나 분위기가 매우 다르다.

이미지나 영상 제작은 대체로 세 단계를 가지는데, ①제작 준비 단계Pre-production와 ②제작 단계Production, ③제작 후기 단계Post-production이다. 챗GPT와 빙챗과 같이 생성형 AI를 활용해서 고양이를 디자인한다면, 고양이의 모습과 특징, 색상 등의 디자인 콘셉트를 잡아 생성형 AI에게 질문을 만들어 내는 프롬프트[15] 작성 단계가 제작 준비 단계이고, 달리2와 이미지 크리에이터에게 (제작 준비 단계에서 만든) 프롬프트를 입력해서 이미지를 제작하는 단계가 제작 단계이며, 생성형 AI가 생성한 이미지

---

15 챗GPT와 같은 생성형 AI에게 원하는 응답을 얻기 위한 입력 문구prompt를 효과적으로 작성하는 방법과 접근 방식.

그림-27 달리2의 생성 이미지

그림-28 빙챗 이미지 크리에이터의 생성 이미지

중에 제일 마음에 드는 이미지를 선택해서 일러스트레이터나 포토샵으로 자신이 강조하거나 부각하는 핵심 콘셉트Key Concept를 추가해서 최종 완성하는 단계가 제작 후기 단계이다. 제작 후기 단계에서 음악을 만들어 주는 생성형 AI가 만든 사운드를 추가해서 이미지와 영상의 완성도를 높일 수 있다. 이제 혼자서 디자인하는 시대에서 생성형 AI와 협력·디자인하는 시대는 거스를 수 없는 시류가 되었다.

AI 디자인, 승강기를 아트워크로

승강기는 어디를 가든 대체로 비슷비슷한 모습이다. 최근 승강기 산업[16]에 새로운 바람이 불고 있다. 승강기의 속도나 안정성에서

16 2025년이면 약 194조 원에 이를 것으로 추산되며, 국내 시장 규모는 4조 원 규모로 미래 산업군으로 분류.

고흐 스타일의 승강기 이미지

르네 마그리트 스타일의 승강기 이미지

살바도르 달리 스타일의 승강기 이미지

장 미쉘 바스키아 스타일의 승강기 이미지

키스 해링 스타일의 승강기 이미지

그림-29 생성형 AI를 활용한 승강기 디자인

외관의 디자인으로 차별화를 시도하고 있는데, 이제 승강기 산업도 감성 마케팅으로 시야를 돌리고 있다. 그림-29는 유명 아티스트를 모티브로 한 프롬프트(키워드)로 생성형 AI에 입력해서 만들어진 이미지이다. 승강기 디자인을 하는 경우 바로 전문 디자이너에게 의뢰하는 것이 일반적인 과정이지만, 그전에 달리2나 이미지 크리에이터와 같은 생성형 AI를 활용해서 원하는 승강기 디자인 콘셉트를 만들어서 임직원의 리뷰를 사전에 받아 디자인 콘셉트를 정해서 전문 디자이너에게 전달한 후 디자인 작업을 하는 과정이라면 어떨까. 이렇게 된다면, 승강기 디자인 의뢰 담당자와 전문 디자이너 간의 최종 디자인 콘셉트를 선정하는 데 시간과 비용을 확실히 절감할 수 있는 효과적인 커뮤니케이션 방법이 될 것이다. 사전에 내부적으로 디자인 방향성을 정했기 때문에 실패할 확률도 그만큼 줄어든다. 이제 디자인 작업을 의뢰할 때, "전문 디자이너가 알아서 만들어 보라"는 일방적인 커뮤니케이션의 시대는 지났다. 시스템 구축과 디자인, 영화 제작 등 프로젝트 참여자 간 지향하는 목표를 설정·공유하는 과정이 성공적인 프로젝트를 위한 진정한 시작이다. 이제 생성형 AI를 활용하여 사무직이나 정비 엔지니어도, 누구나 승강기를 디자인할 수 있는 시대가 되었다.

28

AI 시작은 지옥 주Hell week의 시작

누구나 AI 개발자가 되고 싶지만 아무나 될 수 없는 AI 개발자

AI 관련 오픈 클래스를 하면 참 많은 사람이 참석한다. 특히 요즘은 생성형 AI의 프롬프트 엔지니어 세미나의 인기가 정말 많다. 그만큼 AI에 대한 사회적 관심과 더불어, AI에 대해서 무언가를 하지 않으면 도태되거나 불안하게 만드는 사회적 분위기도

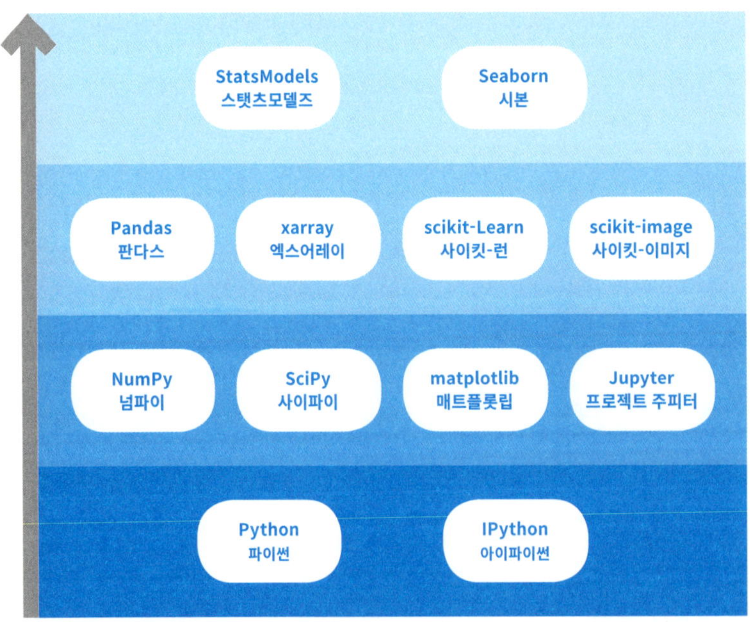

그림-30 AI 학습 계층도

한몫한다. 정부 지원의 취업·창업 기관과 많은 대학들이 AI 인력 육성을 위한 정책과 학과를 만들어 AI 교육 프로그램을 제공하고 있다. 많은 사람이 AI 개발자가 되고 싶어 하지만, AI 역량을 확보하는 길은 결코 쉽지 않다. 그만큼의 AI 역량을 확보하기 위해서는 그림-30처럼, AI 학습 계층에 있는 개발 언어와 라이브러리를 학습해야 한다.

기본적으로 파이썬, 넘파이, 매트플롯립, 판다스, 사이킷-런 등을 알아야 한다는 말이다. 추가로 웹 크롤링을 위한 뷰티풀솝BeautifulSoup과 셀레니움Selenium도 알아야 한다. 그리고 AI 학습이 완료된 모델을 웹 시스템, 애플리케이션에 연결하기 위해서는 리액터Reactor, 자바스크립트와 같은 개발 언어도 알아야 한다. 컴퓨터공학과나 소프트웨어학과, 빅데이터학과, 인공지능학과를 전공했더라도, AI 학습 계층도를 넘나드는 역량을 확보하기란 쉽지 않다. AI 개발자가 되기 위해 꾸준한 호기심과 지속 가능한 노력이 절대적으로 필요하다. AI 진로와 취업 상담을 하게 되면, AI 학습 계층도를 보여주고 여기서 할 수 있는 도구와 어떤 개발을 했는지를 물어본다. 파이썬, 판다스 정도와 테스트 형태로 사이킷-런을 활용했다고 한다면, 대학원에 진학해서 영상Vision 분야나 음성/사운드 분야, 자연어 처리 분야 중에 하나를 선택해서 전문성을 확보할 것을 가이드한다. AI 학습 계층도에 있는 모든 것을 처음부터 할 수 없으나, 우선순위에 따라 레고 블록처럼 학습을 진행하여 AI 역량을 조립하는 전략을 추천한다.

29

미래를 예측하는 기술 미분, 절대 기억해야 할 벡터

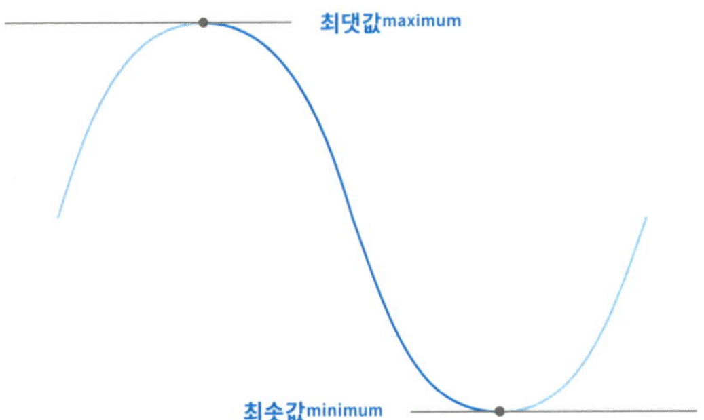

그림-31 최솟값을 찾아라

이제 수학을 다시 시작할 때

인공지능을 시작한다면 잊어버린 수학을 다시 소환해야 한다. 특히, 미분은 인공지능을 할 때 필수적으로 이해해야 한다. 미분의 역할에 대해서 이해하지 못하면 인공지능 알고리즘[17]을 활용하는 데 어려움이 따른다. 인공지능은 데이터로부터 특징과 패턴을 뽑아서 알고리즘을 활용하여 예측 모델(함수, 방정식)을 만들어 내는 과정을 '학습'이라고 한다. 학습해서 예측한 데이터와 실

17 선형 회귀, 로지스틱 회귀, 서포트 벡터 머신, K-평균 클러스터링, 컨볼루션 신경망, 순환 신경망, 강화 학습, 트랜스포머 모델.

제 데이터를 비교할 때, 예측값($\hat{y}$)이 실젯값(y)과 비교하여 예측값이 실젯값과 차이가 없을 때까지 가중치(**w**eight, $\hat{y} = \boldsymbol{w}1 \cdot \boldsymbol{x} + \boldsymbol{w}0$)를 조정한다. 실젯값이 더 크면 가중치($\boldsymbol{w}1$, $\boldsymbol{w}0$)를 작게 하고, 작으면 가중치($\boldsymbol{w}1$, $\boldsymbol{w}0$)를 크게 하는 반복 작업을 진행한다. 이때 실젯값과 예측값을 그림-31처럼 최솟값을 찾을 때 미분을 사용하는데, 미분을 했을 때 기울기가 제로일 때가 최솟값이 된다. 미분을 반복적으로 하여 실젯값과 예측값의 차이를 줄인다. 더 이상 차이가 없을 때 예측 모델($y = \boldsymbol{w}1 \cdot \boldsymbol{x} + \boldsymbol{w}0$)이 최종적으로 만들어진다. 실젯값과 예측값의 차이를 반복적으로 미분해서 최솟값을 찾아내는 과정이 '학습'이다. 미분을 통해서 가중치 $\boldsymbol{w}1$, $\boldsymbol{w}0$의 값을 알고 있어 변수 $\boldsymbol{x}$에 값을 입력하면 y값을 예측할 수 있게 된다. 이처럼 미분은 미래를 예측할 수 있는 함수·방정식을 만들어 주는 도구이고, 미분은 과거를 분석해서 현재를 이해하고 현재를 분석해서 미래를 볼 수 있는 인류 최고의 발명품이다.

경사 하강법, 절댓값, 로그함수부터 시작하자

대부분 AI를 시작할 때 수학 공식에 압도된다. 하지만 경사 하강법Gradient Descent과 절댓값, 로그함수가 어떤 기능을 하는지 개념만 이해해도 AI를 활용하는 데 무리가 없다. 온라인 강의나 유튜브에서 AI 알고리즘을 설명할 때 수학 공식에 과도하게 집중해서 설명하는 경우가 많은데, 이런 영상은 학습에 전혀 도움이 되지 않는다. 그래서 지나치게 상세히 수학 공식을 이해할 필요는 없다.

우선, 경사 하강법은 미분을 해서 실젯값과 예측값의 차이에 따라 가중치를 계산하는 수동적인 방식에서 최솟값을 자동적으로 찾아주는 기능을 제공한다. 절댓값은 데이터를 특정 조건으로 그룹핑 하는 경우에 X, Y, Z 좌푯값으로 표시를 하는데, 데이터가 좌푯값의 위치하는 거리에 따라 가까우면 같은 것으로 그룹화하거나, 멀리 떨어져 있으면 관계가 없는 것으로 판단하여 그룹화 작업을 진행하지 않는다. 이때 얼마나 떨어져 있나를 측정하기 위해 절댓값을 사용한다. 로그함수는 컴퓨터 계산을 빠르게 하기 위해 데이터 숫자의 크기(스케일)를 작게 해주는 기능을 제공한다.

사실 인공지능(머신러닝·딥러닝) 교육에서 복잡한 수학 공식을 설명하는 데 인공지능 교육이 수학 시간처럼 느껴지는 때도 있다. 수학에 트라우마가 있는 경우에는 복잡한 수학 공식을 들을 때, AI 흥미와 관심으로부터 급격히 멀어진다. 인공지능을 중도에 포기하게 하는 주된 원인이다. 그리고 컨볼루션 신경망Convolutional Neural Network과 트랜스포머Transformer 모델의 알고리즘은 한 번 보고 이해하기란 매우 어려운 일이라서, 여러 번 반복 학습하는 것이 필요하다. 여러 번 학습해도 이해가 안되어 답답함이 있을 때, 챗GPT를 활용한다면 답답함을 한순간에 날릴 수 있어 AI 학습에 챗GPT 활용을 적극적으로 추천한다. 미분을 배운다고 해서 수능처럼 시간에 쫓겨 문제를 풀 일도 없다. 그래서 여유를 가지고 원리를 이해하고 어떤 식으로 작동하는지를 확인하는 것도 색다른 즐거움이 될 수 있다. 모를 때는 챗GPT에게 질문을 하자! 그럼, 소스 코드도 만들어 주고 친절한 설명도 함께 해준다.

AI의 시작 벡터, 벡터를 잊지 말자

AI를 하면서 반드시 잊지 말아야 할 것이 벡터Vector 개념이다. 벡터는 데이터를 수치화하는 역할을 한다. 우리가 하는 말을 수치화한다는 것은 단어를 숫자로 대체하는 것이다. 이미지와 사운드 데이터도 숫자로 대체할 수 있다. 그래서 이 세상의 모든 데이터는 벡터로 표현할 수 있다. 데이터를 벡터화하는 용어를 '임베디드Embedded'라고 한다. 임베디드를 하는 이유는 컴퓨터와 AI는 '수치 데이터'만을 계산할 수 있어서 텍스트와 이미지, 사운드 데이터를 숫자 형태로 변환해야 한다. 임베디드를 해서 데이터가 숫자로 변환되면, 좌표에 따라 2차원, 3차원, 다차원에서 데이터를 위치시키고 숫자에 따라 분류도 하고 범위로 묶을(클러스터Cluster) 수도 있다. 또한, 단어 간의 관계도 표현할 수 있어 숫자 값에 따라 다음 단어를 예측하거나 유사한 단어로 분류할 수 있다.

30

자신에게 맞는 AI 역할은?

AI, 나는 어디로 가야 하나?

많은 사람이 AI 개발자가 되고 싶어 하지만 의욕만으로 AI 개발자가 될 수 없다. 그림-32처럼 AI 접근 전략이 요구되며, 현재 자신의 코딩 역량에 따라 AI 시작점을 정해야 한다. AI 역할은 3가지가 있는데, 기획자Planner, 응용 개발자Builder, 모델 개발자Maker로 구분할 수 있다.

기획자는 업무 전문가로 코딩을 할 수 없으나 담당하고 있는 분야에서 전문적인 지식과 경험을 가지고 있다. 오랫동안 카드 업무를 담당하는 경우에는 카드의 비정상 거래의 패턴과 특징을 알고 있다. 자동차 수리를 오랫동안 했다면, 엔진 소리만 들어도

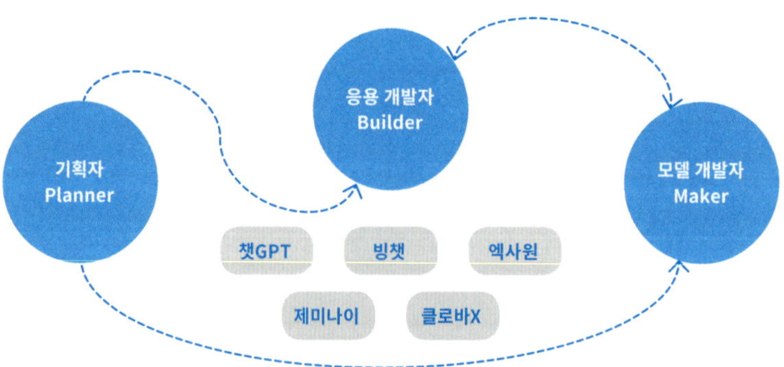

그림-32 AI 시작과 역할

어떤 고장인지를 알 수 있다. 글로벌하게 원자재를 구매하는 경우에는 계절별, 월별, 지역별 가격 추이에서 원자재의 가격 등락의 추이를 확인하여 원자재 구매 시기를 결정한다. 이처럼 코딩을 할 수 없지만, 업무 전문가는 AI 기획자가 될 수 있다. 기획자는 데이터 사이언티스트인 모델 개발자에게 모델 개발에 핵심이 되는 변수(Feature engineering[18])를 알려준다. 응용 개발자는 웹 시스템과 애플리케이션 개발을 담당하며 코딩에 전문성을 가지고 있다. 모델 개발자는 기획자가 알려준 변수를 가지고 인공지능 알고리즘을 활용해서 예측 모델 개발을 담당하며, 예측 모델을 학습과 테스트하여 예측 정확도를 높여 응용 개발자에게 함수(예측 모델: API 형태로 코딩을 통해서 실행 가능)로 전달한다. 응용 개발자는 코딩을 통해 웹 시스템과 애플리케이션을 연결하여 예측할 수 있는 기능을 사용할 수 있게 한다. 그래서 모델 개발자는 'Maker'이고, 응용 개발자는 모델 개발자가 제공하는 함수를 받아서 코딩하는 'Builder'가 된다. AI 기획자는 모델 개발자에게 업무 흐름의 패턴과 특징을 제공해 주며 모델 개발자는 업무의 패턴과 특징을 가지고 예측 정확도를 높일 수 있는 인공지능 알고리즘을 선택해서 모델을 학습하고 테스트하여 정확도가 높은 예측 모델을 함수API로 응용 개발자에게 전달하여 개발하는 흐름을 가진다.

18 피처 엔지니어링은 업무 지식을 활용하여 이상 징후, 요일에 따른 상품 판매량, 자금 세탁, 스팸 메일 등을 결정하는 데 중요한 판단 기준이 되는 변수(조건)의 특징을 추출하는 작업이다.

AI 변화 관리자, 생성형 AI

사실 챗GPT가 나오기 전까지 기획자가 응용 개발자가 되거나, 모델 개발자가 되기는 쉽지 않았다. 기획자가 응용 개발자가 되기 위해서는 필수적으로 코딩을 배워야 했고, 모델 개발자가 되려면 인공지능 알고리즘을 배워야 했다. 하지만 챗GPT가 나온 이후에 의지만 있다면, 기초적인 코딩 교육을 받았다면, 챗GPT·제미나이·빙챗·클로바X를 활용해서 기획자가 응용 개발자로 역량을 확대할 수 있고, 응용 개발자가 모델 개발자가 될 수 있으며, 모델 개발자가 응용 개발자가 될 수 있다. 생성형 AI 출현은 적은 시간 투자와 노력으로 덜 고통스럽게 AI 역량을 확보하고 확장할 수 있는 환경을 제공하게 되었다. AI에 대한 관심과 의지만 있다면 누구나 AI 개발자가 될 수 있다. 이제 현재 본인의 역할을 평가해 보고 어디에서부터 AI를 시작할지 결정만 하면 된다. 기획자가 될지, 응용 개발자가 될지, 아니면 모델 개발자가 될지를 말이다. 자신에 경험과 코딩 역량을 가지고 시작하면, 생성형 AI를 활용하여 기획자는 약간의 노력으로 응용 개발자나, 모델 개발자로써 AI 역량을 확장할 수 있다.

개발 언어를 배우는 고효율 꿀팁

사실 코딩에 부담을 느끼는 사람들을 위해 노 코드와 로우 코드 기능을 제공하고 있지만, 자신이 필요한 기능을 개발하여 업무 자동화를 스스로 코딩을 통해서 구현하는 것은 누구나의 로망이다. 코딩을 해서 데이터를 수집(크롤링)하는 기능이 화면에서 작동하는 모습을 보면 성취감은 이루 말할 수 없다. 코딩은 4차 산업혁명 시대를 살아가는 데 강력한 마술이라는 말도 있다. 누구나 코딩에 대한 로망이 있지만, 코딩 역량을 확보하는 것이 쉽지 않다. AI 코딩을 위해 파이썬 교육도 받고 책도 사서 보지만, 교육을 받았다고 혼자서 원하는 기능을 개발하는 것은 어려움이 있다. 설령, 책을 구입해서 코딩하는 일도 쉽지 않은 일이다. 적은 노력으로 높은 생산성을 낼 수 있는 방법이 과연 있을까?

우선, 온라인 또는 오프라인 강의를 듣고, 챗GPT를 활용해서 코딩을 시작하는 것이다. 파이썬과 같은 개발 언어 책은 대체로 200~300페이지 내외로 구성되어 있다. 파이썬 설치부터 명령어의 문법과 예제를 통해서 실습하는 형태로 진행되는데, 명령어의 문법을 책에서 바로 찾아보는 것에 불편함이 있다. 정확한 명령어 문법이 담긴 페이지를 찾아가는 것도 인내심이 필요한 일로, 바로바로 원하는 것이 나오는 시대에 살고 있는 사람들에게는 매우 답답한 일이다. 물론 위키피디아나, 구글링을 해서 원하는 명령어 문법을 찾을 수 있지만, 마우스 스크롤을 하면서 찾는 것도 여전히 불편하다. 더욱 불편한 것은 원하는 명령어 문법을 찾았는데, 마우스 우클릭 복사 기능을 막아 놓은 경우에 밀려오는 짜증은 피할 수 없다. 동영상을 통해서 명령어 사용법을 확인하는 것도 좋은 방법이지만, 영상에서 프로세스 바Process Bar로 원하는 부분을 찾는 일도 불편하다.

이러한 불편함을 일거에 해소할 수 있는 구원자는 챗GPT이다. 챗GPT와 같은 생성형 AI의 최대 강점은 알고 싶은 내용을 프롬프트(질문)하여 원하는 답을 즉각 받을 수 있고, 추가 프롬프트를 해서 대화를 통해 추가 질문을 할 수 있다는 것이다. 불필요한 사족도 없이 원하는 답을 즉각 해준다. 코드도 만들어 주고 버그가 있을 때도 에러가 난 영역을 카피해서 챗GPT에 질문하면 어떤 에러가 있는지 설명하고 수정도 해준다. 이와 같은 대화형 과정이 AI와 함께 코딩하는 코파일럿이다. 코파일럿은 깃허브 GitHub에 월 10~19달러를 지불하고 사용할 수 있지만, 챗GPT를 활용해서 코딩을 하는 것도 불편함이 없다. 챗GPT를 활용한 코딩의 가장 큰 장점은 한동안 코딩을 하지 않아서 명령어 문법이 생각나지 않는다고 해도, 이전에 챗GPT에 프롬프트한 히스토리를 챗GPT가 가지고 있어 히스토리 이력을 보면 금방 명령어 사용법을 기억해낼 수 있다. 동영상을 보거나 검색을 해서 원하는 기능이나 명령어를 찾는 수고스러움에 비하여, 챗GPT는 비교할 수 없는 저低 노력, 고高효율의 빠른 자동화와 개발 생산성을 지원한다.

31

엔터프라이즈 AI와 퍼스널 AI

AI, 대한민국을 구하라

출산율 0.78[19]퍼센트는 인구 소멸의 심각성을 보여주고 있다. 인구 소멸로 인한 학령 인구의 감소는 지방 대학교 폐교로 연결되어 지역 사회의 경제 근간을 흔들고, 흔들리는 지방 경제는 지역 사회의 소멸을 가속화한다. 지방 대학교뿐만 아니라 초등학교, 중고등학교도 입학 인원이 급감하고 있다. 국방도 예외는 아니다. 1퍼센트 이하의 출산율은 만성적인 병력 부족 현상을 야기하여, 2025년 육군의 경우 36만 5,000여 명을 유지하기도 힘든 상황이다.

그림-33은 대한민국 해군 최초의 이지스 구축함인 세종대왕함이다. 그런데, 해군도 육군처럼 병력 부족으로 어려움을 겪고 있다. 세종대왕함의 승조원은 300명 규모인데, 300명은 일사불란하게 함정을 운용하여 최상의 전투력을 유지하기 위한 필수 승조원이다. 만약 승조원이 부족한 경우라면, 그만큼 이지스함의 전투력은 줄어들 수밖에 없다. 아무리 이지스함이라도 승조원이 부족하다면, 제 기능을 최적으로 발휘할 수 없다. 2022년에 취역한

19 여성 1명이 평생 낳을 것으로 예상하는 평균 출생아 수.

이미지 출처: 대한민국 해군

그림-33 대한민국 해군 이지스함

이지스 구축함 정조대왕함은 승조원이 세종대왕함의 1/2 수준인 150명 규모로, 이는 부족한 병력 자원을 대처하기 위한 해군의 요구 사항이었다. 해군도 줄어드는 병력 자원에 대응하기 위한 방안으로 AI 활용을 적극적으로 시도하고 있다. AI의 핵심인 자동화와 지능화는 인구 소멸에 따른 병력 부족을 극복할 수 있는 대안이다. 해군의 전략적 자산은 이지스 구축함과 같은 전투함이며, 최고의 전투 준비 태세를 유지하는 것은 해양 방어에 절대적으로 중요하다. 예상하지 못한 고장은 전투 준비 태세의 저하와 국토 수호에 위협이 될 수 있다. 함정이 기동하기 위한 중요 기관은 엔진이며 선제적 예방 정비는 함정 운영에 핵심 중의 핵심이다. 그만큼 엔진의 장애와 고장 징후를 파악해서 미리 예상해서 대처하는 데 AI 활용은 필수적이다. AI의 알고리즘 중 생성적 대립 네트워크[20]와 오토엔코더[21], 덴스넷[22], 오디오 스펙트로그램 트랜스포머[23] 등을 활용해서 그림-34처럼 함정 이상음을 탐지하여 엔진 장애를 AI가 탐지하여 해군의 핵심 전략 자산의 운용 관리를 최적화할 수 있다.

---

20 생성적 대립쌍 네트워크GAN, Generative Adversarial Network는 생성자Generator와 판별자Discriminator로 이루어진 딥러닝 모델로, 생성자와 판별자를 경쟁적Adversarial으로 학습하여 예측 모델을 개발한다. 생성자는 가짜(예: 위조지폐) 데이터를 생성해서 판별자에게 진짜Real인지 가짜Fake인지를 판별하게 한다. 가짜로 판별하면 진짜처럼 다시 데이터를 생성해서 판별자가 생성자가 만든 가짜 데이터를 진짜로 인식할 때까지 진행한다. 생성자가 만든 가짜 데이터와 판별자의 진짜 데이터의 차이를 비교할 때, 이때 차이의 최솟값을 찾아내기 위해 미분(경사 하강법)을 사용한다. 최종 학습이 완료된 모델은 위조지폐를 판별하는 기능을 가진다.

21 오토엔코더Autoencoder는 GAN처럼 두 개의 역할자인 인코더Encoder와 디코더Decoder를 가지고 있다. 인코더는 입력 데이터의 특징과 패턴을 뽑아서 입력 데이터를 (핵심적인 특징과 패턴을 포함한 잠재 공간Latent Space에) 압축하고, 디코더는 인코더로부터 생성된 압축 결과를 입력받아서 특징과 패턴에 따라 원래 이미지를 복원한다. 오토엔코더가 정상적인 데이터를 인코더가 특징과 패턴을 뽑아서 압축하여 디코더를 하면, 정상적인 데이터를 복원하는 모델이 만들어진다. 만약, 비정상적인 데이터를 정상적인 데이터로 학습된 모델에 입력하여 복원하면, 정상적인 데이터에서 만들어진 복원 데이터와 차이가 발생하는데, 이를 재구성 오차Reconstruction Error라고 한다. 오차가 허용 범위를 초과하면 이상치나 이상음을 탐지할 수 있게 된다.

22 덴스넷DenseNet은 딥러닝의 단점인 신경망 레이어가 길어지는 경우 계산 오류로 인해 학습 모델의 정확도가 떨어지는 것을 개선하기 위해 만들어진 알고리즘이다. 덴스넷은 신경망 레이어를 깊게 확장할 수 있어 복잡한 이미지 분류나 객체 탐지, 사운드를 이미지로 전환하여 비정상 사운드를 탐지한다.

23 오디오 스펙트로그램 트랜스포머Audio Spectrogram Transformer는 오디오 데이터의 특징과 패턴을 분석하는 데 특화된 알고리즘이다. 스펙트로그램은 시간에 따라 변하는 연속적인 오디오 데이터를 시간대에 따라 주파수의 추이를 보여주는 이미지 데이터이며, 트랜스포머는 이미지 데이터에서 어텐션Attention(이상음 주요 특징과 패턴에 우선순위를 부여하여 연관 관계를 결정하는 데 활용) 메커니즘을 활용하여 특정 주파수 영역에서 주파수 주변(앞, 뒤) 패턴을 분석하여 연관 관계를 뽑아서 학습하면, 이상음 예측 모델을 개발할 수 있다. 학습 과정에서 트랜스포머는 정상적인 오디오 패턴을 학습한 후 새로운 오디오 데이터가 입력되면, 이 데이터의 패턴과 학습된 패턴을 비교하여 만약 입력 데이터의 패턴이 학습된 패턴과 크게 다르다고 판단되면, 이를 이상음으로 탐지한다.

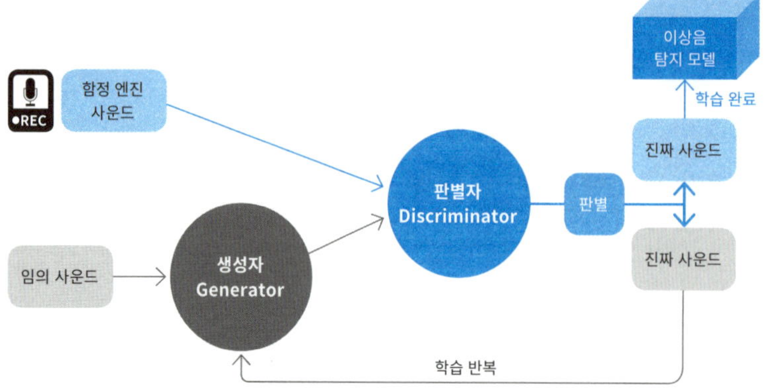

그림-34 함정 이상음 탐지 1단계 프로세스

함정에서 정상 함정 엔진 사운드를 수집한 후 GAN의 판별자에게 정상 엔진 사운드(진짜)를 설정하고 생성자는 생성한 사운드를 판별자에게 보내면, 판별자는 정상 엔진 사운드와 비교해서 차이가 나면 결과를 생성자에게 보낸다. 생성자는 어떤 차이가 나는지 수정해서 다시 판별자에게 보낸다. 판별자는 진짜 사운드와 수정된 사운드를 비교해서 차이가 나면, 다시 결과를 생성자에게 보내는 과정을 반복적으로 진행한다. 생성자가 생성한 사운드와 판별자가 가지고 있는 사운드와 동일하다고 판별하면, 학습이 완료된 이상음 탐지 모델이 만들어진다. 학습이 완료된 이상음 탐지 모델은 함정 엔진음에 따라 정상과 비정상을 구별할 수 있는 기능을 제공한다. 하지만, 비정상 엔진음이 고장을 예측하지만 어떤 고장인지를 알려주지 않으면 선제적 정비가 불가능하다. 고장의 징후가 있는데 어떤 고장인지 모르면 엔진 정비 담당자는 답답할 수밖에 없다. 함정 엔진 정상음을 확보해서 GAN으로 엔진 이상음을 탐지하는 모델 개발이 1단계였다면, 엔진 이상

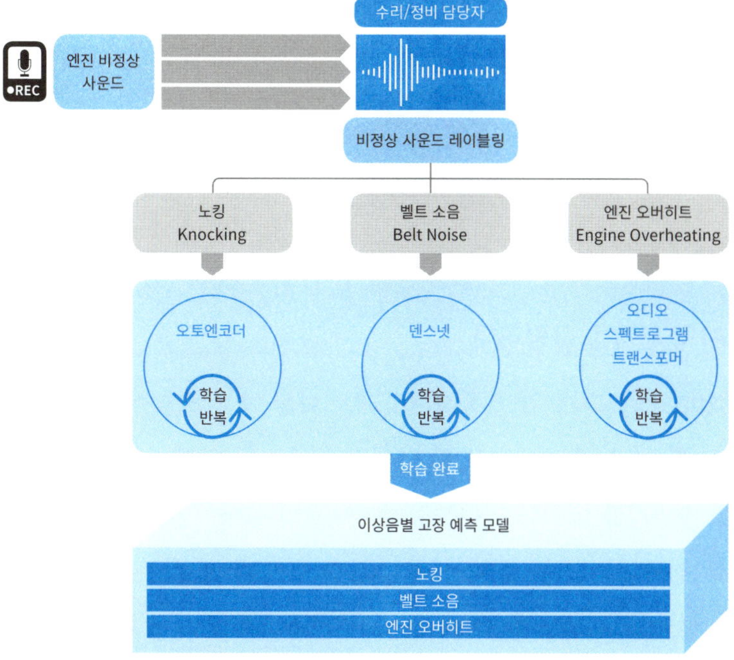

그림-35 함정 이상음 탐지 2단계 프로세스

음을 탐지한 후 어떤 종류의 고장인지를 예측하기 위한 모델 개발이 그림-35의 2단계이다.

1단계에서 개발된 엔진 이상음 예측 모델을 사물 인터넷과 같은 센서에 탑재한 후, 함정 기관실에 센서를 설치하여 엔진 이상음이 발생하는 경우에는 녹음을 통해서 확보한 사운드를 수리 담당자가 듣고 어떤 고장인지를 레이블링[24]을 한다. 그리고 오토엔코더, 덴스넷, 오디오 스펙트로그램 트랜스포머 등을 활용하여 알고리즘을 학습시켜서 상호 교차 검증을 통해서 가장 우수한

24 이상음이 어떤 고장인지를 정의 - 노킹, 벨트 소음, 엔진 오버히트 등.

성능이 나오는 모델을 선정하여 엔진 이상음이 어떤 고장인지를 탐지하는 모델을 개발한다. 2단계에서 개발된 이상음 탐지 모델을 센서에 탑재하면 엔진 이상음 발생 시 어떤 고장인지를 예측하여 실질적인 예방 정비를 실현할 수 있게 된다.

AI의 시작은 사람이다

AI 도입이 간혹 기술 중심으로 추진하는 경우 실패할 확률이 높은데, 함정 엔진 이상음 탐지 모델 개발에서 엔진 이상음이 어떤 고장인지를 데이터 레이블링Labeling 또는 Tagging[25]을 할 수 있는 업무 전문가의 참여 없이는 이상음 탐지 모델 개발은 불가능하다. 또한, 조선소에서 전투함이 건조되면 전력화 단계인 테스트 단계를 거치는데, 이 시점이 함정 이상음 예측 모델을 개발하는 최적의 시점이다. 전력화 단계 이후 전투함이 실전에 투입되면 함정 엔진을 확보하고 테스트하는 과정은 작전 중인 함정에 부담이 될 수 있다. 그렇기에, 함정이 건조된 후 전력화 사업 기간에 AI를 도입하는 게 가장 효과적이다. 그리고 같은 엔진이지만 함정에 따라 고유한 엔진음을 가지고 있어서 미세한 차이를 파악하는데 작전 중인 함정보다 전력화 단계의 함정에 적용하는 것이 효과적이다.

25 데이터 레이블링(일명 라벨링)은 수집된 데이터(이미지, 사운드, 비디오)에 해당 데이터를 식별할 수 있는 설명을 추가하는 작업이다. 예를 들면, 함정 이상음이 비정상인 경우, 어떤 비정상(고장 징후)인지를 설명하는 작업으로, 일종의 시험지의 해답을 작성하는 것과 같다. 데이터 레이블링을 통해서 만들어진 데이터는 AI를 학습하고 테스트하는 데 활용된다.

코로나가 만들어낸 가상 인플루언서

코로나 시기에 등장한 비대면·비접촉 고객 서비스는 키오스크kiosk의 확산을 가속화시키는 계기가 되었다. 호흡과 접촉으로 선염되는 코로나의 특성 때문에 키오스크는 적절한 대처 방안이 되었다. 키오스크의 확산은 일자리 소멸이라는 사회적 이슈로 기사화된 적도 있다. 기업이 키오스크 이외에 관심을 가진 대상이 '가상 인플루언서'이었는데, 24시간은 물론 토요일, 일요일 주말에도 고객 응대가 가능한 디지털화된 휴먼은 기업에게 매력적일 수밖에 없었다. 고객 인터페이스는 가상 인플루언서가 키오스크보다 동적이고 더 친화적인 장점 이외에 기업의 메시지를 정확한 맥락으로 일관되게 전달할 수 있다. 새로운 상품이 출시되기 전 직원 대상 교육을 하는 경우에, 전 직원이 일치된 상품 정보를 이해하고 일관되게 상품 정보를 고객에게 전달하는 것은 기대하기 어렵다. 상품 정보를 잘 이해했더라도, 직원이 근무하는 날의 컨디션에 따라 정보의 정확도와 수준에는 차이가 있다. 신기술이 사회적으로 확산하게 된 계기가 있는데, 코로나는 화상을 매개로 한 줌Zoom과 화상 솔루션 경험은 자연스럽게 가상 인플루언서와의 대화에 거부감이 없는 환경을 만들어 주었다.

표-1과 표-2는 국내외 가상 인플루언서 활동[26]을 소개하고 있다. 가상 인플루언서는 사람을 대신해서 상품·서비스 소개, 마케팅, 캠페인, 이벤트와 Q&A를 진행하여, 기업이 의도하는 메시지

26 「ESG 경영 공시 채널 홍보를 위한 가상 인플루언서 연구」, 서울과학기술대학교 IT정책전문대학원, 2022

를 반복적으로 전달하고 추가 변경되는 메시지를 가상 인플루언서에 반영하여 빠른 기업 메시지 전달이 가능하게 한다. 변화 관리가 인간 인플루언서보다 편리하다. 인간 인플루언서처럼 초상권 이슈나 재계약으로 인한 광고·마케팅의 비용 부담도, 스캔들의 위험도 없다.

이름	제작사	목적/주요 역할	활동/산업 분류
로지	싸이더스 스튜디오 엑스	MZ 세대 선호 얼굴 활용 MZ 세대 타깃 브랜드 모델 /광고	신제품 론칭, 광고, 패션, 음반/엔터테인먼트
루시	롯데홈쇼핑	MZ 세대 유입 목적 쇼 호스트/마케팅	패션, 주얼리 소개/유통
루이	디오비 스튜디오	일반인 재능 활용 가상 유명인/홍보	공공 기관 홍보 대사, 패션, 음원/엔터테인먼트
한유아	자이언트스텝	MZ 세대 취향 타깃 아티스트/가수	음원, NGO 홍보 대사, 광고/엔터테인먼트
김래아	LG전자	MZ 세대와 기업 소통 확대/마케팅	신제품 소개, 뮤직비디오/제조
수아	온마인드	디지털 셀럽 육성/마케팅	SK텔레콤 모델, 라네즈, 던킨도너츠, 인스타그램 협업/엔터테인먼트
이솔	네이버	MZ 세대 취향 타깃 쇼호스트/마케팅	쇼핑라이브 신상품 런칭쇼, 뷰티 상품 소개 /유통
와이티	신세계그룹	Z 세대 특징, 리테일테인먼트Retail + Entertainment를 통한 대중과 소통/광고, 환경 보호	삼성전자, 뉴트리원, 매일유업 광고, 서울시 청년 홍보 대사/유통
김주하 AI 앵커	MBN	김주하 휴먼 트윈Human Twin /커뮤니케이션	뉴스 진행, 대담 형식 리포트 전달/방송

표-1 국내 가상 인플루언서

이름	제작사	목적/주요 역할	활동/산업 분류
유미Yumi	SK-II	뷰티 어드바이스, 피부 컨설팅 활용 MZ 세대 브랜드 강화/마케팅	미용 정보 코칭 /뷰티
디지털 JK	멘테미아Mentemia	정확한 정신 건강 정보 전달과 프라이버시 보호 /커뮤니케이션	정신 건강 수면 상담 /의료
플로렌스Florence	WHO	초기 코로나 19 신속한 정보 전달과 금연 상담 /커뮤니케이션	WHO 금연, 코로나 19 가이드 /공공
루스Ruth	네슬레Nestle	쿠키 레시피 전달, 소비자 경험 강화 /마케팅	쿠키 베이킹 코칭 /제조업
루 두 마갈루 Lu do Magalu	마갈루Magalu	제품 큐레이션, 마케팅 활용 브랜드 강화 /마케팅	상품 소개, 리뷰 /유통
릴 미켈라Lil Miquela	브루드Brud	패션 모델, 가수, 전문 엔터테이너 /마케팅	프라다, 디올 등 협업 /엔터테인먼트
달라시아Thalasya	마그나빔 스튜디오 Magnavem Studio	광고, 가수, 전문 엔터테이너/광고	여행지 호텔, 레스토랑 소개 /엔터테인먼트
이마imma	아우Aww Inc.	브랜드 광고, 전문 모델 /광고	버버리, 아디다스, 이케아 협업 /엔터테인먼트
슈두Shudu Gram	캐머런 제임스 윌슨 Cameron-James Wilson	패션 전문 슈퍼 모델 /광고	발망, 코스모폴리탄, 보그 등 협업 /패션
마야Maya	푸마	동남아시아 지역 전담 모델/광고	푸마 전속, 스포츠 굿즈 캠페인 /패션
캔디Candy	프라다	Z 세대 타깃 디지털 상호 작용 촉진 /마케팅	향수 광고, 가상 뮤즈 /뷰티

표-2 해외 가상 인플루언서

워킹 라이프 코딩 역량을 확보하라

가상 인플루언서 '로지'가 출연한 신한라이프 ESG 홍보 뮤직비디오 <Fly So Higher(오늘처럼 놀라운 내일을)>의 조회 수는 1,140만 회(2024년 3월 기준)를 기록하고 있다. ESG의 중요성이 부각되면서, 기업들은 유튜브와 같은 영상 플랫폼에 다큐나 카툰, 대담 형태로 기업의 ESG 활동을 홍보하고 있다. 조회 수나 댓글은 기대만큼 많지는 않은데, 대중의 관심을 끌기 위해서는 특별한 접근 전략을 발휘하지 않으면 안 된다. 그런데, 신한라이프 ESG 홍보 영상의 경우에는 댓글이 959개로, 상당히 높은 대중의 관심을 받고 있다. 신한라이프 ESG 홍보 뮤직비디오는 가상 인플루언서 로지를 활용하여 성별과 나이, 국적을 초월하는 어린이·학생·회사원·외국인 등의 다양한 댄서와 지하철, 메타버스 공간에서 ESG 슬로건인 'Do the Right Thing for a Wonderful World(멋진 세상을 향한 올바른 실천)'을 내세워 가능성과 다양성이 열려 있는 공정한 기회가 주어지는 세상을 만들어 가고자 하는 신한라이프의 ESG 미션을 보여 주었다. 신한라이프 ESG 홍보 뮤직비디오가 대중의 흥미과 관심을 이끈 동력은 역동적인 리듬과 희망찬 메시지로 짜인 음원, 다채로운 개성과 파워 댄스, 그리고 가상 인플루언서 로지의 활용이 MZ 세대 스타일에 부흥한 것으로 분석된다.

그림-36 신한라이프 ESG 가상 인플루언서 로지 뮤직비디오 QR 코드

기업 입장에서는 대외 홍보 캠페인을 한 후 성공적인지 아닌지를 판단하기 위해, 조회 수와 댓글 내용을 분석한다. 이를 위해 댓글 목록에서

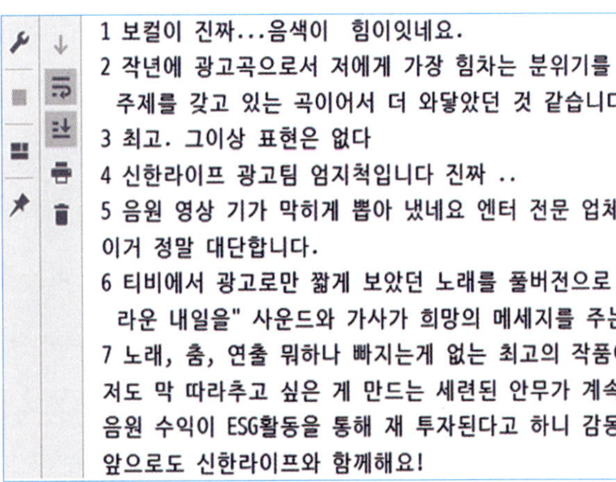

그림-37 웹 크롤링과 텍스트 추출

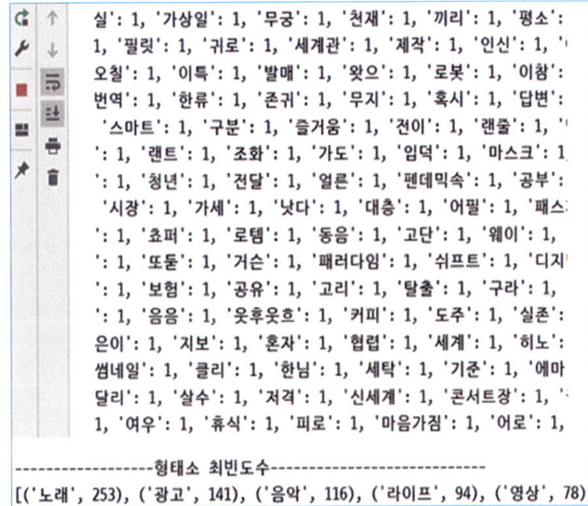

그림-38 불용어 처리와 형태소 분석

텍스트를 추출하는 웹 크롤링Crawling을 작업하는데, 주로 파이썬을 활용해서 크롤링한다. 그림-37은 댓글로부터 텍스트(내용)를 추출한 결과이다. 추출한 텍스트로부터 불용어 처리와 형태소 분석을 통해서 의미 있는 단어를 뽑아낸 결과가 그림-38이며, 가장 많이 언급된 단어가 노래(253회), 광고(141회), 음악(116회), 라이프(94회), 영상(78회) 등의 순서로 보여주고 있다.

그림-39는 형태소 분석 결과를 언급된 단어 빈도수에 따라 단어의 크기를 워드 클라우드로 출력하고 있으며, 댓글을 감성 분석해서 부정적인 글과 긍정적인 글의 통계적 비율을 보여주고 있다. 기업에서는 마케팅·캠페인 실무자가 개발팀의 지원 없이 기업 홍보 결과를 분석하기를 기대하지만, 실무자가 파이썬 코딩을 해서 댓글 내용을 추출하고 형태소 분석을 하여 결과를 워드 클라우드로 출력 후 웹 크롤링한 댓글을 감성 분석까지 진행하기는 쉽지 않은 일이다.

감성 분석을 하는 경우는 AI에 대한 코딩 방식도 배워야 해서 실무자에게는 상당히 도전적인 일이다. AI가 전 산업 영역에 확산되고 있어, AI 전공자가 아니더라도 AI에서 제공하는 함수(학습이 완료된 모델-API)를 호출하는 역량을 가진 마케팅·캠페인 실무자와 그렇지 못한 실무자 간 업무 성과는 차원이 다른 결과를 보여준다.

그림-39 워드 클라우드와 감성 분석

프랜차이즈 KFC는 창업주 마스코트인 커널 샌더스Colonel Sanders를 가상 인플루언서로 활용한 'KFC 마더스 데이Mother's day' 캠페인 영상은 시청자들의 선풍적인 인기를 끌었다. 해당 영상의 조회 수는 905만 회이며, 댓글은 11,303개이다(2024년 3월 기준). 시청자의 댓글을 보면, "엄마를 위해서 가상 인플루언서 커널 샌더스처럼 몸짱이 되겠다" "엄마가 자랑스럽다" "아빠도 커널 샌더스처럼 되겠다" "KFC 매장 방문이 엄마의 버킷 리스트가 되었다" 등 '마더스 데이' 캠페인 영상은 소비자와 감성적인 교감을 할 수 있는 공간을 제공하였다. 가상 인플루언서 커널 샌더스는 KFC의 상징적인 모델이 되었다. KFC의 '마더스 데이' 캠페인 영상은 신한라이프 로지 사례처럼 마케팅·캠페인 실무자 입장에서 동일한 어려움이 있는데, 개발자 도움 없이 댓글을 분석할 수만 있다면 업무 생산성은 그야말로 비약적으로 높아질 것이다.

그림-40
KFC 가상 인플루언서 커널 샌더스 QR 코드

32

생성형 AI 문해력, 프롬프트 엔지니어링

상상하고 프롬프트하면 이루어진다

문해력은 단순히 '읽기와 쓰기'의 역량에서 글의 맥락을 이해하고 해석하는 과정을 통해 파악한 정보를 근간으로, 자기 생각을 논리적으로 정리하여 타인과 공유하고 협력을 유도하는 커뮤니케이션 능력을 말한다. 챗GPT와 빙챗, 제미나이, 클로바X는 텍스트 입력을 받아서 적합한 정보를 제공하는 생성형 AI이다. 생성형 AI를 효과적으로 사용하기 위해 질문하는 힘이 있어야 한다고 말하지만, 질문보다 더 중요한 것은 '어떤 질문을 할 것인가?'이다. 질문의 수준은 매우 다양하기에, 필요한 정보를 얻기 위해 생성형 AI에게 최대한 상세한 내용을 질문에 포함시켜서 프롬프트를 해야 한다. 단순한 설명으로 질문하면, 일반적인 내용으로 대답하는 것이 당연하고, AI도 다르지 않다. 그래서 질문의 힘보다 더 중요한 것은 문제를 얼마나 잘 알고 있는지, 그리고 명확히 어떤 것을 생성형 AI가 해결해 주었으면 하는 사항인지를 상세하고 정확하게 프롬프트를 만들어야 한다. 그래서 문해력이 중요하며, 생성형 AI를 잘 다루기 위해서는 사람들과 커뮤니케이션하는 것처럼 맥락에 따라 프롬프트를 해야 한다. KFC의 가상 인플루언서 '마더스 데이' 캠페인 영상의 댓글을 수집하는 파이썬 코드를 작성시키기 위해 "Python으로 https://www.youtube.com/watch?v=nKFZJU7bvaw 주소의 댓글을 크롤링하는 코드를 작성해줘. 댓글의 위치와 요소는 <yt-formatted-string id="content-text" slot="content" split-lines="" user-input="" class="style-scope ytd-comment-renderer">I'm looking forward for the Mother's day</yt-formatted-string>이고, 댓글을 출력할 때는 영어[27]로만 출력하게 하고 개발 환경은 Pycharm이야"처럼 프롬프트를 주었을 때, [파이썬 코드]는 영어 댓글을 출력하는 코드이다. [파이썬 코드 실행 결과]는 챗GPT가 작성한 코드를 '파이참PyCharm, 개발 도구'에서 실행하여 수집한 영어 댓글 크롤링의 결과이다. 파이썬을 어느 정도 알고 있다면, 엑셀로 자료를 정리할 때, 생성형 AI에 원하는 것을 프롬프트해서 제공하는 소스 코드를 이용하여 업무 자동화 역량을 만들어 가야 한다. "AI가 사람의 일을 대체하는 것을 걱정하기보다, AI를 활용하는 사람들에게 대체당하는 것을 걱정하라"라는 이 말을 주의 깊게 생각해 봐야 한다.

가벼운 지식으로 전문가가 되는 시대

다니엘 핑크의 책 『새로운 미래가 온다』에서 지식 근로자의 위기를 말하고 있지만, 생성형 AI는 지식 근로자에게 새로운 기회

27 from langdetect import detect #댓글의 언어를 선택하기 위한 라이브러리 선언, language = detect(comment) # 크롤링에서 수집한 comment에서 댓글이 어떤 언어로 작성되었는지 확인, if language == 'en': # 댓글이 영어로 작성된 경우만 댓글 출력.

를 가져다줄 게임 체인저가 될 수 있다. 생성형 AI가 나오기 전에 새로운 기술이나 디지털 도구를 학습하는 시간이 최소 한 달이 걸렸다면, 이제는 생성형 AI를 활용해서 하루 또는 몇 시간 만에 고급 수준의 기능도 사용할 수 있다. 생성형 AI를 활용한 지식의 학습 시간은 혁신적으로 줄일 수 있어, 지식 근로자에게 생성형 AI는 자신의 역량을 확장하는 데 강력한 도구가 될 것이다. 생성형 AI 시대를 살아가는 데 프롬프트 역량은 우리가 반드시 배우고 확보해야 할 미래의 커뮤니케이션 스킬이다. 생성형 AI로 이제 가벼운 지식으로도 전문가로 성장할 수 있는 지식 정보 혁명의 시대가 열렸다.

```
while True:
response = requests.get(URL)
data = response.json()

for item in data['items']:
comment = item['snippet']['topLevelComment']['snippet']['textDisplay']
try:
# Detect the language of the comment.
language = detect(comment)

# If the comment is in English, print it.
if language == 'en':
# Split the comment into lines.
lines = comment.split('\n')

# Filter out lines that only contain whitespace.
lines = [line for line in lines if line.strip() != '']

# Join the lines back together and print the comment.
# Include the comment number at the beginning.
```

```
print("Comment {}:\n{}\n".format(comment_counter, '\n'.join(lines)))

# Increment the comment counter.
comment_counter += 1
```

[파이썬 코드] 챗GPT의 영어 댓글 크롤링 코드 일부

```
Comment 1:
oh look i stumbled on the original
Comment 2:
True gigachads:
1. Eat chicken.
2. Are strong and beautiful.
3. Love mom.
This video should be in education programs.
Comment 3:
Brb boys, i must make someone a mom now.
Comment 4:
I did not know this even existed but I'm glad it does
Comment 5:
If I become a mother I want my child to send me this for mother's day
Comment 6:
I Don't know who to jack off to
Comment 7:
careful bro my grandma's on this app
Comment 8:
Nah you trying to steal my mama from me
Comment 9:
Mockery of mother's day. What has the generation become......................
Comment 10:
This video is ground zero for Covid-19
Comment 11:
Why wear shirt if your gonna rip it kinda a waste of clothing
Comment 12:
Aaand its hard now
Comment 13:
This is really giving out some serious inspiration to some sites.
```

Comment 14:
Its funny, but kind of creepy considering you are doing this seductive dance for your mother. I am just going to pretend you are doing it for someone else's mom.

[파이썬 코드 실행 결과] KFC '마더스 데이' 캠페인 영상 댓글의 크롤링 결과 일부

33
가상 인플루언서 이제 두뇌를 가지다

프라다 캔디에게 생명을 주다

MBN 방송사에서 '김주하 AI 아나운서'를 제작한 이유는 김주하 아나운서가 부재 시 긴급히 방송해야 할 때, 김주하 AI 아나운서가 즉시 대행이 가능하다는 점이다. 이를 기반으로 방송 제작의 연속성과 소요 인력, 시간, 비용 절감을 통한 신규 프로그램 시도에 대한 장점을 가진다. 명품 브랜드 프라다는 앞으로 향수 광고에 더 이상 사람 모델을 사용하지 않고, 가상 인플루언서 '캔디'를 사용하겠다는 결정을 내렸다.

프라다는 캔디를 가상 뮤즈Virtual Muse로 육성하겠다는 의지를 가지고 있다. 개인의 의지에 따라 다르겠지만, 유명한 셀럽을 직접 만날 기회는 흔치 않은 게 사실이다. 기업으로서는 높은 비용을 수반하는 유명 셀럽을 활용하여 광고하는 것보다, 캔디와 같은 호감이 가고 매력적인 가상 인플루언서를 활용하는 것이 효과적이고 중장기적으로 기업의 대표 가상 인플루언서를 만들어 가는 것도 고려할 수 있다. 가상 인플루언서 로지와 KFC 커널 샌더스가 지속적으로 스토리를 만들고, 사람들과의 접점을 유지한다면, 바트 심

그림-41 프라다 가상 인플루언서 캔디 QR 코드

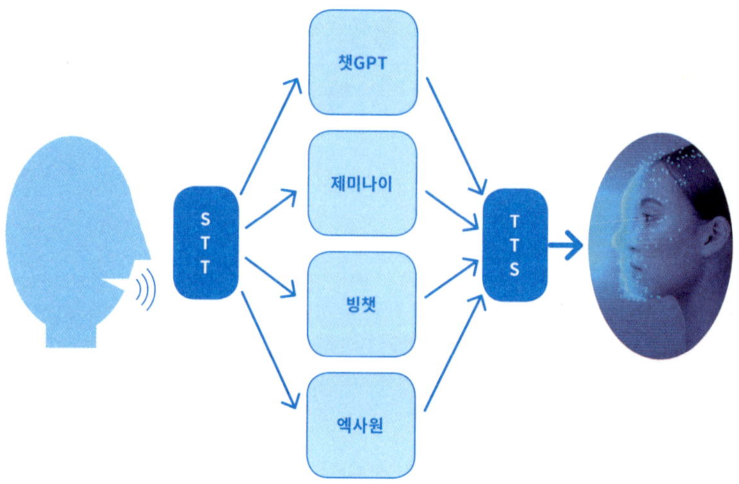

그림-42 인간과 가상 인플루언서 간의 대화

슨 효과Bart Simpson effect[28]를 기대할 수 있다. 코로나가 가져온 비대면 문화는 사람들이 소비하는 영상이 실제인지, 가상인지를 판단하지 않게 되었다. 국내외 가상 인플루언서는 대체로 정보 전달이 단방향이거나, 일부 정해진 답에 따라 답하는 형태가 대부분이었다. 가상 인플루언서가 전달하는 지식과 정보의 범위가 협소하고 제한적이었는데, 생성형 AI의 출현으로 가상 인플루언서는 적극적인 형태의 양방향 커뮤니케이션이 가능하게 되었다. 그림-42는 사람이 말을 하면 STTSpeech To Text를 통해 텍스트로 전환하고, 전환된 텍스트를 생성형 AI(챗GPT, 제미나이, 빙챗, 엑사원, 클로바X 등)에 질문으로 던져서 받은 답변을 TTSText To

28 심슨 가족은 1989년에 데뷔하여 세대를 초월한 메시지를 전달하고 있다. 30년의 나이 차이가 나는 부모와 아이들도 바트 심슨을 동일하게 인식시켜 브랜드와 가상 인플루언서 간 친밀도와 유대 관계를 형성할 수 있다.

Speech를 통해서 만들어진 음성을 가상 인플루언서가 사람에게 전달하는 인간과 가상 인플루언서 간 새로운 형태의 커뮤니케이션이 만들어지고 있다. 가상 인플루언서가 생성형 AI를 두뇌로 활용하여, 능동적이고 광범위한 정보 전달이 가능하게 되었다.

퍼블릭 생성형 AI를 가상 인플루언서의 두뇌로 활용할 수 있으나, 인공지능 알고리즘에 의해 그럴 법하게 사실처럼 생성된 할루시네이션Hallucination 문제로 정보 통제력이 필요한 경우에는, 퍼블릭 생성형 AI를 사용하지 않고 기업 내 생성형 AI를 자체 구축하는 것도 고려할 수 있다. 현재 많은 정부 기관과 기업이 내부 전용(프라이빗) 생성형 AI 도입을 서두르고 있다.

34

디지털 트윈은 메타버스 결정체

메타버스 생존의 길을 찾다

'차갑게 식어버린 메타버스'라는 말처럼 2000년대에 역사의 뒤안길로 사라졌다가, 2020년에 다시 찾아왔던 메타버스가 위드 코로나로 비대면에서 대면으로 상황이 변하면서 대중의 관심으로부터 다시 멀어졌다. 메타버스는 세 종류로 구분될 수 있는데, 소셜 메타버스와 오피스 메타버스, 디지털 트윈 메타버스이다. 소셜 메타버스는 게임적 특성이 강한 메타버스로 홍보·마케팅, 브랜드 강화, 조직 문화 활성화와 같은 커뮤니티, 엔터테인먼트 그리고 전시·행사를 지원한다. 오피스 메타버스는 원격 연결의 특징을 가지며, 가상의 업무 공간이나 회의, 교육, 세미나, 국내외 콘퍼런스와의 정보 공유를 지원한다. 디지털 트윈 메타버스는 현실 세계와 가상 세계를 양방향 복제하는 특징을 가지며, 공장 생산 정보를 담고 있는 스마트 팩토리를 지원한다. 코로나로 대면에서 비대면의 문화가 만들어진 것은 사회적으로 대변혁이라고 할 수 있다. 코로나가 발생하기 전의 대면 커뮤니케이션은 신이 내려준 불변의 법칙이었으나, 코로나로 비대면 문화는 이제 필수적으로 물리적 공간에 모이지 않아도 되는 사회가 되었다. 줌과 같은 화상 솔루션의 한계가 출근하지 않아도 출근한 것처럼 공간감[29]을 느낄 수 있는 환경을 제공할 수 없어서 메타버스가 다시 부상하게 되었다. 하지만 이제 공간감은 대면으로 대체되어 메타버스의 역할은 상당히 축소된 상태이나. 그런데 줌과 같은 화상 솔루션은 계속해서 활용되고 있고 앞으로도 활용될 것이며, 화상 기반의 커뮤니케이션은 DX 관점에서 중요한 협업 도구가 되고 있다. YBM 시사 영어 강사인 '구슬쌤'은 코로나가 오면서 오프라인 강의에서 온라인 영상 플랫폼 유튜브로 자신의 서비스 역량을 성공적으로 전환한 사례이다. 일상 회복으로 비대면에서 대면이 생활화되었지만, 구슬쌤은 48만 명의 구독자를 보유한 유튜브 플랫폼에서 다시 오프라인으로 되돌아가지 않을 것은 확실하다. 화상이 커뮤니케이션의 매개체가 되었지만 메타버스는 효익 관점에서 매개체를 찾아야 하는데, 메타(페이스북)의 어려움이 여기에 있다. 공간감이 더 이상 요구되지 않은 상황에서 소셜 메타버스와 오피스 메타버스는 효익적 가치를 제공하기는 어렵게 되었다. 소셜 메타버스는 태생적으로 게임을 기반으로 하여 게임 장르로서 정체성을 유지할 것이나, 오피스 메타버스는 자신만의 가치를 찾아야 하는 숙제가 있다.

그런데, 디지털 트윈 메타버스의 상황은 매우 다르다. DX의 실행 도구로 디지털 트윈은 필수 불가결한 역할을 하고 있다. DX는 클라우드와 사물 인터넷, 빅데이터, 인공지능 기술을 기업 프로세스에 접목하여, 민첩하고 정확한 의사 결정과 지속적인 모니터링, 시뮬레이션과 예지적 대처 기반을 구축하는 데 목적이 있다.

---

29 비대면이지만 대면처럼 느끼는 심리적 안정감.

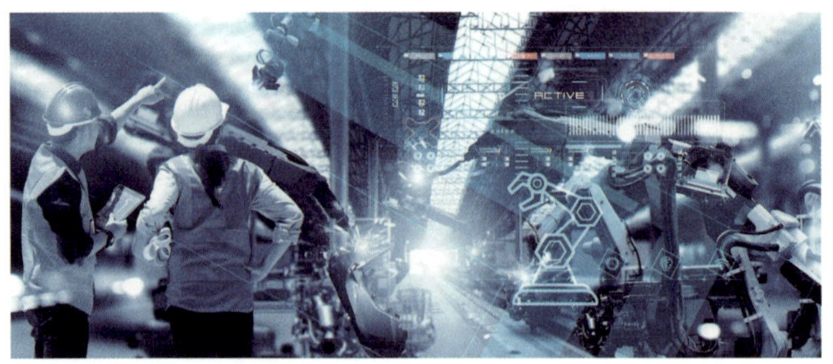

그림-43 디지털 트윈 메타버스

시공간을 초월한 인프라를 만들자

그림-43은 현실 세계의 팩토리 공간 정보를 게임 엔진Unity, Unreal을 활용하여 가상 세계에 복제하고, 현실 세계의 팩토리에 운영되는 센서로부터 운영 데이터를 빅데이터로 처리해서 실시간 현황 데이터를 가상 세계에 데이터를 전송하여 현실 세계와 가상 세계의 데이터로 연결하고, AI를 활용하여 미래 상황을 예측하고 대처할 수 있는 기반을 제공한다.

또한, 가상 세계의 팩토리 화면을 통해서 현실 세계의 장비를 컨트롤할 수 있고, 현실 세계에서 그림-44와 같이 AR 도구를 활용하여 가상 세계의 팩토리 장비를 컨트롤할 수 있다.

그림-45에서 보이는 것과 같이, AR 도구를 활용하여 시공간을 초월한 글로벌 협업이 가능한 환경을 만들 수 있다. 뛰어난 업무 역량을 가진 엔지니어가 자신이 살고 있는 공간을 떠나 한국에 오지 않아도 업무가 가능하다는 것은 기업의 오픈 이노베이션에 강력한 장점이 된다.

그림-44 하이브리드 장비 운영

그림-45 AR 기반 협업

35

메타버스의 진정한 유저, 알파 세대의 등장

진정한 메타버스 시민, 알파 세대

MZ 세대를 '디지털 네이티브'라고 말한다. 그래서 코로나 시기에 메타버스가 커뮤니케이션의 매개체로 급부상했을 때, MZ 세대들은 기술에 대한 호기심을 바탕으로 메타버스를 거부감 없이 받아들였다. 메타버스 기반이 MZ 세대가 경험한 게임과 유사한 환경이었기에, 얼리어답터로서 조직 내에 메타버스 확산에 주도적인 역할을 하였다. 하지만 위드 코로나로 일상이 회복되면서, 메타버스는 더 이상 MZ 세대의 커뮤니케이션 수단이 아니게 되었다. 메타버스보다는 비대면 수단인 '줌'을 선호하게 된 것이다.

기업도 다르지 않았다. 회의도 오프라인보다는 줌과 팀즈Teams, 웹엑스WebEx 등을 이용한 화상을 더 선호했다. 그래서 가상 공간의 원격 사무 공간remote working place인 오피스 메타버스는 기업의 관심으로부터 멀어지게 되었다. 기업 관점에서 활용이 떨어지는 기술은 사라질 수밖에 없다. 하지만 오피스 메타버스를 포기해서는 안 되는 이유가 있는데, 곧 주류 대세가 되는 '알파 세대' 때문이다.

알파 세대는 2010년대 이후에 출생한 세대로, MZ 세대의 디지털 네이티브와는 미디어와 기술 활용 클래스가 다른 세대이다.

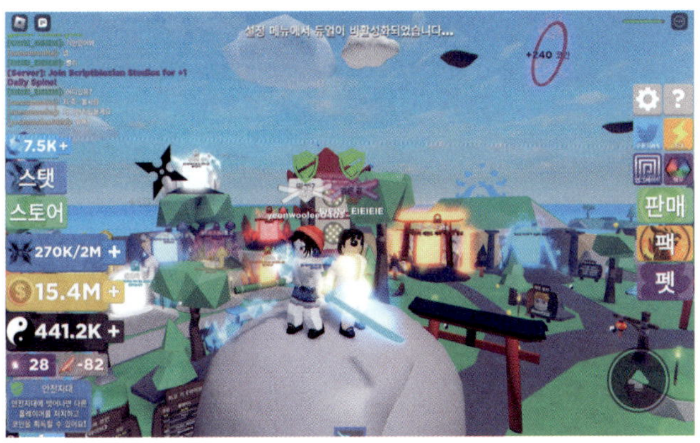

그림-46 **네트워크 중심의 놀이 방식**

그들은 TV의 리모트 컨트롤보다 AI 스피커와의 대화에 거부감이 전혀 없으며 오히려 선호한다. 놀이터에서 그네를 타는 것도 좋아하지만 로블록스Roblox[30]의 달리기 게임도 좋아하며, 현실과 온라인 세계를 자유자재로 오가는 데 아주 익숙한 세대이다. AI 기능이 탑재된 디바이스를 활용하여 학습하고, 이미지/사운드 창작 도구를 활용하여 네트워크 환경에서 진행하는 공동 작업에도 탁월한 자기 주도적 역량을 보유하고 있다. 알파 세대는 대면과 비대면을 넘나드는 하이브리드 만남과 연결에도 적극적이다. 친구와 만나서 마라탕을 먹고 노래방에 가거나 만남을 기억하기 위해 스티커 사진을 찍는다. 주말에는 그림-46처럼 친구들을 네트워크 게임에 초대해서 함께하는 시간을 즐긴다. 구글 미트Google Meet로 서로 얼굴을 보면서 함께 숙제도 하고, 학교 정보도 공유한다.

30 사용자가 게임을 프로그래밍하고, 다른 사용자가 만든 게임을 즐길 수 있는 가상 세계 플랫폼.

이제 디지털 도구 활용에 탁월한 흡수력과 AI 인터페이스에 익숙한 알파 세대가 온다. 알파 세대가 주도하는 시대를 준비하기 위해 기업은 메타버스 공간을 잘 준비해야 한다. 현실 세계와 가상 세계에 경계가 없는 알파 세대는 시공간과 관계없이 일할 수 있는 공간이 필요한데, 이것이 메타버스 공간 '오피스 메타버스'이다. 특히, 현실 공간과 가상 공간에 한계가 없는 알파 세대에게 메타버스는 매우 중요한 역할을 할 것이다. 또한, 기업의 개방성은 시공간을 초월한 우수한 인재를 확보할 수 있다. 각각 국내와 해외에서 공동으로 함께 작업할 수 있는 공간과 문화를 제공하는 기업과 그렇지 못한 기업의 경쟁력은 반드시 차이가 날 수밖에 없다. 선도 기업에서는 곧 찾아올 알파 세대를 위한 준비를 하고 있고, 마케팅 부서에서는 알파 세대의 특징과 생활 방식을 연구하고 있다. 알파 세대가 무엇을 좋아하고 그들이 무엇에 열광하는지, 알파 세대의 역량을 발산할 수 있는 공간 구성에 대해서 고민하는 시기가 되었다.

불타지 않은 버닝 맨

미국 네바다주의 블랙록 사막에서는 매년 8월의 마지막 월요일부터 9월의 첫 월요일까지 진행되는 '버닝 맨Burning Man' 행사가 있다. 버닝 맨은 공동체Community와 예술Art, 자기표현Self-expression, 자립Self-reliance에 초점을 맞춘 일주일간의 대규모 사막 캠프이다. 버닝 맨이라는 이름은 토요일 자정에 도시를 상징하는 공간의 중심에 사람 모양의 조형물에 불을 붙이고 완전히 태우는

이미지 출처: https://adventure.howstuffworks.com/destinations/travel-guide/tips/burning-man.htm
https://journal.burningman.org/2020/01/burning-man-arts/brc-art/announcing-the-multiverse-man-base/

그림-47 하이브리드화된 버닝 맨 행사

것에서 유래한다. 버닝 맨은 단순한 페스티벌이 아니다. 참가자는 자신을 다시 발견하고 타인과 연결을 형성하여, 예술과 창작을 통해 인간의 근원적인 가치와 정신을 탐구하는 공간이다. 지속 가능한 생활과 공동체 의식, 창조적 자기표현 등 여러 가치를 통해 현대 사회의 문제점을 직면하고, 새로운 가능성을 찾는 데 그 목적이 있다. 그런데 버닝 맨 행사도 코로나를 피할 수 없었는데, 코로나로 모일 수 없으니 메타버스를 활용했다. 그림-47과 같이 가상 캠프를 만들어서 참가자들이 서로 교류할 수 있는 연결의 공간을 제공하였다.

버닝 맨의 하이브리드처럼 기업의 조직도 현실 작업 공간Real working place과 가상 업무 공간Virtual working place을 연결할 수 있는 유연한 조직 관리가 필요하다. 위드 코로나로 일상이 회복되었지만, 코로나처럼 새로운 팬데믹은 또 올 것이다. 코로나로 시작된 글로벌 공급망의 붕괴, 비접촉 생활 문화, 공간 이동 통제 등의 외부 환경에서 능동적이고, 예지적으로 대처하기 위해 기업은 하이브리드 버닝 맨과 같은 공간 구성 전략을 만들어야 한다.

36

생성형 AI 소유냐? 접속이냐?

나만의 생성형 AI를 선택하라

그림-48처럼 생성형 AI를 퍼블릭 생성형 AI와 국내 생성형 AI, 도메인 생성형 AI로 구분할 수 있다. 퍼블릭 생성형 AI는 오픈AI의 챗GPT, 마이크로소프트의 빙챗, 구글의 제미나이이며, 현재 생성형 AI 시장을 주도하고 있다. 국내 생성형 AI는 서비스 영역이 퍼블릭보다는 국내에 집중되어 있으며, LG AI연구원 엑사원, 네이버 클로바X 등이 있다. 도메인 생성형 AI는 산업별로 특화된 영역으로, 리걸테크Legal-Tech[31]와 헬스케어, 교육, 문화/예술, 농업, 국방 등 퍼블릭/국내 생성형 AI와는 다르게 경량형 언어 모델sLLM[32]을 활용한다. 챗GPT와 같은 거대 모델 학습에 소요되는 GPU 서버 팜 대신, 소규모 GPU 서버 팜으로 학습이 가능하여 개발 운영 비용이 적다는 장점이 있다. 퍼블릭과 국내형의 경우, 대형 언어 모델LLM이 기반이고 영역도 방대해서 그만큼 학습 운영 비용이 도메인 생성형 AI보다 클 수밖에 없다.

31 법률 분야에 빅데이터와 AI 기술을 활용하여, 법률 서비스의 효율성과 접근성을 향상시켜 자동 계약서 작성, 법률 검색 엔진, 사건 관리 시스템 등 다양한 기능을 제공.

32 small Large Language Model. 예) 폴리글롯Ployglot, 알파카Alpaca, 엘마ELMAR

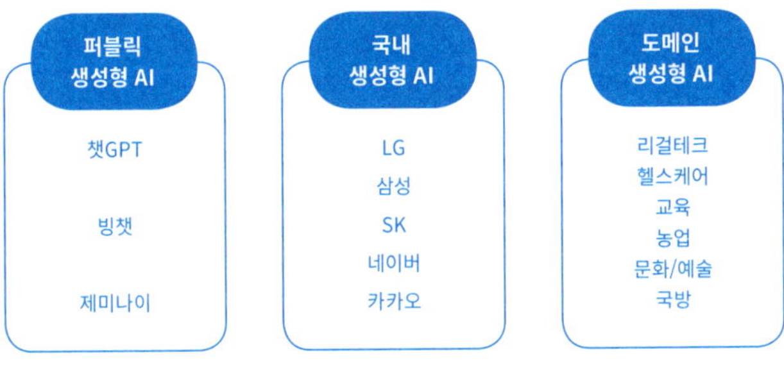

그림-48 생성형 AI 분류

또한, 퍼블릭 생성형 AI는 생성하는 데이터가 글로벌 수준의 지식을 학습한 것에 비해, 일명 '한국판 생성형 AI'로 불리는 국내 생성형 AI는 학습하는 데이터의 범위가 대체로 한국어 기반이라서 데이터의 범주가 다르다.

퍼블릭 생성형 AI를 사용하는 경우, 프롬프트를 통해서 생성형 AI로부터 추론 검색된 데이터를 생성받게 된다. 프롬프트에는 기업의 정보가 포함되어 퍼블릭 생성형 AI를 통해 외부에 노출되면 안 되는 보안 정보가 챗GPT와 빙챗, 제미나이에 저장되어 학습 데이터로 활용될 수 있기에 기업 입장에서는 조심할 수밖에 없다. 그래서 퍼블릭 생성형 AI를 사용하는 경우에는 질문에 대한 필터링(보안 위배 사항 체크)을 하고, 조정(질문 내용을 보완하여 상세한 질문을 재구성)하는 오케스트레이션 레이어를 두어서 정보 유출을 차단하는 방식을 사용한다. 요즘 정부를 포함해서 다양한 산업 영역에서 생성형 AI를 자체 구축하려는 움직임이 거세게 일어나고 있다. '1000+α, 100+α, 50+α'라는 숫자가 있는데, 한국판 국내 생성형 AI를 구축하는 경우에 개발 비용이 1,000억 규모가 들고, +α라는 운영 비용은 전체 비용의 35% 규모의 추가 비용이 발생한다. 100+α와 50+α는 국내 생성형 AI 구축시, 최소 50억에서 100억 규모가 필요하다. 정부와 기업에서 생성형 AI를 자체 확보하기 위해 생성형 AI 구축 비용과 재학습 및 최적화를 위한 운영 조직을 반드시 고민해야 한다. AI 프로젝트에서 중요하게 고려해야 할 사항은 시스템을 구축한 이후에 AI 학습 모델의 정확도를 유지하기 위한 재학습 비용과 데이터 사이언티스트의 인력을 유지해야 하는데 이를 간과하는 경우가 있다.

글, 영상 그리고 사운드로 세상을 만들어라

현재 생성형 AI는 프롬프트하면 3가지 형태(텍스트, 이미지, 사운드)를 개별적으로 생성하지만, 최종에는 그림-49처럼 단일 앱을 통해서 프롬프트하면 텍스트, 이미지, 사운드가 동시에 만들어져 기존의 틀을 깨는 지식 정보의 혁신을 통해 비약적 성장과 발전을 이루는 퀀텀 점프가 발생할 것이다. 또한, 생성형 AI 트리플(텍

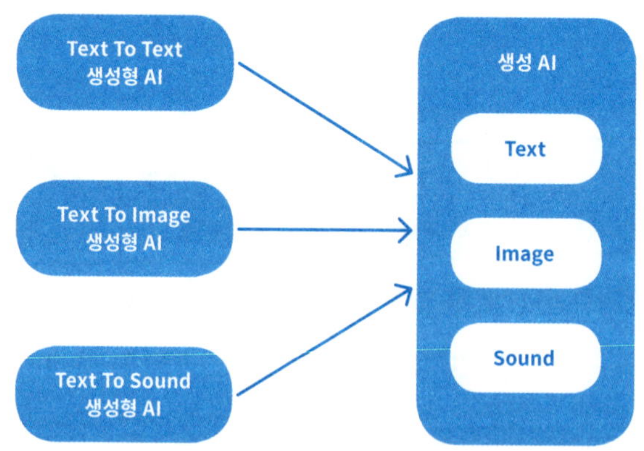

그림-49 최종 생성 AI

스트, 이미지, 사운드) 서비스로 전 산업 영역에 걸쳐 5차 산업혁명의 시작을 알리는 신호탄이 될 것이다. 국가, 기업과 개인이 어떻게 생성형 AI를 활용하느냐에 따라 국가와 기업, 개인의 역량과 차별화에는 엄청난 혁신의 차이가 발생할 것이다.

37

재해석과 조합의 시대가 열린다

생성형 AI 주체는 사람인가? AI인가?

그림-50은 현재 생성형 AI를 활용해서 할 수 있는 영역이며 산업별 특성에 맞게 활용하는 사례는 시간이 갈수록 다양화되고 고도화될 것이다. 또한, 생성형 AI에서 제공하는 AI를 활용한 부가서비스도 산업별로 세분화되고 있다. 하지만 여기에서 잊지 말아야 할 것은 생성형 AI를 활용하는 주체는 '사람'이고, 사람이 주도해야 한다. 생성형 AI를 활용해서 그림을 그리거나 소설을 쓰고, 기사를 작성하더라도 생성형 AI가 만들어준 그림과 소설, 기

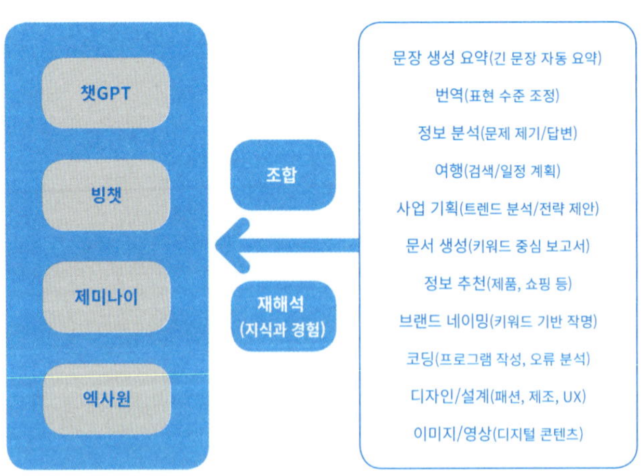

그림-50 생성형 AI 활용 영역

사를 그대로 사용하는 것은 '창작의 주체를 상실'하는 행동이다. 생성형 AI는 인류가 만든 정보를 기반으로 학습해서 확률적 기반에서 프롬프트에 답한다. 그래서 생성형 AI가 만들어낸 정보를 그대로 쓰는 것은 타인이 작성해 놓은 글을 사용하는 것과 같다. 게다가 생성형 AI가 사실이 아닌 정보나 거짓 정보를 생성하는 할루시네이션 정보도 있어, 생성형 AI를 활용한다면 생성된 정보를 필터링하고 자신의 경험과 지식을 조합하고 재해석하는 과정이 필수적으로 수반되어야 한다. 챗GPT와 같은 퍼블릭 생성형 AI는 1조 이상의 자금이 투입되어 만들어진 AI이며, 일종의 글로벌 정보를 가진 초거대 도서관과 같은 정보의 집합체이다. 최소한 3개의 생성형 AI를 교차 활용하여 상상하는 이상의 정보를 생성할 수 있다. 이제 검색의 시대에서 검색과 생성의 시대, AI 기반의 정보 큐레이션 시대가 되었다.

태초부터 새로운 것은 없다, 단지 낯설게 만들 뿐

생성형 AI 시대에 가장 필요한 것은 재해석과 조합이다. 재해석과 조합은 창의력의 본질적인 시작이다. 창의력은 추상적이거나 철학적인 것으로 인식하지만, 창의력은 실체가 있으며 실행해서 자신만의 역량으로 발전시킬 수 있는 대상이다. 인지심리학자 와이즈버그는 "창의성은 지식과 지식, 기술과 기술을 접목시켜 새로운 조합물을 만들어 내는 단순한 인지 과정"이라고 정의한다. 태초부터 새로운 것은 없다. 단지 낯설게 만들 뿐이다. 이것이 재해석과 조합의 시작이다. 애니메이션 영화 <치킨 런Chicken Run>은

그림-51
영화 <치킨 런> 속 슈퍼 치킨 록키의 모습

그림-52
영화 <대탈출> 속 스티브 맥퀸의 모습

영국의 한 양계장에서 암탉들이 탈출하려는 내용을 담고 있다. 바람 없는 천지에 꽃이 필 수 없듯이 <치킨 런>에게도 바람이 되어준 영화가 있는데, 그것은 바로 영화 <대탈출The Great Escape>이다.

영화 <대탈출>은 제2차 세계대전 당시 연합군 포로들의 탈출 과정을 그리고 있으며, <치킨 런>의 오마주가 되어준 모티브 영화이다. 대탈출에서 스티브 맥퀸이 오토바이를 타고 철조망을 넘는 장면과 <치킨 런> 속 슈퍼 치킨인 록키가 세발자전거를 타고 담장을 넘는 모습에서 재해석과 조합의 과정을 볼 수 있다.

재해석의 시작, 피레네의 성에서 천공의 성 라퓨타까지

그림-53은 미야자키 하야오 감독의 애니메이션 영화 <천공의 성 라퓨타>가 르네 마그리트의 작품인 <피레네의 성>에서 영감을 받아 만들어진 것을 알 수 있다. 재해석과 조합은 인공지능 리터러시AI literacy에 필수적으로 요구되는 역량이다. '인공지능 리터러시'는 소유하고 있는 데이터로부터 이해와 의미화를 통해 정보를 도출하고, 이를 기반으로 부족한 부분을 채우기 위한 질문을 설계하는 프롬프트 엔지니어링 역량을 활용하여, 생성형 AI를 활용한 증강Augmented된 정보를 생성하고, 시각화를 통해 정보를 커

그림-53 <피레네의 성>과 <천공의 성 라퓨타>

뮤니케이션할 수 있는 능력이다. 생성형 AI 시대의 재해석과 조합 능력은 선택이 아닌 필수이다. 학교 교육을 통해서 개발하고 확보할 영역이며, 학교 교육뿐만 아니라 기업 교육도 이 부분에 관심을 가지고 집중해야 한다.

38

미래 경쟁력의 핵심은 미니 생성형 AI

미니 생성형 AI의 등장

한국형 차기 구축함KDDX은 대한민국 해군이 계획한 만재 배수량 8천 톤급의 미니 이지스함이다. 미니 이지스함Mini Aegis-Class Destroyer은 미국이 개발한 '신의 방패'로 알려진 이지스 전투 시스템을 활용하는 대신에, 기존 이지스함 등급 이상의 전투 능력을 보유하고 있는 무기 체계와 이지스함 급의 역할 및 기능할 수 있는 시스템을 가진 군함을 말한다. 오픈AI의 챗GPT가 미 해군의 이지스함이라고 한다면, 미니 생성형 AI는 챗GPT의 기술적 메커니즘은 참조하지만 학습 데이터를 정부와 기업 등 도메인을 지원하는 독립형 자체 생성형 AI이다.

미니 생성형 AI는 정부와 기업의 업무 환경을 반영하여 경량형으로 생성형 AI를 구축하는 것을 말하며, 퍼블릭 생성형 AI의 보안 데이터 유출의 위험에서도 벗어날 수 있다. 미니 생성형 AI는 새로운 기술의 도입과 기능이 필요할 때도, 즉시 추가하여 자체 보유할 수 있는 장점이 있다. 이러한 배경으로 최근 미니 생성형 AI에 관심이 커지고 있으며, 정부와 기업 중심으로 자체 운영할 수 있는 미니 생성형 AI의 도입을 서두르고 있다. 미니 생성형 AI는 효율적인 지식 경영과 지속 가능한 경쟁 우위를 제공할 수 있는 강력한 무기이다. 정부와 기업, 연구소 등은 넘쳐나는 정보를 관리하기 힘들 정도로 정보의 홍수 속에서 업무를 하고 있다. 신규 정책과 새로운 서비스, 제품을 소개하는 자료는 웹사이트, 영상, PDF 등을 통해서 공개되고 관리된다. 또한, 제품 수리 내역과 고객 상담 이력은 정형 데이터 형태로 데이터베이스에 저장된다. 소셜 미디어에서 만들어지는 댓글 등의 고객 의견도 반정형과 비정형 형태로 수집되고, 제안서 및 계약서, 방법론처럼 각종 파일이 복잡한 디렉터리 구조에 저장된다. 고구마 줄기처럼 줄기만 잡으면 관련된 정보가 연결되어 검색 결과를 전체 구성원에게 일관되게 공유되는 것이 지식 경영의 핵심이다. 이를 실현하기 위해 챗GPT의 메커니즘을 활용하여 고구마 줄기처럼 정보를 검색하고 생성할 수 있는 환경 구축은 정부와 기업이 반드시 추진해야 할 프로젝트이다. 지식 경영의 시작은 미니 생성형 AI 기술력의 확보와 운영 역량에서부터 시작된다. 그래서 정부와 기업, 연구소 등이 미니 생성형 AI의 구축에 관심을 가질 수밖에 없는 것이다. 성공적인 DX의 실행 중심에는 미니 생성형 AI를 자체 보유하는 것의 여부에 따라 성과가 달라질 것이다.

그림-54는 미니 생성형 AI의 구성도이며, 경량형 언어 모델을 기반으로 국립국어원과 AI 허브 등에서 확보한 한국어 말뭉치와 내부적으로 관리하는 파편화된 정보를 전처리를 통해서 확보된 도메인 정보(데이터 세트Data Set)의 학습과 파인 튜닝Fine Tuning[33]을 통해서 챗GPT와 같은 형태로 정보를 생성할 수 있는 기반을 구

33 학습된 모델에 새로운 데이터 세트를 추가하여 재학습하는 기술.

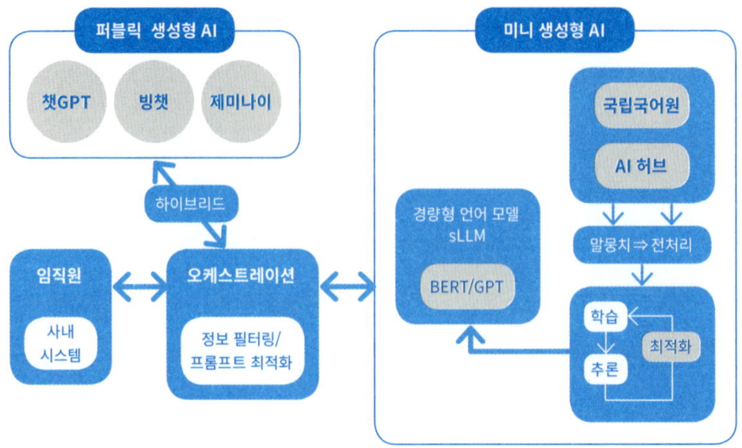

그림-54 미니 생성형 AI

축할 수 있다. 폴리글롯Ployglot은 한국어 지원 경량형 언어 모델[34] 중 하나로, 퍼블릭 생성형 AI와 차이가 있다면 초거대 언어 모델에 비해 미니 생성형 AI는 범용적이지 못하지만, 도메인에 특화된 전용 서비스가 가능하다는 점이다. 사실, 퍼블릭 생성형 AI와 미니 생성형 AI는 지향하는 목적이 다르다. 미니 생성형 AI는 정부와 기업, 연구소 등에서 자체 구축하여 운영 및 고도화할 수 있는 기반을 확보하는 데 활용할 수 있다.

하이브리드 생성형 AI

미니 생성형 AI는 퍼블릭 생성형 AI처럼 글로벌 수준의 데이터

34 한국어를 지원하는 언어 모델에, 공공 말뭉치 사이트 AI Hub와 국립국어원에서 공개하는 말뭉치를 추가하여 한국어 언어 모델(예: 폴리글롯)의 최적화 및 고도화 진행.

와 다양한 산업군의 데이터를 생성하지는 못하지만, 정부와 기업, 연구소 등에 특화 전용 생성형 AI 서비스를 제공할 수 있다. 미니 생성형 AI를 운영할 때 글로벌 데이터와 연관된 산업군의 데이터가 필요한 경우, 오케스트레이션이 퍼블릭 생성형 AI에 질문을 보내서 생성한 데이터를 보여주고 전처리를 하여 경량형 모델을 재학습을 통해서 데이터를 보강하는 하이브리드 방식으로 활용할 수 있다. 퍼블릭 생성형 AI의 활용은 항상 보안 이슈가 발생하고, 퍼블릭 생성형 AI로부터 정보를 얻으려면 프롬프트를 던져야 한다. 오케스트레이션은 사용자가 작성한 프롬프트를 보강하거나 보안적 위배 사항이 없는지를 확인한 후, 최종 프롬프트를 퍼블릭 생성형 AI에게 보낸다. 이와 같은 오케스트레이션을 활용한 하이브리드 생성형 AI는 미니 생성형 AI가 가지는 데이터 범위의 한계를 극복할 수 있게 지원해 준다.

그런데, 그림-55처럼 퍼블릭 생성형 AI에 정보를 노출해야 할 영역이 있다. 바로, 정부의 국내외 정책 홍보는 물론, 기업의 상품과 서비스 및 마케팅, ESG 및 기업 문화 등이다. 이와 같은 정보

그림-55 생성형 AI의 정보 공유 대상

는 퍼블릭 생성형 AI를 활용하여 글로벌로 정보를 확산하는 데 매우 실용적인 방식이다. 오픈AI와 마이크로소프트, 구글의 생성형 AI는 정부와 기업, 연구소의 공개 데이터를 세계적으로 알릴 수 있는 신개념의 정보 공유 플랫폼이라고 할 수 있다.

39

모두가 혁신할 수 있는 시대

디자인 씽커, 생성형 AI로 무장하라

에치오 만치니의 책 『모두가 디자인하는 시대』의 주된 내용은 사회가 직면한 다양한 문제를 해결하기 위한 디자이너로서의 역할을 소개한다. 디자이너는 비판적 사고를 하며 문제 해결을 위해 창의적 아이디어를 제안하고, 아이디어를 실행하기 위한 기획, 참여와 협력을 위한 연결을 주도적으로 실행하는 혁신가이다. 생성형 AI 기술의 출현으로 '모두가 생성형 AI를 하는 시대'가 되었다. 디자이너의 소양과 생성형 AI를 조합하여 모두가 혁신할 수 있는 시대로 정부도 기업도 나아가야 한다. 우리 사회의 난제는 글로벌 경제적 위기와 인구 절벽에 따른 고령화 사회, 다문화 수용과 갈등, 지자체와 지방 대학의 소멸, 국방 병력 자원의 감소와 영토 수호에 대한 위기, 사교육과 치열한 교육 경쟁, 연금 고갈, 이상 기후와 환경 파괴 등이며 난제의 복잡성과 미치는 영향은 심각하다. 특히, 당장 회복하기 어려운 인구 감소는 한순간에 해결할 수 있는 문제가 아니라서 고민이 될 수밖에 없다. 이제 공공·제조설계·물류·사회·교육·문화·국방·의료보건 시스템에 우선적으로 AI 기술을 도입하여 업무의 자동화와 지능화를 통해 프로세스 혁신을 시도해야 한다.

이제 제2의 '제니의 방적기'를 가져야 할 때

1차 산업혁명 당시, 주요 발명품 중의 하나인 제니의 방적기Spinning Jenny는 과거에 비해 방적 생산량이 8배나 증가했던 것처럼, 생성형 AI는 '제2의 제니의 방적기'이다. 기업과 대학은 생성형 AI(챗GPT, 빙챗, 제미나이, 클로바X), AI 번역기(딥엘DeepL), AI 디자인(이미지 크리에이터), AI 사운드(픽토리Pictory), 이 4가지 도구[35]의 활용 교육에 역량을 집중시켜 구성원 모두가 이용할 수 있는 능력을 내재화시켜야 한다.

이를 기반으로 사회적 난제를 해결할 수 있는 힘을 키울 수 있다. A 기업에서는 전 직원이 파이썬 자격시험을 보게 하여 업무에 직접 활용할 수 있도록 독려하고 있다. 과거에는 자동화에 필요한 요구 사항과 기본 설계만 해주면 이후의 개발은 개발자가 할 일이라고 생각했지만, 이런 이원화된 개발 절차를 가지면 자동화가 늦어지는 만큼 경쟁에서 밀리게 된다. 그래서 A 기업은 이러한 업무 단절을 제거하기 위해, 전 직원이 파이썬 프로그래밍이 가능하게 하여 업무 자동화가 필요하면 즉시 개발할 수 있게 했다. 이러한 프로세스를 데브옵스DevOps[36]라고 하는데, 개발하면서 바로 운영할 수 있는 민첩한 업무 조직을 만드는 데 목적이 있다. 성공적인 데브옵스의 핵심은 구성원이 파이썬과 같은 개발

---

35 4가지 생성형 AI 도구는 대표적인 솔루션을 예시로 들어 설명한 것이며, 구성원이 선호하는 솔루션으로 재구성할 수 있다. AI 디자인의 경우, 스테이블 디퓨전Stable Diffusion은 사람의 얼굴과 가상 인플루언서를 디자인하는 데 장점이 있다.

36 소프트웨어의 개발과 운영의 합성어로서, 업무 전문가와 개발자 간의 소통, 협업 및 통합을 강조하는 개발 환경 문화.

역량을 가지고 있어야 한다. 물론, 난도가 높은 수준의 개발 영역은 전문 개발자와 협업이 필요하지만, 전반적인 업무 전문가도 개발 영역을 가질 것을 요구하는 추세이다. 그런데 생성형 AI의 출현으로 이제는 기본적인 개발 언어만 알아도 수준 높은 코딩이 가능하게 되었다. 특히 AI 알고리즘을 학습하거나 코딩할 때, 사전에 챗GPT와 같은 생성형 AI를 활용해서 필요한 코드를 만들어 즉시 개발이 가능한 세상이 되었다. 기업 입장에서는 전 직원이 생성형 AI와 함께 코딩을 할 수 있는 기반을 확보할 수 있게 되었다. 이제는 코딩을 잘하는 전문가에게 눈치 보지 않고 챗GPT에게 필요한 기능을 상세히 설계 수준으로 프롬프트를 던지면, 코드를 생성해 주는 편리한 개발의 시대가 열렸다. 그래서 생성형 AI는 우리에게 제2의 제니의 방적기이다.

소울메이트 생성형 AI

그림-56은 생성형 AI를 활용해서 코딩하는 전형적인 예를 보여준다. 생성형 AI의 출현으로 이제 개발은 혼자가 아닌 AI와 함께 협업하는 코파일럿Copilot의 시대이다. 사실 파이썬 프로그램 교육이나 머신러닝·딥러닝 교육을 받을 때, 강사에게 코드 한 줄 한 줄을 설명해 달라고 하는 것은 불가능하다. 이해가 안되는 코드에 질문하고 싶은데 분위기상 그럴 수 없어서 답답한 경험을 한 적이 대부분 있을 것이다. 특히 머신러닝과 딥러닝 알고리즘 교육에 참여한 경우에는, 한 번 듣고 이해하기란 정말 힘든 일이다. 그래서 복습이 필요하다. 꼬리에 꼬리를 무는 질문이 가능한

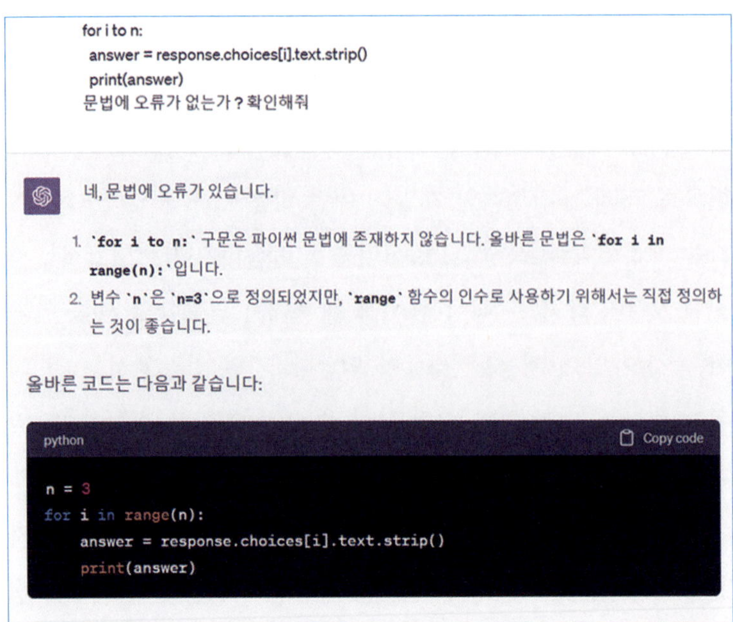

그림-56 코파일럿 코딩

곳이 바로, 챗GPT와 같은 생성형 AI이다.

챗GPT가 4.5년 정도의 경험을 가진 개발자라고 하는데, 실제 사람과 비교할 대상은 아니다. 아무리 코딩에 고수라고 해서 10개의 프로그래밍 언어를 능숙하게 구사하고, 방대한 AI 알고리즘과 이론을 다양한 개념에서 설명하는 것은 절대 불가능한 일이다. 생성형 AI를 활용한 코딩은 든든하고 경험이 풍부한 짝꿍이 있다는 느낌을 받을 때가 있다. 늦은 저녁에도, 새벽에도 언제나 질문할 수 있다. 이해할 수 없다고 다시 질문해도 짜증을 내지 않고 친절히 가르쳐 준다. 개발자의 입장에서는 이보다 편할 때가 없다. 싱가포르처럼 영어가 공용어가 아닌 이유로 영어 커뮤니케이션에는 부담스러울 수밖에 없다. 커뮤니케이션이 비단

회화뿐만 아니라 영어로 된 연구 보고서나 자료를 빠르게 이해하기도 쉽지 않은 일이다. 특히 최신 AI 알고리즘을 빠르게 이해하면, 그만큼 빠른 활용이 가능해진다. 그래서 AI 번역기를 사용해서 빠르게 영문 자료를 읽고 이해해서 활용할 수 있는 능력은 업무 생산성을 높이는 데 대단히 큰 기여를 한다. 시각 디자인을 전공하지 않거나 일러스트레이터와 같은 디자인 도구에 대한 이해가 없더라도, AI 디자인을 통해서 필요한 디자인을 할 수 있다. 음악을 전공하지 않았더라도 디자인 배경에 들어가는 AI 사운드를 활용해서 생성할 수 있다. 디자인 사고와 생성형 AI로 무장한 직원은 정부와 기업의 혁신을 주도하며 사회적 구성원으로 난제를 해결할 수 있을 것이다. 생성형 AI 도구(번역, 디자인, 사운드) 교육을 통해 업무 프로세스를 혁신하고 해커톤Hackathon[37]을 통해서 성공 사례를 조직에 확산해서 조직 전체의 업무 생산성을 높임으로써, 국가와 기업의 경쟁력을 극대화할 수 있다. 우리는 모두 의지만 있다면 누구나 혁신할 수 있는 시대에 살고 있다.

37 해킹Hacking과 마라톤Marathon의 합성어로, 기획자와 개발자, 디자이너 등의 직군이 팀을 이루어 제한 시간 내 주제에 맞는 서비스를 개발하는 공모전.

40

디지털 트랜스포메이션으로 떠나는 여정

DX 역할과 실행 프레임워크를 설계하라

DX의 역할은 5가지로 나눌 수 있다. 첫째, 비즈니스 모델 혁신으로, DX는 기업의 수작업과 오프라인 비즈니스 절차를 디지털 중심으로 전환할 수 있게 지원해야 한다. 이를 위한 전환은 모바일과 사물 인터넷·빅데이터·AI·챗봇·사무 자동화RPA, Robotics Process Automation·웹 3.0 등 디지털 기술을 활용하여 이루어진다. 비즈니스 모델 혁신은 기존 비즈니스로부터 새로운 수익 구조를 만들어 내고, 고객 여정으로부터 수집된 데이터 중심 시장과 고객 서비스를 분석하여 신규 비즈니스 모델을 개발한다.

둘째, 고객 경험의 개선이다. DX는 고객 경험을 개선할 기회를 제공하며, 고객은 상품이나 서비스에 대한 정보를 언제 어디서나 쉽게 얻을 수 있고, 온·오프라인에서 편리하고 빠르게 구매와 서비스 지원을 받을 수 있게 하여, 고객 만족도를 높이고 브랜드 충성도를 강화하는 것을 지원한다.

셋째, 비즈니스 프로세스 최적화이다. 디지털 기술은 비즈니스 프로세스를 최적화하여 민첩하고 효율적인 운영을 가능하게 하며, 핵심 성과 지표KPI, Key Performance Indicator에 따른 실행과 평가 및 모니터링을 하여 지속적인 비즈니스 프로세스의 최적화를 지원한다. 특히, 재고 관리와 수요 예측, 고객 서비스(콜센터, 상품 Q&A) 등 AI를 활용한 데이터 분석을 통한 프로세스의 최적화는 생산성 향상과 비용 절감을 통해 최종적으로 기업의 경쟁력을 향상시킨다.

넷째, 조직 문화이다. DX는 단순히 기술뿐만 아니라 커뮤니케이션과 조직 문화에도 영향을 미치며, 디지털 기술과 데이터 기반의 의사 결정 절차를 수용하여 적극적으로 참여하고 협력하는 조직 문화를 만들어 낸다. 디지털 기술을 갖춘 직원의 비중이 늘어나고 교육과 훈련을 통해 전사 구성원의 디지털 역량이 향상된다.

마지막 다섯째는 기술 혁신이다. DX는 생성형 AI와 디지털 트윈 메타버스 중심의 전사 프로세스 재편을 통해 업무 자동화와 지능화에 의한 업무 생산성 향상, 지역·시간을 초월한 원격 업무 협력, 지속 가능한 수직·수평적 네트워크 중심의 업무 환경을 지원한다.

디지털 트랜스포메이션 프레임워크Digital Transformation Framework는 기업이나 조직이 디지털 기술을 통해 비즈니스 모델과 고객 경험, 조직 문화, 업무 프로세스 등을 근본적으로 개선·혁신하기 위한 체계적이고 구조화된 가이드라인을 제공한다.

그림-57을 보면, DX 프레임워크는 6가지의 요소로 구성할 수 있다. 첫째, 비전Vision이다. 조직이 DX를 통해 달성하고자 하는 단계별 목표를 구체적으로 설정하여, 최신 기술을 도입하는 것을 넘어 가치 창출과 문제 해결을 위한 일관된 전사적 목표와 가치를 공유하는 과정이다.

둘째, 전략Strategy이다. 비전을 실현하는 데 필요한 단계적인

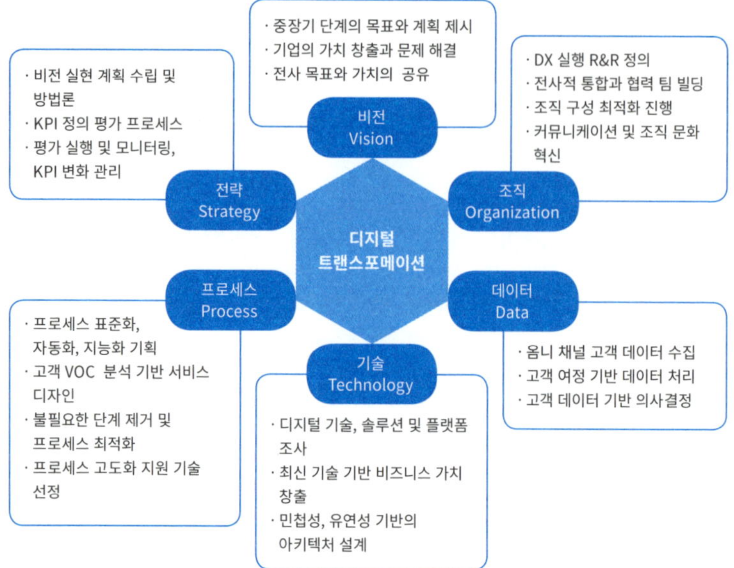

그림-57 디지털 트랜스포메이션DX 프레임워크

계획과 방법론을 구체화하며 역할 정의와 자원 분배, 추진 일정, 투자 계획, 예산 집행, 위험 관리 등 다양한 변수를 고려하는 핵심 성과 지표KPI의 정의와 평가 프로세스를 포함한다.

셋째, 조직Organization이다. DX를 실행할 조직과 역할을 정의하며, 전사적 수준에서 통합과 협업 지원 팀 빌딩Team Building 및 기존 조직 구조의 개선과 최적화를 결정하고, DX 커뮤니케이션과 조직 문화를 만든다.

넷째, 프로세스Process이다. 기업의 업무 처리와 절차를 디지털화와 표준화, 자동화, 지능화를 기획·설계하며, 불필요한 단계를 제거하고 효율성과 확장성을 높이기 위해 활용 기술을 제안 및 결정한다. 더불어, 고객 VOC 분석 기반 서비스 디자인을 통한 고객 경험과 가치를 창출할 수 있는 고객 서비스를 개발한다.

다섯째, 기술Technology이다. DX를 지원하는 디지털 기술과 솔루션 및 플랫폼을 평가/선정하여, 이를 통합·운영하는 과정을 거쳐서 AS-IS 시스템과 최신 기술의 연계와 통합을 통해 비즈니스 가치 창출을 지원한다. 또한, 신규 TO-BE 시스템 설계 및 개발, 운영·관리하기 위한 아키텍처 현대화Architecture Modernization와 애자일 아키텍처를 주도한다.

마지막으로 여섯째는 데이터Data이다. 기업의 옴니 채널로부터 고객 데이터 수집과 저장, 분석, 활용하는 고객 여정 기반의 프로세스를 의미하며, 빅데이터와 AI 기반 데이터 관리, 분석, 예측과 예지Intelligence Insight는 신제품 개발과 고객 데이터 기반의 비즈니스 의사 결정을 지원한다.

DX 기술 모델을 만들어라

DX의 역할과 DX 프레임워크를 정의하는 과정 이후에는, DX 프레임워크를 실행하기 위한 필요 기술을 선정한다. 기업의 비즈니스 환경에 따라 활용하려는 DX 기술이 달라지기 때문에, DX를 도입하려는 기업 입장에서는 고민이 아닐 수 없다. 그래서 기업이 DX 비전과 전략에 맞춰, DX 구현 기술은 단기·중장기 단계에 따라 레고 블록처럼 확장하는 것이 효과적이다. PI 컨설팅과 고객 불편 사항 등에서 식별된 과제에 필요한 기술을 정의와 선정, 평가를 통해서 먼저 필요한 DX 구현 기술을 도입하는 것이다. DX 구현 기술은 디지털 기술로 그림-58처럼 10가지의 기술을 제시하고

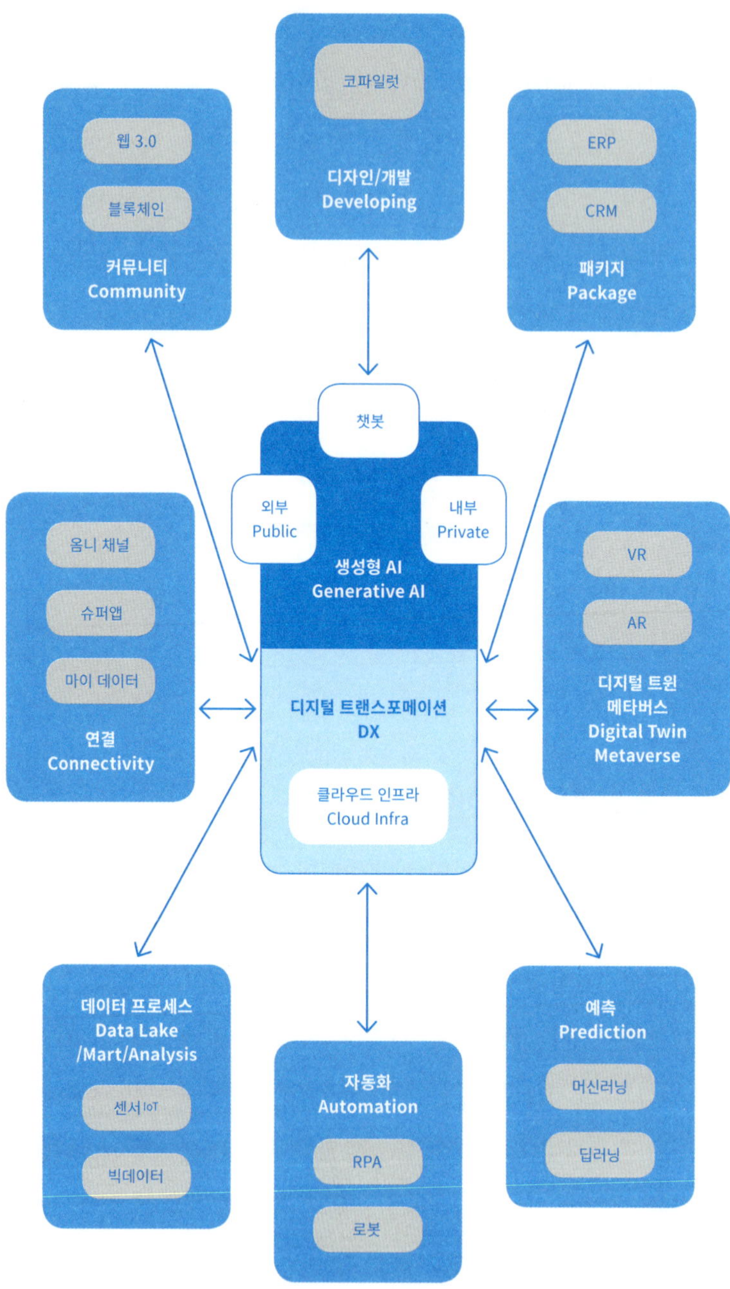

코파일럿
디자인/개발
Developing
웹 3.0
블록체인
커뮤니티
Community
ERP
CRM
패키지
Package
챗봇
외부
Public
내부
Private
생성형 AI
Generative AI
옴니 채널
슈퍼앱
마이 데이터
연결
Connectivity
디지털 트랜스포메이션
DX
클라우드 인프라
Cloud Infra
VR
AR
디지털 트윈
메타버스
Digital Twin
Metaverse
데이터 프로세스
Data Lake
/Mart/Analysis
센서 IoT
빅데이터
자동화
Automation
RPA
로봇
예측
Prediction
머신러닝
딥러닝

그림-58 DX 구현 기술

있는데, 여기에서 근간이 되는 기술은 '클라우드 인프라'로 기업의 IT 인프라를 개인 사용 방식과 공용 방식, 그리고 하이브리드 방식으로 선택할 수 있다. 클라우드 운영 방식에 따라 나머지 구현 기술들이 클라우드 기반에서 실행된다. DX의 궁극적인 목적인 기업의 업무 방식과 절차에 디지털 기술을 활용하여, 프로세스의 자동화, 최적화, 지능화를 통해 새로운 고객 경험을 창출하여 가치를 혁신할 수 있다. 그래서 고객이 원하는 인사이트를 얻기 위한 연결을 통해, 고객 여정[38] 데이터를 확보하여 데이터 프로세스[39]에 저장하고, 빅데이터 기술을 활용하여 데이터를 분석한다. 고객 경험UX 데이터는 옴니 채널과 슈퍼앱, 마이 데이터 이외에 고객 활동을 감지하는 센서로부터 데이터를 부가적으로 확보한다. 고객 데이터 프로세스는 특정 이벤트를 발생시켜, 업무 자동화RPA를 수행한다. 데이터 프로세스는 고객 데이터를 머신러닝·딥러닝 기술을 활용하여 의사 결정을 할 수 있도록 예측 결과를 제공한다.

디지털 트윈 메타버스는 물리적 팩토리 공간을 가상 세계로 복제하여 현실 팩토리와 가상 팩토리를 연결·통합을 지원한다. 커뮤니티는 웹 3.0과 블록체인 기술을 활용하여 대체 불가능 토큰NFT을 발행하고, 커뮤니티를 강화하여 신규 고객을 유입시킨다. 우수 고객에게 리워드로 NFT를 선물로 제공하여 충성도를

38 제품/서비스 검색, 구매, 사용, 후기 등.

39 데이터 레이크Data Lake: 원천에서 발생한 데이터를 다양한 형태로 저장.
데이터 마트Data Mart: 업무 담당자가 데이터 레이크에서 필요한 정보를 마트에서 물건을 선택하는 것과 같이 필요한 데이터를 마트에 저장.
데이터 분석Data Analysis: 빅데이터에서 제공하는 기능을 활용한 통계적 분석.

높일 수 있고, 한정된 NFT[40]를 소유하고 싶은 대상에게 판매하여 신규 고객을 확보할 수 있다. PI의 대상이 ERP전사 자원 관리와 CRM고객 관계 관리 패키지라면, 웹 3.0과 옴니 채널, 슈퍼앱, 마이 데이터, 빅데이터로부터 수집된 고객 데이터를 입력받아서 ERP·CRM 프로세스를 수행한다.

앞으로 주목해야 할 DX 구현 기술은 생성형 AI이며, 생성형 AI는 9개의 기술 영역에 연계·통합되어 활용될 것이다. 생성형 AI에서 처리된 데이터는 챗봇 인터페이스를 통해서 제공될 것이다. 특히 기업의 개발 프로젝트 기간과 비용은 생성형 AI의 활용으로 획기적으로 생산성이 높아질 것이며, 비용도 절감될 것이다. 코파일럿 기능을 활용하여 전문 개발자가 아니더라도 업무 담당자는 생성형 AI를 활용해 직접 개발하여, 주도적이고 민첩하게 자신의 업무를 자동화시킬 수 있다. 이와 같은 업무 담당자 주도의 자동화와 지능화는 전사로 확산되어, 과거에는 경험하지 못한 혁신을 만들 수 있다. 다만, 생성형 AI를 퍼블릭에서 제공하는 서비스로 사용할 것인지, 아니면 자체 구축해서 사용할 것인지는 고민이 필요하다.

데이터 기반 고객 서비스를 디자인하라

최근 신규 프로젝트를 시작할 때 고객 불편 사항과 니즈를 파악하기 위해 디자인적 사고Design Thinking를 활용하고 있다. 고객과

40 기업 로고, 상품 디자인 이미지 등 소장 가치가 있는 대상.

인터뷰를 통해서 개선할 과제를 선정하고, 워크숍을 통해서 과제 우선순위를 정해서 개발을 진행한다. 성공적인 DX를 위해서는, 첫째도 고객 서비스, 둘째도 고객 서비스, 셋째도 고객 서비스를 잊어서는 안 된다. 이를 위해서 고객 서비스 디자인 조직을 강화해야 하며, 숨겨진 고객 니즈를 파악해야 한다. 그렇기 때문에, 고객 여정과 고객 접점 채널로부터 데이터를 확보해야 한다. 서비스 디자인 조직이 데이터 기반 서비스 디자인을 진행하기 위해서는 노 코드, 로우 코드 역량을 확보하는 것도 한 방안이고, 디자이너가 코딩에 어려움이 있다면 챗GPT를 활용하여 데이터 수집과 전처리를 진행하는 것도 대안으로 제안할 수 있다. 처음에는 익숙하지 않아서 힘들 수도 있지만, 서비스 디자이너가 직접 고객 데이터를 다룰 수 있다면 업무 생산성은 극대화될 것이다.

생성형 AI 문화를 만들어라

생성형 AI는 기획과 재무·인사·법무·영업·마케팅·구매·운영·고객 관리·연구 개발 등 기업 업무의 전 영역에서 활용될 것이다. 퍼블릭 생성형 AI를 활용하는 경우에 기업 정보가 유출될 염려가 있지만, 중간에 기업 정보를 통제하는 오케스트레이션을 활용한다면 정보 유출에 대한 문제는 극복할 수 있을 것이다. 기업의 업무 생산성을 높여주는 생성형 AI 활용을 지원하는 전사 조직을 신설하는 것은 매우 필요하다. 효과적인 생성형 AI 검색을 위한 산업별·업무별 프롬프트 작성 패턴을 정리하여 템플릿으로 임직원에게 공유해야 한다. 생성형 AI는 텍스트와 이미지, 사운드 생성이 가능하여, 생성형 AI별로 프롬프트 템플릿이 필요하다. 또한, 생성형 AI에서 제공하는 API를 활용하는 경우에는 언어 모델GPT4, GPT-3.5-turbo, text-davinci-003에 따라 API 호출 비용에 많은 차이가 있다. API 호출 비용은 작아 보일 수 있으나, 많은 인원이 동시다발적으로 사용하는 경우에는 적지 않은 비용이 발생할 수 있다. API 호출 횟수를 최적화하는 방법을 사용자에게 배포하는 역할도 생성형 AI 조직에서 전담해야 가능한 일이다. 또한 해커톤을 활용해서 전사 모범 사례Best Practice를 공유하고 임직원에게 동기를 부여하는 역할도 중요하다. 생성형 AI의 활용을 어떻게 하느냐에 따라 미래 기업의 경쟁력이 결정된다.

기업 경영의 핵심, 생성형 AI 기반으로 지식 경영을 시작하라

요즘 생성형 AI에서 가장 뜨거운 화두는 공공 기관과 기업이 미니 생성형 AI를 구축하는 것이다. 앞으로 공공 기관뿐만 아니라 중견 이상의 기업은 미니 생성형 AI를 자체 구축하는 것이 대세가 될 것이다. 전사 공유할 정보를 분류하고 말뭉치를 만드는 전처리 작업을 진행하고, 한국어 지원이 가능한 경량 생성형 AI의 파운데이션 모델 기반에서 말뭉치(데이터 세트)를 학습하여 기업 정보를 챗GPT와 같은 형태로 질문하고 답하는 정보 공유는 진정한 '지식 경영의 시작'이라고 할 수 있다.

퍼블릭 생성형 AI는 범용적인 서비스라서 기업 전용 생성형 AI로 활용하기는 힘들다. 자체 생성형 AI의 확보는 정보 검색과 공유, 확장성에 장점을 가지고 있다. 이러한 장점 때문에 기업은 생성형 AI의 자체 구축을 위해 준비할 것들이 많다. 우선, 생성형 AI 구축을 주도할 팀을 만들어야 하고, 한국어 지원 및 안정적인 성능과 가격 경쟁력이 있는 경량형 언어 모델을 선정해야 한다. 그리고 전처리를 통해 확보한 말뭉치를 활용해서 기업 전용 미니 생성형 AI의 한국어 처리 성능을 지속적으로 확장할 수 있다. 미니 생성형 AI의 기능은 자료 검색과 자료별 유사도, 특정 자료 요약, 특정 키워드 추출 등 기업에서 필요한 기능을 확장할 수 있다. 하지만, 생성형 AI 운영·관리는 기업이 직접 진행하는 것이 중요하다. 생성형 AI는 기업의 근간이 되는 지식 관리 시스템으로 자리 잡을 것이다. 기업 정보를 전처리해서 학습하고 공유하는 과정은 기업의 연속성과 같이 갈 수밖에 없다. 따라서, 기업에서는 전담 조직을 통해서 생성형 AI를 운영·관리하는 역량을 확보해야 한다. 이 부분은 공공 기관도 예외는 아니다. 미니 생성형 AI 구축 사업은 제2의 빅데이터 사업이며, 기업이 최우선으로 확보해야 할 시스템이 될 것이다.

프로세스 혁신과 사람

–

이정아

나는 항상 사람이 가장 어렵다. 다 안다고 생각했던 사람들에게서 몰랐던 모습들이 보일 때면 더욱 그렇다. 프로세스 혁신은 프로세스에 얽힌 다양한 모습의 사람들을 변화시켜 나가는 이야기이다. 그래서 PI는 사람들의 머릿속에 있는 문제의 본질을 제대로 이해해야만 변화의 방법도 제대로 구현할 수 있다. 아무리 멋진 시스템을 만들어도, 아무리 혁신적으로 프로세스를 바꾸어도, 아무리 열정적인 교육을 해도, 변화에 성공하지 못하는 것들이 있다. 이는 결국 PI와 관련된 다양한 사람들의 생각이나 심리를 제대로 읽지 못했기 때문이다. 또한 사람은 같은 이슈에 대해서도 상황에 따라 내리는 결론이 매번 달라진다. 미흡했던 결과의 프로세스들을 돌이켜보고 무엇이 부족했던 것인지를 생각해 보면 그럴 수밖에 없었던 달라진 상황들이 있었다. 과거에는 옳았지만, 지금은 옳지 않은 것이 되었던 경우가 있었다. 이렇게 변화무쌍한 상황에서 PI가 놓치지 말아야 했던 것은 무엇이었을까. 결국 그것은 누구도 부인할 수 없는 명확한 사업 관점의 성과라는 답으로 귀결되었다. PI 초반에는 몇 가지의 당위성만으로도 PI를 추진하는 충분한 명제가 되었지만, 시간이 지날수록 확실한 성과가 없는 당위성만을 가지고는 PI의 동력은 약해질 수밖에 없다. 힘을 실어주고 싶어도 내세울 수 있는 성과가 모호하다면, PI의 결과물은 자기 합리화를 위한 변명으로 보일 수 있다. 따라서 시작에서부터 끝날 때까지 사업 측면에서의 성과가 어떻게 나타날 것인가를 염두에 두고 PI를 하는 것이 프로젝트를 관통하는 생존 전략이며, PI를 성공시키는 방법이다.

모쪼록 PI에 첫발을 디디는 모든 분의 건승을 위해 성과와 함께 가는 PI를 최우선 순위로 두기를 제안 드린다. 더불어 프로세스 혁신은 회사뿐 아니라 개인의 일상을 포함한 삶 전체에 적용되는 방법론이다. 기왕이면 효율적으로 일하고 싶고, 최적화된 방법으로 쉬고 싶고, 보다 본질에 다가가는 방식으로 삶을 살고 싶기 때문이다. 그리고 그 과정에서 알게 되는 것들을 주변과 나누고 함께한다면 공동체와 더불어 개인의 삶이 더욱 보람되며 풍요로울 수 있다.

프로세스 혁신과 함께하는 모든 분의 일상이 더욱 의미가 있기를 바라며 글을 마친다.

생성형 AI 시대에서 우리가 대비해야 하는 일들

–

안무정

혁신의 시작과 끝은 사람이고 DX를 실행하는 주체도 사람이다. 그래서 DX 개인 역량을 확보하는 일은 기업뿐만이 아니라, 대학 교육에서도 추진해야 할 대상이다. 그러나 DX 역량 확보의 주체는 자기 자신이며, 스스로의 의지와 노력이 필요하다. DX를 구현하는 디지털 기술을 능숙하게 구사할 수 있는 역량은 8배의 생산량을 가져다준 제니의 방적기처럼, 그 이상으로 개인의 역량을 극대화시킬 수 있다. 그럼, 모든 디지털 기술을 내재화하고 개인의 역량으로 확보해야 할까? 모든 디지털 기술을 자유롭게 활용할 수 있으면 얼마나 좋을까. 디지털 기술이 하나의 기술 중심으로 재편되는데, 그것은 'AI'이다. 하드웨어 중심의 조선업계도 인공지능을 활용하여, 최단 거리 자율 운항으로 연료 절감과 엔진 등 기관 상태를 실시간으로 진단하여 항해와 기관까지 자동화를 구현하고 있다. 이처럼 AI의 활용은 산업 전반으로 확대 중이다. 사업 기획을 하든, 애플리케이션 개발을 하든, 디자인을 하든, 고객 마케팅을 하든, 창고 관리를 하든, AI를 사용하지 않은 곳은 없다.

그런데 AI를 기업에 도입할 때, 대부분 AI 빅테크나 전문 기업으로부터 지원을 받아서 프로젝트를 진행하는데 프로젝트가 종료된 이후가 문제이다. AI를 운영하면서 데이터 환경이 변경됨에 따라 이를 반영하기 위한 알고리즘 최적화를 위해 재학습이 필요한데, 이를 위한 인력은 기업의 자체 인력을 조달하여 주도해야 한다. 기업 내부에 AI 전문가가 있어야 한다는 말인데, 최고의 전문가가 AI 시스템을 구축했더라도 종국에는 그 기업이 자체적으로 운영·관리해야 한다. 이 부분은 누구도 대신해 주지 않는다. 이와 같은 이유는 많은 AI 프로젝트가 의욕적으로 추진되지만, 구축 이후 운영·관리가 부실하여 AI 프로젝트가 실패하는 주된 원인이다. DX를 실행하는 데 그 근간이 되는 AI 개인 역량의 확보는 DX의 성공 핵심 요소이다. 생성형 AI의 최대 장점은 프롬프트하면 답하는 대화형 인터페이스이다. "궁금하면 구글링하라"가 아닌, 이젠 "챗GPT에 프롬프트하라"는 것처럼 물어볼 대상이 생긴 것이다. 특히, 업무 자동화와 지능화에 필요한 코딩을 배울 수 있는 최고의 멘토이자 동료이다. 생성형 AI를 활용한다면, 가벼운 지식으로도 전문가 수준의 역량으로 업그레이드할 수 있는 제2의 제니의 방적기이다. 이젠 초등학생이 챗GPT의 할루시네이션 문제점을 해결하는 아이디어를 제시하는 기고를 쓸 정도로, 스마트폰처럼 생성형 AI도 생활 문화로 자리를 잡아가고 있다.

이 세상에 경험을 압축할 수 있는 알고리즘은 없다. 누구도 학습과 경험을 나를 위해서 대신해 줄 수 없다. AI 시대의 취업과 경력 관리를 자기 주도로 희망하는 대학생·취준생이라면, DX를 실행하기 위해 필요한 역량을 로드맵에 따라 어떻게 확보할지 전략을 수립해야 한다. 기업이라면, DX를 실행하기 위해 DX 실행 프로세스와 프레임워크, 그리고 기술 로드맵을 수립하고 임직원의 생성형 AI 성공 사례를 만들 수 있도록 격려해야 한다. 전사 확산을 위한 해커톤을 주기적으로 진행하여, AI가 일상의 문화로 자리 잡도록 만들어야 한다. 국가는 정부의 정책과 예산·보건·교육·국방·물류·연구·개발에 생성형 AI를 활용해야 하며, 국가 지식 경영을 생성형 AI 기반으로 DX를 실행해야 한다.

DX를 실행하라! 국가와 기업 그리고 개인에게 새로운 미래를 창출하는 기회를 가져다줄 것이다.

생성형 AI 시대에 생존하라

디지털 트랜스포메이션, 잘 나가는 기업의 프로세스 혁신 기법

초판 1쇄 인쇄 2024년 4월 10일
초판 1쇄 발행 2024년 4월 20일

지은이 이정아, 안무정

발행인 임정원
편집 박하영
디자인 신혜정

펴낸곳 잇담북스
펴낸이 임정원
주소 서울특별시 강남구 삼성로 570, 5층
대표전화 02-521-2999
홈페이지 https://itdam.co.kr

ISBN 979-11-982226-2-6 03000

• 잇담북스는 (주)비에이치에스엔의 콘텐츠 브랜드입니다.